人力资源管理实操手册
薪酬管理

卜玥倩◎编著

中国纺织出版社有限公司

内 容 提 要

薪酬管理是人力资源管理的一个重要方面,对企业的竞争能力有很大的影响。如何客观、公正、公平、合理地报偿为企业做出贡献的劳动者,如何吸引和留住关键人才,从而既有利于企业的发展,又能保证员工从薪酬上获得经济上和心理上的满足,是企业自身必须解决的问题。只有在了解和掌握薪酬理论和激励理论的基础上,结合实际工作经验,才有可能做好薪酬管理工作,促进企业的发展。本书从各个方面详细讲解了薪酬管理中的实用知识,内容通俗易懂、实操性强,特别适合人力资源管理实务入门者、企业的管理者及各高校人力资源管理专业的学生学习、使用。

图书在版编目(CIP)数据

人力资源管理实操手册. 薪酬管理 / 卜玥倩编著. -- 北京：中国纺织出版社有限公司，2024.4
ISBN 978-7-5229-1521-0

Ⅰ.①人… Ⅱ.①卜… Ⅲ.①企业管理－工资管理－手册 Ⅳ.① F272.921-62

中国国家版本馆CIP数据核字（2024）第059243号

责任编辑：曹炳镝　段子君　哈新迪　　责任校对：寇晨晨
责任印制：储志伟

中国纺织出版社有限公司出版发行
地址：北京市朝阳区百子湾东里 A407 号楼　邮政编码：100124
销售电话：010—67004422　传真：010—87155801
http://www.c-textilep.com
中国纺织出版社天猫旗舰店
官方微博 http://weibo.com/2119887771
三河市延风印装有限公司印刷　各地新华书店经销
2024 年 4 月第 1 版第 1 次印刷
开本：710×1000　1/16　印张：13
字数：176 千字　定价：68.00 元

凡购本书，如有缺页、倒页、脱页，由本社图书营销中心调换

前言

什么是薪酬？薪酬仅仅是每月支付给员工的报酬，为业绩突出的员工颁发的奖金，或者提供给员工的住房补贴吗？本书所介绍的薪酬泛指员工获得的一切形式的报酬，包括薪资、福利和保险等各种直接或间接的报酬。薪酬有不同的表现形式：精神的与物质的、有形的与无形的、货币的与非货币的、内在的与外在的等。

在现代市场经济中薪酬管理是人力资源管理的一个重要方面，对企业的竞争能力有很大影响，对我国企业来说，这方面的意义尤为突出。

在企业真正获得生产经营自主权以后，如何处理好企业利润在自我积累与员工分配之间的关系，如何客观、公正、公平、合理地给予对企业有贡献的劳动者报酬，如何吸引和留住关键人才，从而既有利于企业的发展，又能保证员工从薪酬上获得经济上和心理上的满足，就成为企业自身必须解决的问题。只有在了解和掌握薪酬理论和激励理论的基础上，结合实际工作经验，才有可能做好薪酬管理工作，促进企业的发展。

本书从薪酬管理基本原理，搭建适合企业发展的薪酬体系，绩效奖励，薪酬水平、调查、预算、控制，薪酬结构设计，员工福利管理，特殊人员的薪酬管理等方面详细讲解了薪酬管理中的实用知识。

本书的编写主要有以下特色：

（1）书中通过大量图表进行展现，方便读者在短时间内厘清知识脉络，掌握理论知识。

（2）书中以典型案例为实例，为读者提供实操典范。

（3）书中设置【温馨提示】，笔者会对一些不容易理解或者需要着重说明的地方给出具体解释。

（4）书中设置【答疑解惑】，侧重解答从业人员在实际工作中遇到的难题以及企业经常遇到的热点问题。

（5）附有人力资源常用表格、文件等相关资料，为读者顺利工作保驾护航。

本书内容通俗易懂，实操性强，特别适合人力资源管理实务入门者、企业管理者及各高校人力资源管理专业学生学习、使用。

编著者

2023 年 1 月

目 录

第一章 什么是薪酬管理（薪酬管理基本原理）
- 第一节 如何理解薪酬 2
- 第二节 认识薪酬管理 4
- 第三节 认识战略性薪酬管理 7

第二章 企业如何定薪很关键（搭建适合企业发展的薪酬体系）
- 第一节 职位薪酬体系 14
- 第二节 技能薪酬体系 27
- 第三节 能力薪酬体系 37

第三章 要想员工业绩好，绩效激励少不了（绩效奖励）
- 第一节 认识绩效奖励计划 44
- 第二节 个人绩效奖励计划 46
- 第三节 团队奖励计划 51

第四章 竞争薪酬留人才（薪酬水平、调查、预算、控制）
- 第一节 认识薪酬水平 60
- 第二节 薪酬水平的外部竞争性和衡量 66
- 第三节 薪酬调查 68
- 第四节 薪酬预算 79

第五节　薪酬成本控制 …… 86
　　第六节　薪酬调整 …… 94

第五章　如何平衡薪酬外部竞争性和内部一致性（薪酬结构设计）
　　第一节　认识薪酬结构 …… 106
　　第二节　宽带型薪酬结构 …… 115
　　第三节　薪酬结构的设计与管理 …… 126

第六章　提高员工忠诚度（员工福利管理）
　　第一节　认识员工福利 …… 136
　　第二节　员工福利的类别 …… 140
　　第三节　认识弹性福利计划 …… 146
　　第四节　员工福利的管理与规划 …… 154

第七章　如何设定不同的薪酬方案（特殊人员的薪酬管理）
　　第一节　管理人员的薪酬管理 …… 168
　　第二节　销售人员的薪酬管理 …… 174
　　第三节　专业技术人员的薪酬管理 …… 180
　　第四节　外派员工的薪酬管理 …… 190

参考文献 …… 199

第一章
什么是薪酬管理
（薪酬管理基本原理）

第一节　如何理解薪酬

一、什么是薪酬

广义上的薪酬泛指员工获得的一切形式的报酬，包括薪资、福利和保险等各种直接或间接的报酬。

薪酬有不同的表现形式：精神的与物质的、有形的与无形的、货币的与非货币的、内在的与外在的等，如图1-1所示。

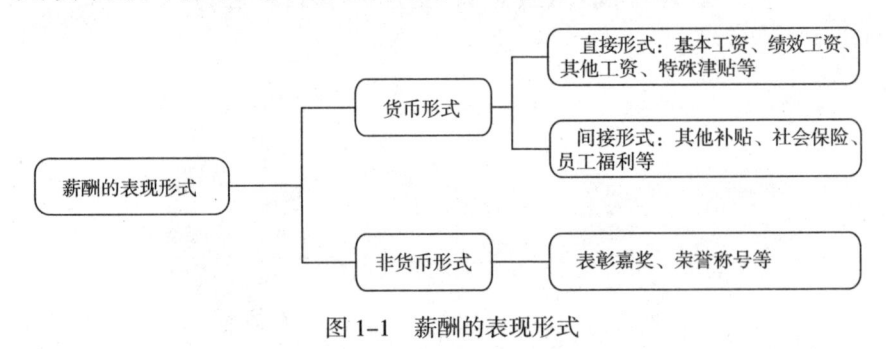

```
                          ┌─ 货币形式 ─┬─ 直接形式：基本工资、绩效工资、
                          │           │   其他工资、特殊津贴等
                          │           │
薪酬的表现形式 ─┤           └─ 间接形式：其他补贴、社会保险、
                          │             员工福利等
                          │
                          └─ 非货币形式 ── 表彰嘉奖、荣誉称号等
```

图1-1　薪酬的表现形式

二、报酬、工资、薪水

在英文中，薪酬这个词经历了从工资（Wage）到薪水（Salary），再到薪酬（Compensation），最后衍变为全面报酬（Total Rewards）的过程。

薪酬的概念经常与报酬、工资、薪水等概念相混淆，下面笔者详细来说明几者之间的区别。

1. 报酬

报酬，是指员工从企业那里获得的，作为个人贡献的回报且被认为是有价值的各种东西。

报酬通常有两种分类方法，一种是将报酬分为经济性报酬和非经济性报酬；另一种是将报酬分为内在报酬和外在报酬，如图1-2所示。

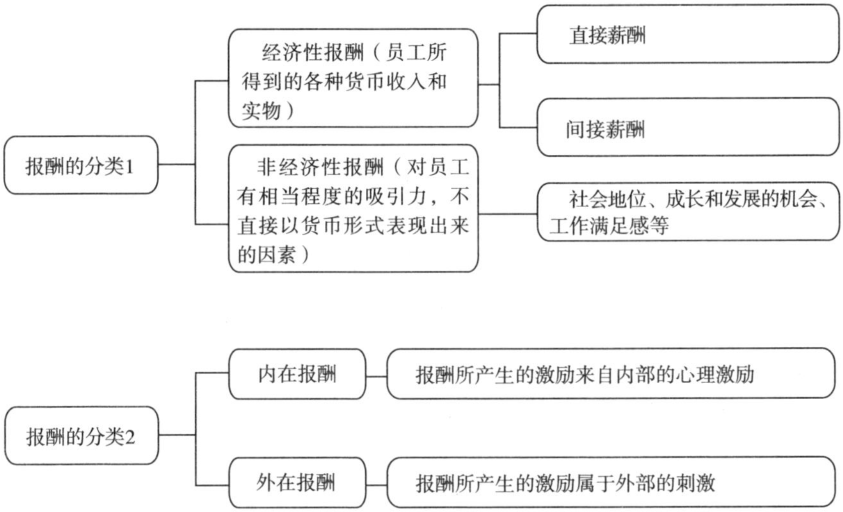

```
                    ┌─ 经济性报酬（员工所       ┌─ 直接薪酬
                    │   得到的各种货币收入和 ──┤
报酬的分类1 ────────┤   实物）                 └─ 间接薪酬
                    │
                    └─ 非经济性报酬（对员工
                        有相当程度的吸引力，不 ── 社会地位、成长和发展的机会、
                        直接以货币形式表现出来      工作满足感等
                        的因素）

报酬的分类2 ────────┬─ 内在报酬 ── 报酬所产生的激励来自内部的心理激励
                    │
                    └─ 外在报酬 ── 报酬所产生的激励属于外部的刺激
```

图1-2　报酬的两种分类

2. 工资

工资是指员工从事企业所需要的劳动而得到的以货币形式的回报，是企业直接支付给员工的劳动报酬，它是保证社会再生产得以进行的必要条件，是按劳分配原则的重要体现。工资可以以时薪、月薪、年薪等不同形式计算。

3. 薪水

在美国，薪水是支付给那些不包括在《公平劳动法案》内，属于豁免职位的任职者，从而没有加班工资的雇员的报酬。白领阶层就属于这类雇员。他们的报酬不是以每天工作多少个小时就给多少小时的钱这种依据来发放，而是企业在每一个阶段单位时间（如一年）之后，一次性支付给员工一个相对固定的报酬数额（如年薪）。这是薪水和工资之间最大的差别。

三、影响员工薪酬水平的主要因素

影响员工薪酬水平的主要因素，如图1-3所示。

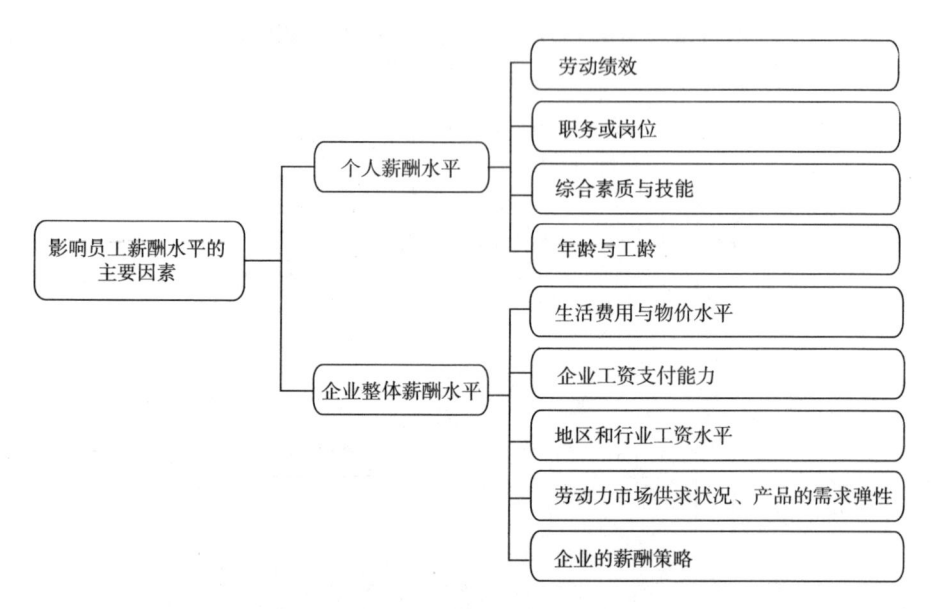

```
影响员工薪酬水平的主要因素
├── 个人薪酬水平
│   ├── 劳动绩效
│   ├── 职务或岗位
│   ├── 综合素质与技能
│   └── 年龄与工龄
└── 企业整体薪酬水平
    ├── 生活费用与物价水平
    ├── 企业工资支付能力
    ├── 地区和行业工资水平
    ├── 劳动力市场供求状况、产品的需求弹性
    └── 企业的薪酬策略
```

图 1-3　影响员工薪酬水平的主要因素

第二节　认识薪酬管理

一、薪酬管理的内容

薪酬管理是指企业在经营战略及发展规划的指导下，综合考虑内外部各种因素的影响，确定自身的薪酬体系、薪酬水平、薪酬结构和薪酬形式，并进行薪酬调整、薪酬控制以及制定薪酬政策的整个过程。如图 1-4 所示。

薪酬管理是一个组织中最为敏感的话题，薪酬决策和分配是组织与员工之间、员工与员工之间的利益冲突点。因此，它被认为是一项最困难、政策性最强的人力资源管理工作。薪酬管理的成功不但能激励员工积极努力地为组织工作，还能有效地降低人力成本。

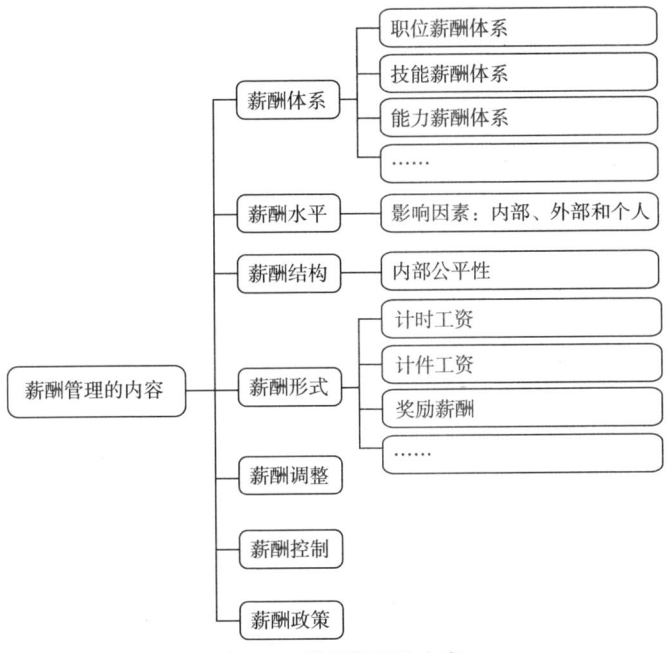

第一章 什么是薪酬管理（薪酬管理基本原理）

图 1-4 薪酬管理的内容

二、薪酬管理的原则

1. 公平性原则

公平性原则主要体现在图 1-5 所示三个方面。

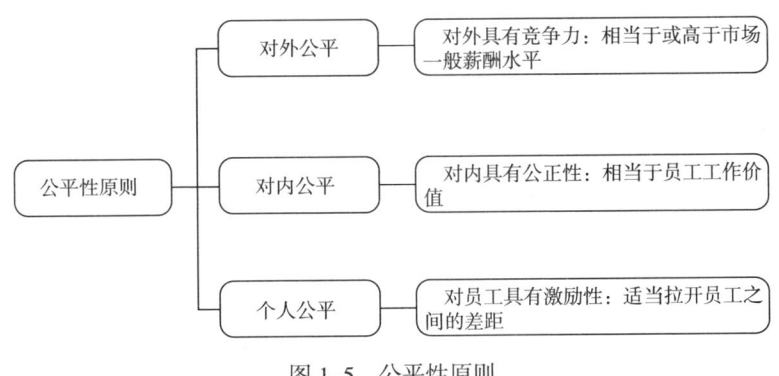

图 1-5 公平性原则

2. 竞争性原则

具有竞争性的薪酬，应该具备如图 1-6 所示三点。

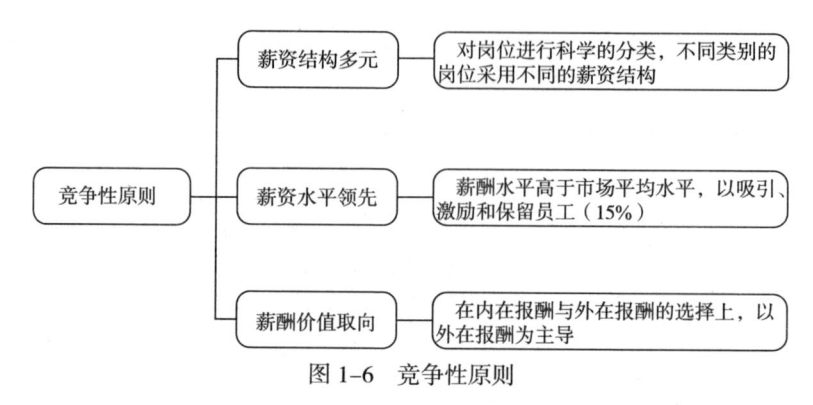

```
竞争性原则 ─┬─ 薪资结构多元 ── 对岗位进行科学的分类，不同类别的岗位采用不同的薪资结构
          ├─ 薪资水平领先 ── 薪酬水平高于市场平均水平，以吸引、激励和保留员工（15%）
          └─ 薪酬价值取向 ── 在内在报酬与外在报酬的选择上，以外在报酬为主导
```

图 1-6　竞争性原则

3. 激励性原则

激励性原则主要体现在如图 1-7 所示三个方面。

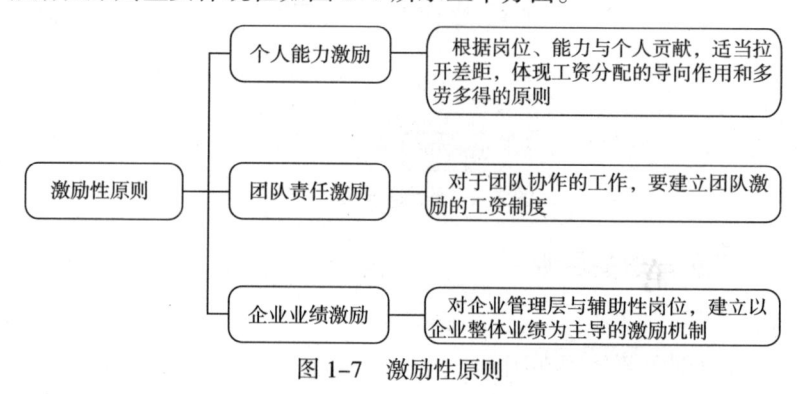

```
激励性原则 ─┬─ 个人能力激励 ── 根据岗位、能力与个人贡献，适当拉开差距，体现工资分配的导向作用和多劳多得的原则
          ├─ 团队责任激励 ── 对于团队协作的工作，要建立团队激励的工资制度
          └─ 企业业绩激励 ── 对企业管理层与辅助性岗位，建立以企业整体业绩为主导的激励机制
```

图 1-7　激励性原则

4. 经济性原则

经济性原则主要体现在如图 1-8 所示两个方面。

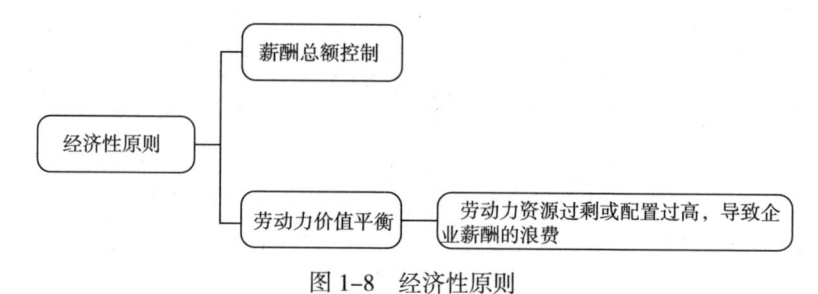

```
经济性原则 ─┬─ 薪酬总额控制
          └─ 劳动力价值平衡 ── 劳动力资源过剩或配置过高，导致企业薪酬的浪费
```

图 1-8　经济性原则

5. 合法性原则

薪酬管理应遵守国家相关政策、法律法规和企业一系列管理制度，这样的薪酬制度才具有立足之本和持久性。相关的法规如《中华人民共和国

宪法》《中华人民共和国民法典》《中华人民共和国劳动法》、各种劳动行政法规、地方性劳动法规以及批准生效的国际劳工公约等。

三、企业为什么要进行薪酬管理

企业进行薪酬管理的原因如图 1-9 所示。

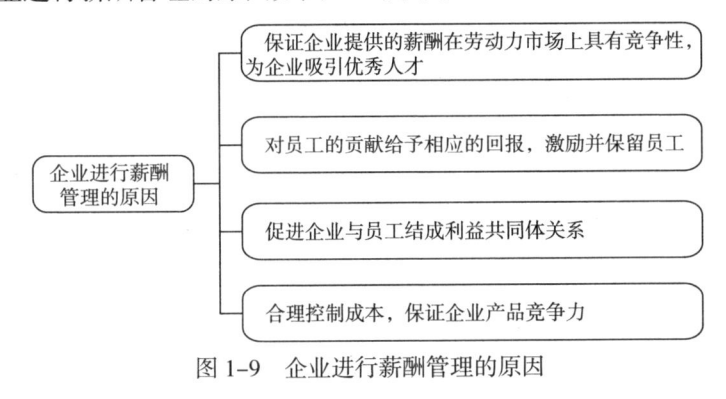

企业进行薪酬管理的原因：
- 保证企业提供的薪酬在劳动力市场上具有竞争性，为企业吸引优秀人才
- 对员工的贡献给予相应的回报，激励并保留员工
- 促进企业与员工结成利益共同体关系
- 合理控制成本，保证企业产品竞争力

图 1-9　企业进行薪酬管理的原因

第三节　认识战略性薪酬管理

一、什么是战略性薪酬管理

战略性薪酬管理的核心是作出一系列战略性薪酬决策。通常，企业首先作出一系列根本性决策，即确定企业的战略，包括确定应该进入并停留在什么行业，靠什么赢得并保持在本行业或相关产品市场上的竞争优势，企业的整体人力资源政策应该如何设计等内容。一旦企业的战略确定下来，企业需要接着回答的问题包括：企业人如何依靠薪酬决策立于不败之地？这些帮助组织赢得并保持竞争优势的薪酬决策就是我们所说的战略性薪酬决策。它主要回答以下几个方面的问题。

1. 薪酬管理的目标是什么

薪酬决策如何支持企业的经营管理？当企业面临经营和文化压力时，应该如何调整自己的薪酬战略？

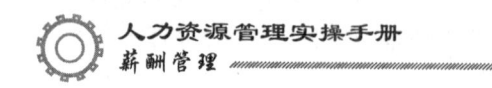

2. 如何实现薪酬的内部一致性

在企业内部，如何对不同职位的员工和拥有不同技能或不同能力的员工支付不同的薪酬？

3. 如何实现外部竞争性

相对于企业的竞争对手，企业在劳动力市场上的薪酬水平应该如何定位？

4. 如何认可员工的贡献

基本薪酬调整的依据是什么？是个人或团队的绩效，还是个人的知识、经验的增长以及能力的提高，抑或仅仅是根据物价的变化？是否需要根据员工的不同表现及其业绩状况制订不同的绩效奖励计划？

5. 如何管理薪酬体系

对于所有员工而言，薪酬决策的公开和透明度应该是怎样的？应该由谁来设计和管理薪酬体系？

6. 如何提高薪酬管理的有效性

如何控制薪酬管理成本？如何提高薪酬管理成本的有效性？

在当今变革激烈的环境中，薪酬管理早已不是人力资源管理体系中的一个末端环节。它直接影响企业的经营战略本身。我们发现，几乎所有的人力资源教材或咨询报告都以浓重的笔墨阐述如何通过薪酬体系来支持组织战略的问题。在实践中，越来越多的企业开始探讨如何通过薪酬战略与组织战略目标之间的联系，使企业的经营变得更为有效。

以微软公司为例。作为一家在计算机领域占据绝对优势的高科技公司，它的经营战略和组织文化都十分强调员工的绩效表现、创新能力以及组织承诺。因此，在薪酬方面，微软长期采取在基本薪酬之外让浮动薪酬和股权所占比例较大的结构性薪酬战略：在进入公司初期，员工需要接受低于市场平均水平的基本薪酬。作为一种补偿，他们会在以后的日子里得到丰厚的可变薪酬、绩效加薪以及股票期权（后来微软把股票期权改成直接的股票授予），等等。当然，这些收益都是以员工做出的优秀的绩效表现和对组织的高度承诺为前提的。

综上所述，企业必须从战略层面来看待薪酬以及薪酬管理，必须清醒地认识到，虽然薪酬与薪酬管理对员工与企业都有重大的影响作用，但是薪酬本身并不能领导企业的变革过程，不能界定应当进行何种变革，也不能决定应当树立何种价值观，更不能取代有效的领导。因此，在大多数情况下，薪酬制度和薪酬政策应当服从而不是领导企业的总体经营战略以及与之相关的其他人力资源管理政策。作为企业赢得竞争优势的一个重要源泉，薪酬和薪酬管理必须能够支持企业的经营战略，与企业的文化相容，并且具有对外界变化作出快速反应的能力。

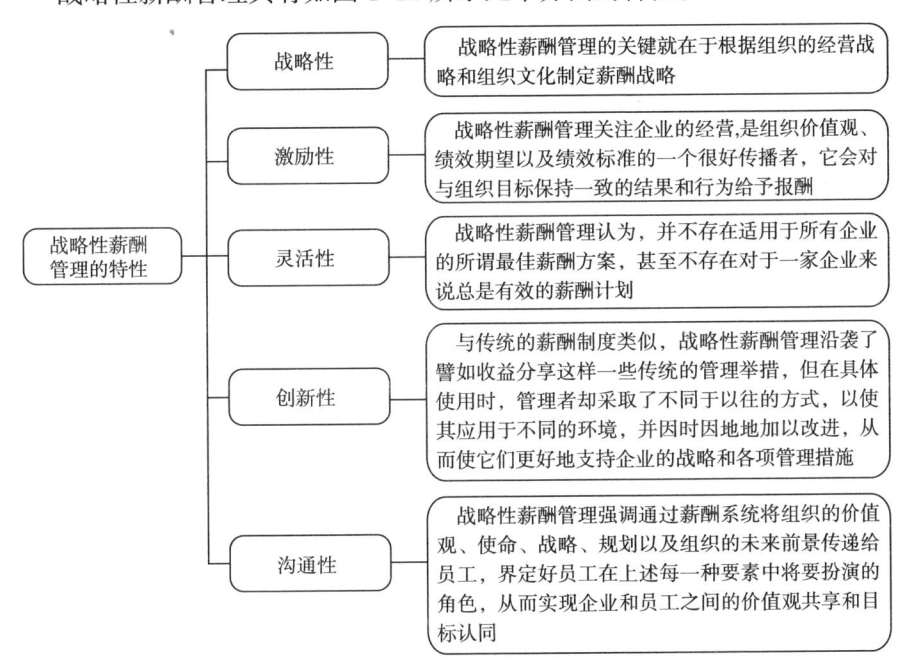

二、战略性薪酬管理的特点

战略性薪酬管理具有如图 1-10 所示几个方面的特性。

战略性薪酬管理的特性：

- **战略性**：战略性薪酬管理的关键就在于根据组织的经营战略和组织文化制定薪酬战略
- **激励性**：战略性薪酬管理关注企业的经营，是组织价值观、绩效期望以及绩效标准的一个很好传播者，它会对与组织目标保持一致的结果和行为给予报酬
- **灵活性**：战略性薪酬管理认为，并不存在适用于所有企业的所谓最佳薪酬方案，甚至不存在对于一家企业来说总是有效的薪酬计划
- **创新性**：与传统的薪酬制度类似，战略性薪酬管理沿袭了譬如收益分享这样一些传统的管理举措，但在具体使用时，管理者却采取了不同于以往的方式，以使其应用于不同的环境，并因时因地加以改进，从而使它们更好地支持企业的战略和各项管理措施
- **沟通性**：战略性薪酬管理强调通过薪酬系统将组织的价值观、使命、战略、规划以及组织的未来前景传递给员工，界定好员工在上述每一种要素中将扮演的角色，从而实现企业和员工之间的价值观共享和目标认同

图 1-10 战略性薪酬管理的特性

1. 战略性

战略性薪酬管理的关键就在于根据组织的经营战略和组织文化制定全方位薪酬战略，它着眼于可能影响企业绩效的薪酬的方方面面，它要求运用所有各种可能的"弹药"——基本薪酬、可变薪酬、间接薪酬，来达成

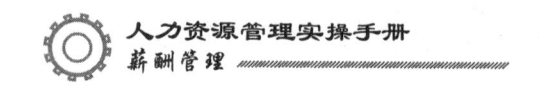

组织目标，从而最大限度地发挥薪酬对于组织战略的支持功效。

2. 激励性

战略性薪酬管理关注企业的经营，是组织价值观、组织目标以及绩效标准的一个很好传播者，它会对与组织目标保持一致的结果和行为给予报酬。实际上，关注绩效而不是等级秩序是战略性薪酬管理的一个至关重要的特征。

3. 灵活性

战略性薪酬管理认为，并不存在适用于所有企业的所谓最佳薪酬方案，甚至不存在对于一家企业来说总是有效的薪酬计划。此处所谓的灵活性是指战略性薪酬管理既可能是结构性的（如可以调整基本工资和绩效工资、工资和福利的占比），也可能是机制性的（如调整员工工资的条件和时机）；既可能是只针对部分员工的（如对销售人员的佣金分成、对高管人员的股权激励），也可能是针对全员的（如员工工资普调）。因此，企业应当根据不同的要求设计出不同的薪酬应对方案，从而帮助组织更加适应不断变化的环境和客户的需求。

4. 创新性

与传统的薪酬制度类似，战略性薪酬管理沿袭了譬如收益分享这样一些传统的管理举措，但在具体使用时，管理者却采取了不同于以往的方式，并因时因地地加以改进，从而使它们更好地支持企业的战略和各项管理措施。战略性薪酬重点强调的是，薪酬制度的设计必须取决于组织的战略和目标，充分发挥良好的导向作用，而不能机械地照搬原有的一些做法，或者简单地复制其他企业的薪酬计划。

5. 沟通性

战略性薪酬管理强调通过薪酬系统将组织的价值观、使命、战略、规划以及组织的未来前景传递给员工，界定好员工在上述每一种要素中将要扮演的角色。此外，战略性薪酬非常重视制定和实施薪酬管理战略的过程，这是因为它把制订计划的过程本身看成是一种沟通的过程，企业必须通过这样一个过程使员工能够理解，组织为什么要在薪酬领域采取某些特定的行动。

三、战略性薪酬的建立

制定一套合适的薪酬战略并不容易，必须有根有据，能够获得各利益相关者的广泛赞同和认可。形成一个战略性薪酬需要四个简单的步骤，如图1-11所示。

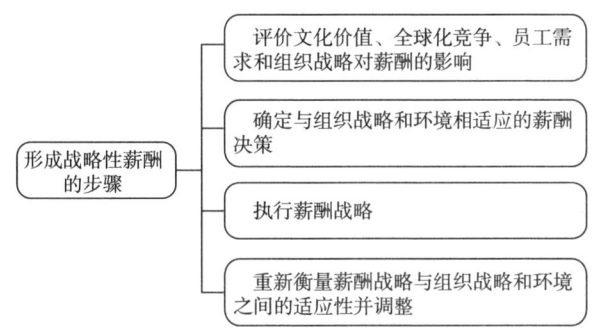

```
形成战略性薪酬
的步骤
  ├── 评价文化价值、全球化竞争、员工需求和组织战略对薪酬的影响
  ├── 确定与组织战略和环境相适应的薪酬决策
  ├── 执行薪酬战略
  └── 重新衡量薪酬战略与组织战略和环境之间的适应性并调整
```

图1-11　企业的薪酬调整流程

这些步骤是简单的，但实施起来却是复杂的。

薪酬战略支持和推动符合管理理念的变革进程，强调的不再是按照市场预先确定的水平支付薪酬，而是注重成功执行公司战略所必需的工作。薪酬战略的总体框架将强调怎样进行薪酬投资，而不是强调支付多少或者如何与市场水平保持一致。

案例1-1　老员工抱怨工资比同岗位新员工拿的少怎么办？

"我跟老板十几年了，到现在一个月才6000元，新来的小赵一进公司就是8000元。他干的活和我一样，凭什么比我多拿那么多？要不是看老板平时对我不错，我早就离职了。现在外面大学生找工作不容易，可是像我们这样有技术的员工找个工作太容易了。前两天深圳一个老板打我电话，要我过去，直接给12000元，还不算奖金啥的。真是人比人气死人。"李强喝了点小酒后和几个公司老哥们抱怨着。

【解析】

由于劳动力市场发生变化，企业会面临新进员工的工资水平高于老员工的情况。其中关键性技术岗位、业务岗位和高级管理人员的工资水平快速上涨尤为突出。这一状况在短期内无法逆转。劳动力市场决定了价格，直白地说，就是你不花那么多钱，你请不到人。

那么面对这样的压力，企业应该进行哪些调整呢？

从招聘设计入手：采用有效的结构化面试方案，保证被录用的员工除了符合岗位要求外，还具备可开发的潜力及素质。

从工作设计入手：使工作变得内容更丰富，更有挑战性。挖掘员工的潜力，让员工自我增值。这样给老员工加薪就会有投入产出的优势。

从教育培训入手：鼓励员工加入学历教育计划，或参加专业技能培训，这也是员工自我增值的有效途径。

从员工的职业发展入手：保证员工的发展与企业的发展相结合，降低人才流动所带来的隐性成本。为员工提供广阔的发展前景，激励员工自我学习，自我提升。

以上方法都是基于提高员工个人劳动生产率的考虑，企业还可以从设备更新、生产流程优化等角度考虑如何化解工资上涨压力。其实，设备更新也好，流程优化也罢，都会对岗位的工作设计产生影响，最后我们面对的还是人的问题。

第二章
企业如何定薪很关键
（搭建适合企业发展的薪酬体系）

第一节　职位薪酬体系

一、职位薪酬体系的特点及适用性

职位薪酬体系就是首先对职位本身的价值作出客观的评价，然后根据这种评价结果赋予承担这一职位的人与该职位价值相当的薪酬这样一种基本薪酬决定制度。

职位薪酬体系作为一种比较传统的确定员工基本薪酬的制度，它最大的特点是员工担任什么样的职位就得到什么样的薪酬。在这种薪酬制度下，我们会看到，虽然有些员工的个人能力大大超过了其担任的职位本身所要求的技术或资格水平，但是在职位没有变动的情况下，他们只能得到与当前工作内容对等的薪酬水平。职位薪酬体系既有优点，也有不足之处，如图2-1所示。

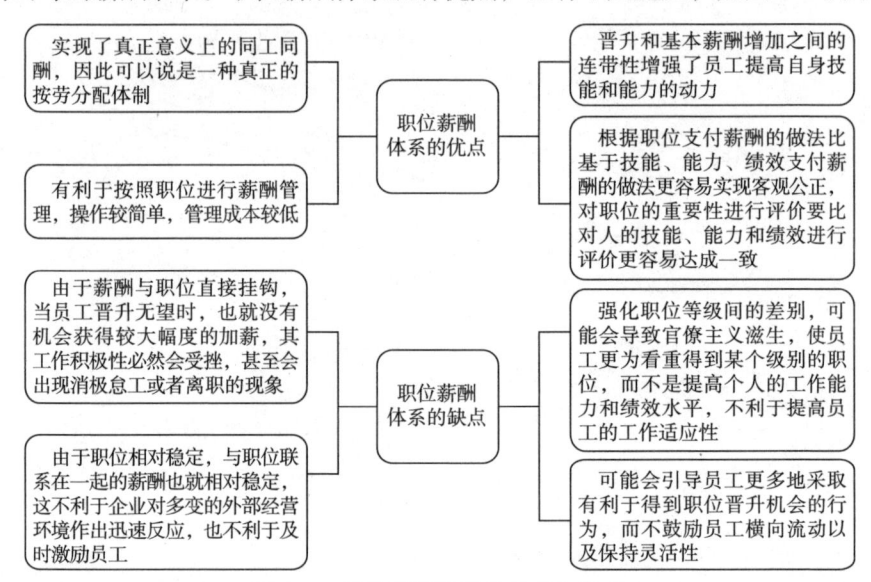

职位薪酬体系的优点：
- 实现了真正意义上的同工同酬，因此可以说是一种真正的按劳分配体制
- 有利于按照职位进行薪酬管理，操作较简单，管理成本较低
- 晋升和基本薪酬增加之间的连带性增强了员工提高自身技能和能力的动力
- 根据职位支付薪酬的做法比基于技能、能力、绩效支付薪酬的做法更容易实现客观公正，对职位的重要性进行评价要比对人的技能、能力和绩效进行评价更容易达成一致

职位薪酬体系的缺点：
- 由于薪酬与职位直接挂钩，当员工晋升无望时，也就没有机会获得较大幅度的加薪，其工作积极性必然会受挫，甚至会出现消极怠工或者离职的现象
- 由于职位相对稳定，与职位联系在一起的薪酬也就相对稳定，这不利于企业对多变的外部经营环境作出迅速反应，也不利于及时激励员工
- 强化职位等级间的差别，可能会导致官僚主义滋生，使员工更为看重得到某个级别的职位，而不是提高个人的工作能力和绩效水平，不利于提高员工的工作适应性
- 可能会引导员工更多地采取有利于得到职位晋升机会的行为，而不鼓励员工横向流动以及保持灵活性

图2-1　职位薪酬体系的优点和缺点

据有关数据统计，采用职位薪酬体系的企业数量要远远超过采用技能

薪酬体系和能力薪酬体系的企业数量，即使是那些采用技能薪酬体系和能力薪酬体系的企业，也大都是从职位薪酬体系转过来的。因此，可以这样理解，职位薪酬体系是应用最广泛，同时也是最稳定的薪酬体系类型。总体来说，职位薪酬体系以职位为核心要素，建立在对职位的客观评价基础上，对事不对人，能充分体现公平性，操作相对简单。企业如果职位明晰，职责清楚，工作程序性较强，则比较适合采用职位薪酬体系。

二、职位薪酬体系设计的基本流程

职位薪酬体系的设计流程如图2-2所示。

职位薪酬体系的设计流程 → 组织结构分析 → 职位分析 → 职位描述/职位规范 → 职位评价 → 职位/薪酬等级

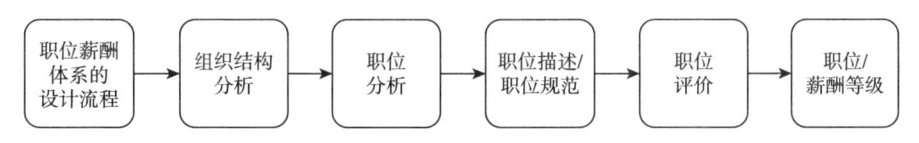

图2-2 职位薪酬体系的设计流程

第一步，了解一个企业的基本组织结构和职位在组织中的具体位置；

第二步，收集与特定职位的性质有关的各种信息，即进行职位分析；

第三步，整理通过职位分析得到的各种信息，按照一定的格式把重要的信息描述出来并加以确认，编写成包括职位职责、任职资格条件等信息在内的职位说明书；

第四步，对典型职位的价值进行评价，即完成职位评价工作；

第五步，根据职位的相对价值高低对它们进行排序，即建立职位等级结构，这一职位等级结构同时也是薪酬的等级结构。

三、职位分析与职位说明书的编写

1. 职位分析

职位分析是指了解一个职位并以一种格式把这种信息描述出来，从而使其他人能了解这个职位的过程。职位分析主要回答的问题如图2-3所示。

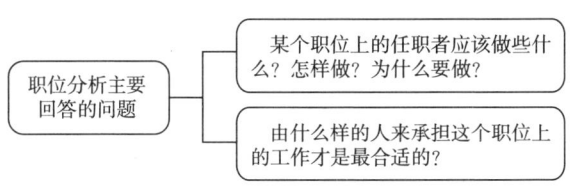

职位分析主要回答的问题：
- 某个职位上的任职者应该做些什么？怎样做？为什么要做？
- 由什么样的人来承担这个职位上的工作才是最合适的？

图2-3 职位分析主要回答的问题

组织通过职位分析可以得到两类信息：第一类信息称为职位描述。它是对经过职位分析得到的关于某一特定职位的职责和工作内容进行的一种书面记录。它所阐明的是一个职位的职责范围及其工作内容。职位描述并不列举每一个职位的职责和任务细节。相反，它只提供关于一个职位的基本职能及其主要职责的总体脉络。第二类信息称为职位规范。它是对适合承担被分析职位的人的特征所进行的描述，又称为任职资格条件。它主要阐明适合从事某一职位的人应当具备的受教育程度、技术水平、工作经验、身体条件等。

2. 职位分析的方法

职位分析能够为企业薪酬水平的确定提供客观依据。在职位分析过程中，经常使用的方法如图2-4所示。

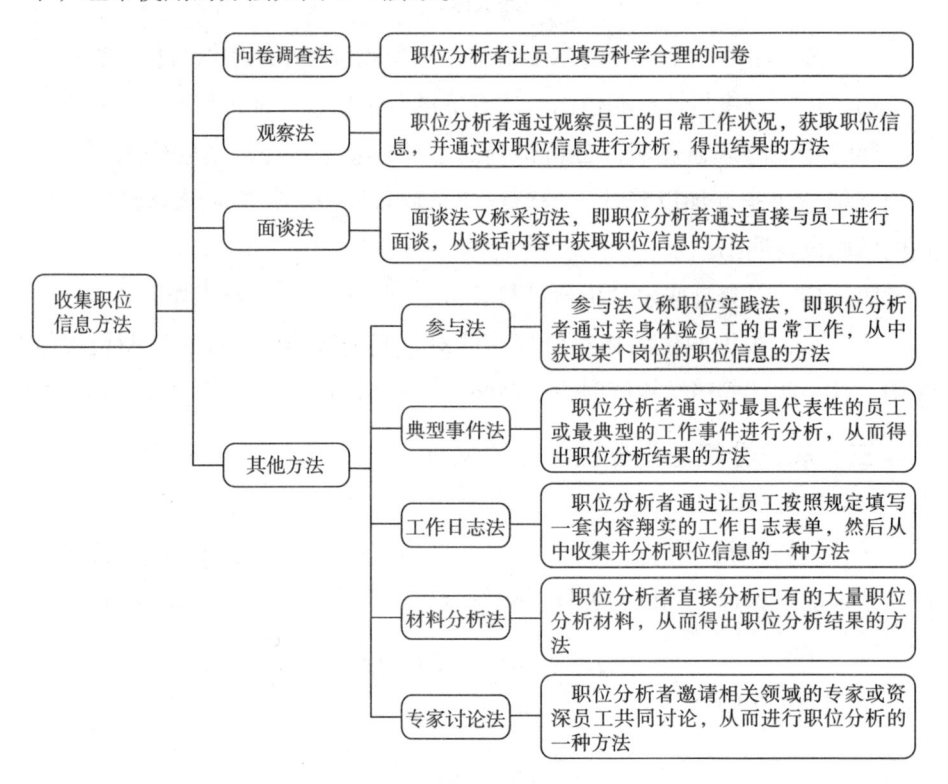

收集职位信息方法		
	问卷调查法	职位分析者让员工填写科学合理的问卷
	观察法	职位分析者通过观察员工的日常工作状况，获取职位信息，并通过对职位信息进行分析，得出结果的方法
	面谈法	面谈法又称采访法，即职位分析者通过直接与员工进行面谈，从谈话内容中获取职位信息的方法
其他方法	参与法	参与法又称职位实践法，即职位分析者通过亲身体验员工的日常工作，从中获取某个岗位的职位信息的方法
	典型事件法	职位分析者通过对最具代表性的员工或最典型的工作事件进行分析，从而得出职位分析结果的方法
	工作日志法	职位分析者通过让员工按照规定填写一套内容翔实的工作日志表单，然后从中收集并分析职位信息的一种方法
	材料分析法	职位分析者直接分析已有的大量职位分析材料，从而得出职位分析结果的方法
	专家讨论法	职位分析者邀请相关领域的专家或资深员工共同讨论，从而进行职位分析的一种方法

图2-4 收集职位信息方法

第二章 企业如何定薪很关键（搭建适合企业发展的薪酬体系）

几乎所有的人力资源规划和管理活动，包括职位设计、人力资源规划、招募、甄选、培训开发、职业生涯规划、绩效评价、薪酬决策等，都要通过职位分析来获取相关信息。从薪酬管理的角度来说，职位分析是职位评价最重要的信息来源。组织只有获得关于职位的综合性信息，才能准确地判断出职位本身在组织中的相对重要程度或相对价值大小，从而确定职位的价值等级结果，奠定基本薪酬确定的基础。

3. 职位说明书的编写

在我国，企业通常将职位分析产生的职位描述和任职资格条件两个方面的信息合称为职位或岗位说明书，即在职位说明书中包括职位描述和任职资格条件两个方面的内容。更为具体地说，职位说明书中包括如图2-5所示几个方面的要素。

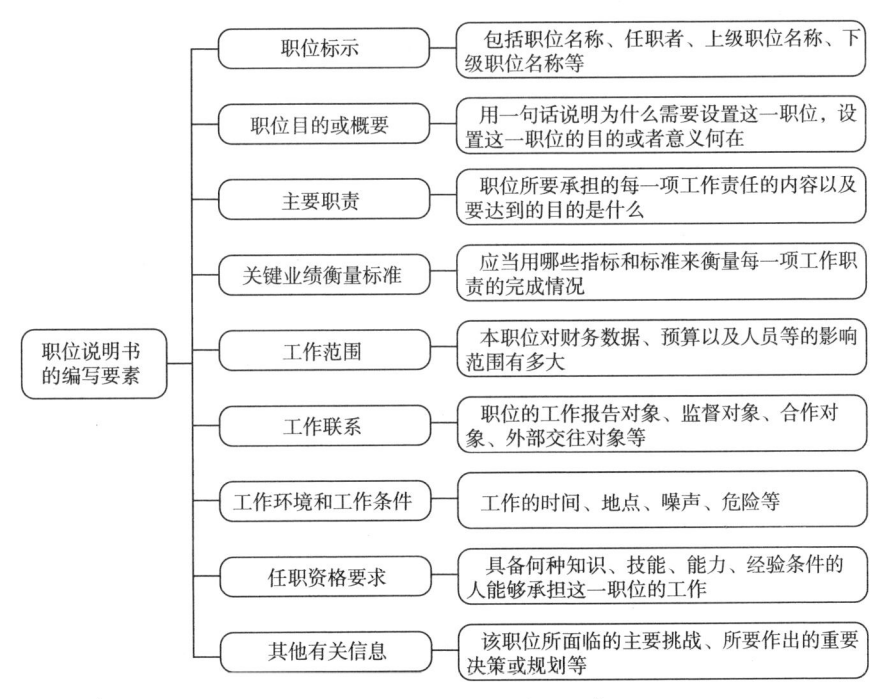

职位说明书的编写要素	说明
职位标示	包括职位名称、任职者、上级职位名称、下级职位名称等
职位目的或概要	用一句话说明为什么需要设置这一职位，设置这一职位的目的或者意义何在
主要职责	职位所要承担的每一项工作责任的内容以及要达到的目的是什么
关键业绩衡量标准	应当用哪些指标和标准来衡量每一项工作职责的完成情况
工作范围	本职位对财务数据、预算以及人员等的影响范围有多大
工作联系	职位的工作报告对象、监督对象、合作对象、外部交往对象等
工作环境和工作条件	工作的时间、地点、噪声、危险等
任职资格要求	具备何种知识、技能、能力、经验条件的人能够承担这一职位的工作
其他有关信息	该职位所面临的主要挑战、所要作出的重要决策或规划等

图 2-5 职位说明书的编写要素

在编写职位说明书的过程中，对职责的描述应尽量按照做什么、如何做、对谁做、为什么要做等要素的顺序来编写，其中的注意事项如图2-6所示。

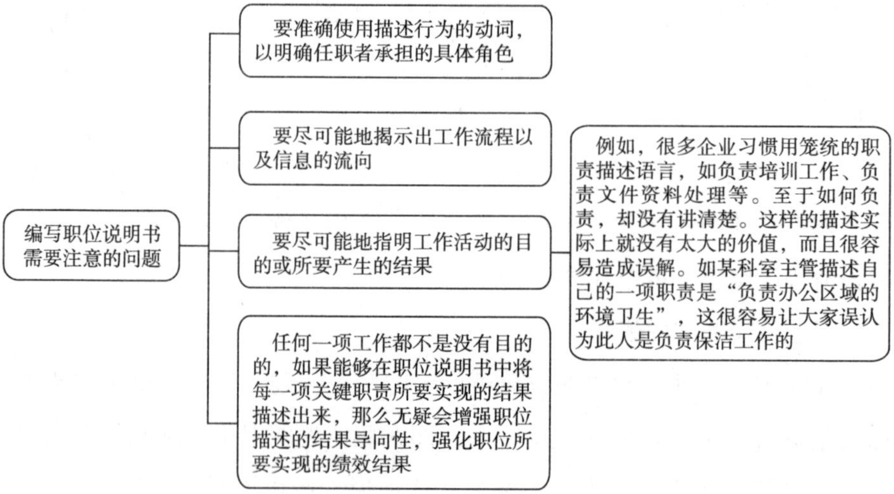

编写职位说明书需要注意的问题：
- 要准确使用描述行为的动词，以明确任职者承担的具体角色
- 要尽可能地揭示出工作流程以及信息的流向
- 要尽可能地指明工作活动的目的或所要产生的结果
- 任何一项工作都不是没有目的的，如果能够在职位说明书中将每一项关键职责所要实现的结果描述出来，那么无疑会增强职位描述的结果导向性，强化职位所要实现的绩效结果

例如，很多企业习惯用笼统的职责描述语言，如负责培训工作、负责文件资料处理等。至于如何负责，却没有讲清楚。这样的描述实际上就没有太大的价值，而且很容易造成误解。如某科室主管描述自己的一项职责是"负责办公区域的环境卫生"，这很容易让大家误认为此人是负责保洁工作的

图 2-6　编写职位说明书需要注意的问题

表 2-1 是某单位编写的销售部经理职位说明书，供大家参考学习。

表 2-1　销售部经理职位说明书

岗位名称	销售部经理	岗位编号	×××
所在部门	销售部	岗位定员	—
直接上级	营销总监	工资等级	三级
直接下级	业务员	薪酬类型	—
所辖人员		岗位分析日期	2022 年 3 月
本职：领导本销售区域内的市场开发与管理工作，完成销售任务目标，深入了解市场状况，建立长期代理商关系，树立公司品牌形象			
职责与工作任务			
	职责表述：协助营销总监制定营销战略规划，为重大营销决策提供建议和信息支持		
职责一	工作任务	根据公司营销战略组织制定本区域市场销售的年度规划	
		协助搜集国内外相关行业政策、竞争对手信息、客户信息等，分析市场发展趋势	
		定期、准确地向营销总监和相关部门提供有关销售情况、费用控制、应收账款等反映公司销售工作现状的信息，为公司重大决策提供信息支持	
	职责表述：领导部门员工完成市场调研、市场开发、市场推广、销售、客户服务等工作		
职责二	工作任务	根据年度销售目标，制订本部门工作计划和预算，并组织执行	
		组织市场开发工作，执行公司渠道政策，完成部门的销售目标	
		根据本销售区域的特点，提出市场推广方案建议，协助实施市场调研、市场推广工作	

第二章 企业如何定薪很关键（搭建适合企业发展的薪酬体系）

续表

职责二	工作任务	组织客户管理工作，负责维持重要客户，与客户保持良好关系
		负责审核产品报价，参与合同谈判、合同签订等工作
		组织本销售区域客户需求预测，提出预生产申请
		协调客户培训、退换货等售后服务工作
		领导部门成员及时回收货款、清收超期应收账款，协助财务部门完成结算工作
职责三	职责表述：参与公司产品创新	
	工作任务	根据本地区市场特点，提出产品改进、新产品开发建议
		参与新产品市场推广，组织新产品销售
职责四	职责表述：负责销售部内部的组织管理	
	工作任务	负责本部门员工队伍建设，提出对下属人员的调配、培训、考核意见
		参与销售管理制度的制定，检查本部门执行情况
		负责协调下属业务员之间、本部门与相关部门之间的关系
		监督分管部门的工作目标和经费预算的执行情况，及时给予指导
职责五	职责表述：完成营销总监交办的其他任务	
权力		
区域营销规划建议权		
市场推广方案建议权		
权限内销售合同审批权，重大销售合同、供应合同审核权		
代理商选择的建议权		
公司销售政策建议权		
新产品开发建议权		
权限内的财务审批权		
对直接下级人员调配、奖惩的建议权和任免的提名权，考核评价权		
对所属下级的工作的监督、检查权		
对所属下级的工作争议的裁决权		
教育水平	硕士以上	
专业	营销专业	
培训经历	市场营销管理、销售管理、公共关系、推销技巧培训	
经验	5年以上工作经历，3年以上本行业或相近行业销售管理经验	
知识	通晓销售业务知识，掌握公司所经营产品国内外行业动态，掌握市场营销相关知识，具备财务管理、法律等方面的知识，了解公司所经营产品技术知识	
技能技巧	熟练使用Word、Excel等办公软件，具备网络知识、熟练的英语应用能力，精通一门其他外语	

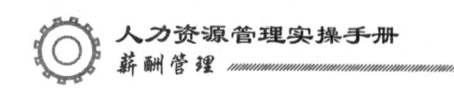

续表

个人素质	具有很强的领导能力、判断与决策能力、人际能力、沟通能力、影响力、计划与执行能力、客户服务能力
其他	
使用工具/设备	计算机、一般办公设备（电话、打印机、网络）、通信设备
工作环境	办公场所、各市场区域
工作时间特征	经常需要加班，无明显节假日
所需记录文档	通知、销售统计或销售分析报告、客户档案、工作总结、合同等
考核指标	
销售收入、利润率、市场占有率、应收账款拖欠天数及坏账率、客户满意度、预生产需求预测准确性、重要任务完成情况	
预算控制情况、下属员工行为管理、关键人员流失率	
部门合作满意度	
领导能力、判断与决策能力、人际能力、沟通能力、影响力、计划与执行能力、客户服务能力、专业知识及技能	

四、职位评价的方法

职位评价是在职位分析的基础上进行的，它是对不同职位的职责大小、工作难易程度、任职要求等进行比较，进而确定企业内部每一职位的相对价值。在基于职位的薪酬体系中，职位评价使得每一职位的相对价值得以体现，是薪酬等级构建的基础。

此外，通过职位评价可以明确不同职位的等级和不同等级职位之间的联系，明确各个岗位的地位与作用以及相应的职位结构。以下介绍四种常用的职位评价方法。

1. 排列法

①简单排列法

也称排序法，它是一种最简单的岗位评定方法，是由评定人员凭借自己的工作经验主观地进行判断，根据岗位的相对价值按高低次序进行排列。采用该方法时，将每个工作岗位作为一个整体来考虑，并通过比较简单的现场写实观察或者凭借一些相关的岗位信息进行相互比较。其具体步骤如

图 2-7 所示。

```
由有关人员      了解情况,      评定人员事先确定评      将经过所有评定人员评定
组成评定小组,  并收集有关岗  判标准,对本企事业单  的每个岗位的结果加以汇总,
并做好各项准  位方面的详细  位同类岗位的重要性逐一  得到序号和。然后将序号和
备工作        资料和数据    作出评判,最重要的排在  除以参加评定人数,得到每一
                          第一位,再将较重要的、  岗位的平均排序数。最后,根
                          一般性的岗位逐级往下  据平均排序数的大小,评定
                          排列                    出岗位的相对价值。按照由
                                                大到小或者由小到大的顺序
                                                作出排列
```

图 2-7 简单排列法的具体步骤

在实践中,一些组织为了提高岗位排列法的准确性和可靠性,还采用了多维度的排列法,如从岗位责任、知识经验、技能要求、劳动强度、劳动环境等多个维度进行评价,从而使岗位排列法的结果在信度和效度上明显提高。

②选择排列法

也称交替排列法,它是简单排列法的进一步推广。以某公司销售部的10个管理岗位,即A、B、C、D、E、F、G、H、I、J为例,进行岗位评价的步骤如下:

第一,按照岗位相对价值的衡量指标,如岗位责任程度,从10个岗位中选择最突出的岗位,将其代码填写在排序表第一的位置上;同时选出程度最低或最差的岗位,并将其代码填写在排序表最后的位置上,如表2-2所示。

表 2-2 选择排列法

排序	1	2	3	4	5	6	7	8	9	10
岗位代码	D①	A②	C③	H④	F⑤	E⑤	G④	I③	J②	B①

注 表中的圈码表示选择的先后顺序。

第二,由于10个管理岗位中,相对价值最高和最低的岗位D和B已经被列入排序表第一和最后的位置上,故从余下的8个岗位中挑选出相对价值最高和最低者,并将其代码分别填写在排序表第二和倒数第二的位置上。

第三,再从剩下的6个岗位中挑选出相对价值最高和最低的岗位C和

I,并将其代码分别填写在排序表第三和倒数第三的位置上。

第四,以此类推,最后完成了该部门管理岗位的排序工作。

选择排列法虽然提高了岗位之间整体的对比性,但依然没有摆脱评价人员主观意识和自身专业水平的制约和影响。

2. 分类法

分类法是排列法的改进。主要特点是:各个级别及其结构是在岗位被排列之前就建立起来的,对所有岗位的评价只需参照级别的定义套入合适的级别。其具体步骤如图2-8所示。

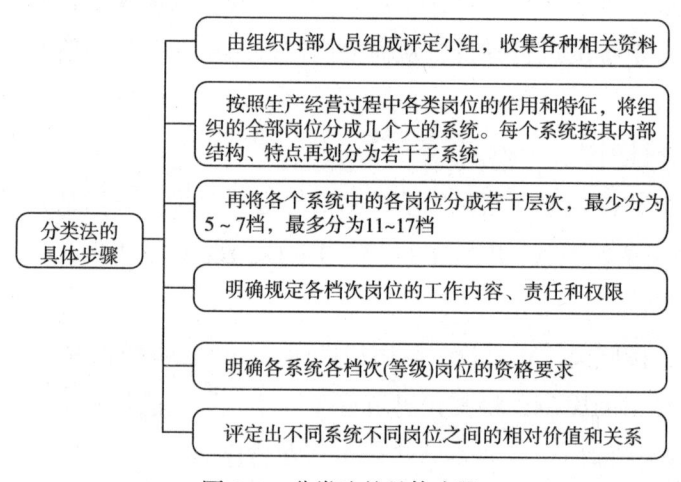

```
分类法的
具体步骤
├── 由组织内部人员组成评定小组,收集各种相关资料
├── 按照生产经营过程中各类岗位的作用和特征,将组织的全部岗位分成几个大的系统。每个系统按其内部结构、特点再划分为若干子系统
├── 再将各个系统中的各岗位分成若干层次,最少分为5~7档,最多分为11~17档
├── 明确规定各档次岗位的工作内容、责任和权限
├── 明确各系统各档次(等级)岗位的资格要求
└── 评定出不同系统不同岗位之间的相对价值和关系
```

图2-8 分类法的具体步骤

分类法可用于多种岗位的评价,但对不同系统(类型)的岗位评比存在相当的主观性,准确度较差。

3. 要素计点法

要素计点法也称点数法,是首先选定岗位的主要影响因素,并采用一定的点数(分值)表示每一因素,然后按预先规定的衡量标准对现有岗位的各个因素逐一评比、估价,求得点数,经过加权求和,最后得到各个岗位的总点数。其具体步骤如下。

第一,确定岗位评价的主要影响因素。岗位评价所选定的因素是与执行岗位工作任务直接相关的重要因素,如图2-9所示。

第二章 企业如何定薪很关键（搭建适合企业发展的薪酬体系）

确定岗位评价的主要影响因素：

- 岗位的复杂难易程度，包括执行本岗位任务所需的知识和技能、受教育程度、必要的训练、必要的工作经验等
- 岗位的责任，包括对所使用的设备、器具、原材料、产品等的责任；对下属监督的责任，对主管上级应负的责任；对保管的文件资料、档案的责任等，即对涉及岗位的人员、财产、物资等方面的责任
- 劳动强度与环境条件，包括执行岗位任务的体力消耗、劳动姿势、环境、温度、湿度、照明、噪声、空气污染等因素
- 岗位作业紧张、困难程度，如操作时精神上的紧张程度，视觉、听觉器官的集中注意程度及持续时间的长短，工作的单调性等

图 2-9　确定岗位评价的主要影响因素

第二，根据岗位的性质和特征，确定各类岗位评价的具体项目。

确定评价因素时，无论何种性质的岗位，比较普遍采用的评价项目如图 2-10 所示。

评价的具体项目：

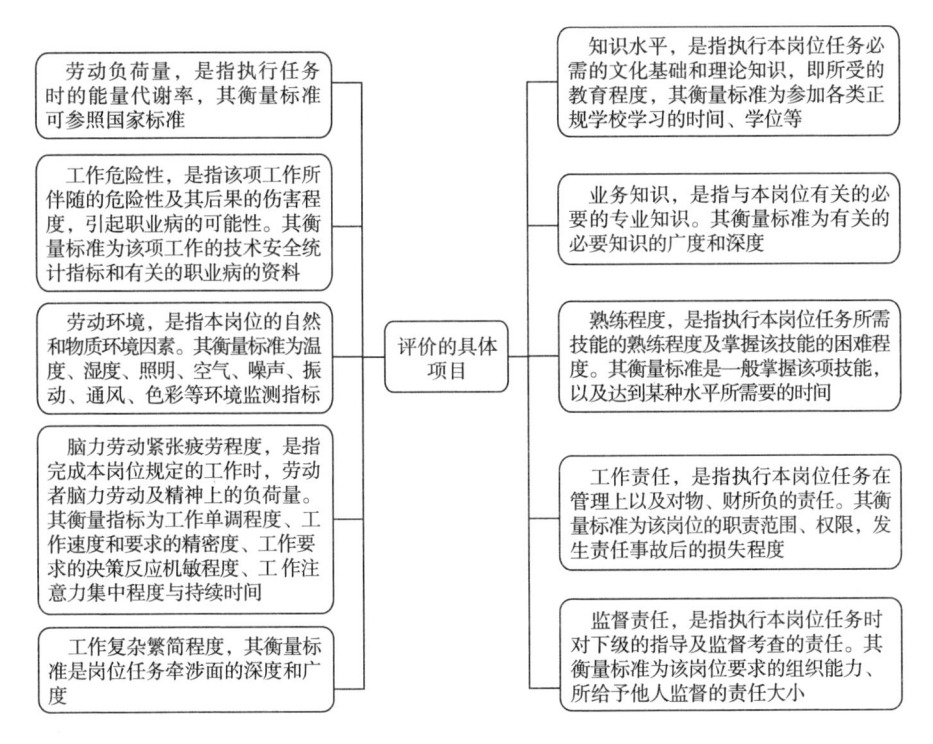

- 劳动负荷量，是指执行任务时的能量代谢率，其衡量标准可参照国家标准
- 工作危险性，是指该项工作所伴随的危险性及其后果的伤害程度，引起职业病的可能性。其衡量标准为该项工作的技术安全统计指标和有关的职业病的资料
- 劳动环境，是指本岗位的自然和物质环境因素。其衡量标准为温度、湿度、照明、空气、噪声、振动、通风、色彩等环境监测指标
- 脑力劳动紧张疲劳程度，是指完成本岗位规定的工作时，劳动者脑力劳动及精神上的负荷量。其衡量指标为工作单调程度、工作速度和要求的精密度、工作要求的决策反应机敏程度、工作注意力集中程度与持续时间
- 工作复杂繁简程度，其衡量标准是岗位任务牵涉面的深度和广度
- 知识水平，是指执行本岗位任务必需的文化基础和理论知识，即所受的教育程度，其衡量标准为参加各类正规学校学习的时间、学位等
- 业务知识，是指与本岗位有关的必要的专业知识。其衡量标准为有关的必要知识的广度和深度
- 熟练程度，是指执行本岗位任务所需技能的熟练程度及掌握该技能的困难程度。其衡量标准是一般掌握该项技能，以及达到某种水平所需要的时间
- 工作责任，是指执行本岗位任务在管理上以及对物、财所负的责任。其衡量标准为该岗位的职责范围、权限，发生责任事故后的损失程度
- 监督责任，是指执行本岗位任务时对下级的指导及监督查考的责任。其衡量标准为该岗位要求的组织能力、所给予他人监督的责任大小

图 2-10　评价的具体项目

第三，对各评价因素区分出不同级别，并赋予一定点数（分值），以提高评价的准确程度。

第四，将全部评价项目合并成一个总体，根据各个项目在总体中的地位和重要性，分别给定权数（f_i）。一般来说，重要项目给以较大权数，次要项目给以较小的权数。权数的大小应依据企事业单位的实际情况，以及各类岗位的性质和特征来加以确定。

假设第 i 评价项目的权数为 f_i，某一岗位第 i 项目的评价结果为 x_i，则该岗位的总点数为 X，它等于各项目评价点数的加权数之和，即 $X=\Sigma_{x_i f_i}$。

第五，为了将企事业单位相同性质的岗位归入一定等级，可将岗位评价的总点数分为若干级别。

评分法的优点是容易被人理解和接受，由于它是若干评定要素综合的结果，并且有较多的专业人员参与评定，从而大大提高了评定的准确性。缺点是工作量大，比较费时费力，在选定评价项目以及给定权数时还带有一定的主观性。评分法适合生产过程复杂，岗位类别、数目多的大中型组织采用。

4. 要素比较法

要素比较法是由排序法衍化而来的。它也是按要素对岗位进行分析和排序。它和评分法的主要区别在于，各要素的权重不是事先确定的。先选定岗位的主要影响因素，然后通过市场调查了解每一种标杆岗位的市场薪酬水平，将工资总额合理分解，使之与各个影响因素相匹配，最后根据工资数额的多寡决定岗位的高低。其具体步骤如下。

第一，从全部岗位中选出 15～20 个主要岗位，其所得到的劳动报酬（薪酬总额）应是公平合理的（必须是大多数人公认的）。

第二，选定各岗位共有的影响因素，作为岗位评价的基础。如图 2-11 所示。

第三，将每一个主要岗位的每个影响因素分别加以比较，按程度高低进行排序。其排序方法与排列法完全一致。

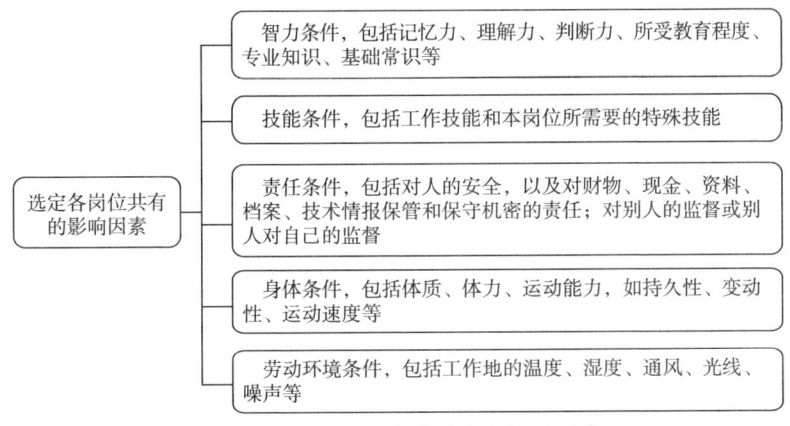

第二章 企业如何定薪很关键（搭建适合企业发展的薪酬体系）

选定各岗位共有的影响因素：
- 智力条件，包括记忆力、理解力、判断力、所受教育程度、专业知识、基础常识等
- 技能条件，包括工作技能和本岗位所需要的特殊技能
- 责任条件，包括对人的安全，以及对财物、现金、资料、档案、技术情报保管和保守机密的责任；对别人的监督或别人对自己的监督
- 身体条件，包括体质、体力、运动能力，如持久性、变动性、运动速度等
- 劳动环境条件，包括工作地的温度、湿度、通风、光线、噪声等

图 2-11　选定各岗位共有的影响因素

第四，经过认真协调，岗位评定小组应对每一岗位的工资总额，按照上述五种影响因素进行分解，找出对应的工资份额。

由于排序结果是由评定小组商定的，会遇到排序与工资额高低次序不一致的情况。这时，评定小组应重新协商，使两者顺序一致。有时实在无法调整修正，也可以将有争议的岗位取消，重新选择一个主要的具有代表性的岗位。

第五，找出组织中尚未进行评定的其他岗位，与现有的已评定完毕的重要岗位对比，某岗位的某要素与哪一主要岗位的某要素相近，就按相近条件的岗位工资分配该报酬要素上的货币价值，累计后就是本岗位的工资。

案例 2-1　岗位评价指标的量化标准应由哪些基础标准组成？

某航空地面服务公司是一家中型企业。根据岗位的工作性质和特点，该公司将工作岗位划分为管理、技术和技能操作三大类，公司人力资源部门拟对现有各岗位进行一次系统全面的岗位评价，为了切实保证岗位评价的质量，从各部门抽出一些有丰富经验的主管人员，组成岗位评价专家小组。人力资源部在总结同行业岗位评价经验的基础上，确定了岗位责任、劳动强度、技能要求和工作条件四大要素共22项评价指标，并准备与专家小组讨论评价指标的计分标准和方法。

请结合本案例，回答以下问题：

岗位评价指标的量化标准应由哪些基础标准组成？

【解析】

本案例中，人力资源部已经确定了岗位22项评价指标，接下来需要从该航空地面服务公司的实际情况出发，制定出岗位评价指标的量化标准。

岗位评价指标的计量标准通常由计分、权重和误差调整三项基础标准组成。

在岗位评价中，对评价指标的计分标准的制定，可以采用单一计分和多种综合计分两类标准。

单一指标计分标准采用自然数法和系数法两种。自然数法计分可以是每个评定等级只设定一个自然数，也可以是每个评定等级有多个自然数可供选择。多个自然数的选择可以是百分制，也可以是采用非百分数的距式的分组法。系数法计分又可分为函数法和常数法两种。函数法是借用模糊数学中隶属度函数的概念，按评价指标分级标准进行计分；常数法是在评价要素分值（x）之前设定常数（a），将两者乘积（ax）作为评定结果。

多种要素综合计分标准的制定方法，是其测评尺度建立等距水平或假设具有等距水平基础之上。具体包括简单相加法、系数相乘法、连乘积法和百分比系数法四种。简单相加法，是将单一要素指标的自然数分值相加计分的方法。系数相乘法是将单一要素指标的系数与指派的分值相乘，然后合计出总分的方法。连乘积法是在单一要素指标计分的基础上，将各要素指标分值相乘之后，最后得出的总分。百分比系数法是从系数法中派生出来的一种计分方法，以百分数分别表示评价要素的总体结构以及每一个指标的分值。

第二节 技能薪酬体系

一、技能薪酬体系的特点及适用性

技能薪酬体系（又叫技能薪酬计划）是一种以人为基础的基本薪酬决定体系，其含义有狭义和广义之分，如图 2-12 所示。

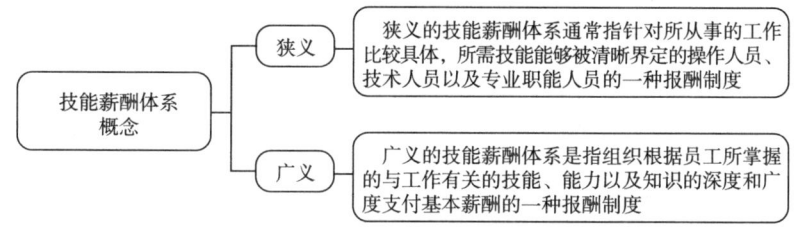

```
                    ┌─ 狭义 ── 狭义的技能薪酬体系通常指针对所从事的工作
                    │          比较具体，所需技能能够被清晰界定的操作人员、
技能薪酬体系概念 ───┤          技术人员以及专业职能人员的一种报酬制度
                    │
                    └─ 广义 ── 广义的技能薪酬体系是指组织根据员工所掌握
                               的与工作有关的技能、能力以及知识的深度和广
                               度支付基本薪酬的一种报酬制度
```

图 2-12 技能薪酬体系的概念

技能薪酬体系的优点如图 2-13 所示。

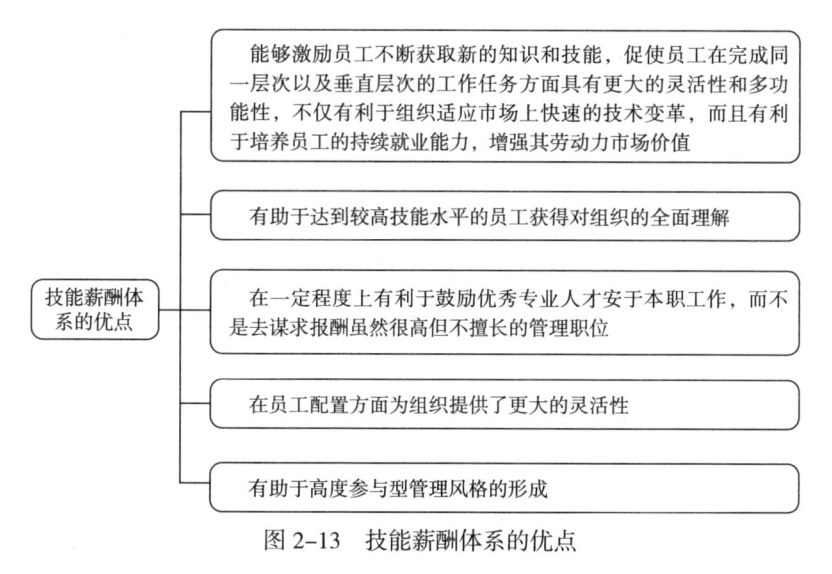

```
              ┌─ 能够激励员工不断获取新的知识和技能，促使员工在完成同
              │  一层次以及垂直层次的工作任务方面具有更大的灵活性和多功
              │  能性，不仅有利于组织适应市场上快速的技术变革，而且有利
              │  于培养员工的持续就业能力，增强其劳动力市场价值
              │
              ├─ 有助于达到较高技能水平的员工获得对组织的全面理解
技能薪酬体 ───┤
系的优点      ├─ 在一定程度上有利于鼓励优秀专业人才安于本职工作，而不
              │  是去谋求报酬虽然很高但不擅长的管理职位
              │
              ├─ 在员工配置方面为组织提供了更大的灵活性
              │
              └─ 有助于高度参与型管理风格的形成
```

图 2-13 技能薪酬体系的优点

同时，技能薪酬体系也存在一些潜在的问题，如图 2-14 所示。

技能薪酬体系的缺点：
- 技能薪酬体系的投资回报率很低
- 技能薪酬体系可能导致管理的复杂化甚至官僚主义
- 技能等级的评估比较困难
- 为技能评价要比为职位评价更困难

图 2-14　技能薪酬体系的缺点

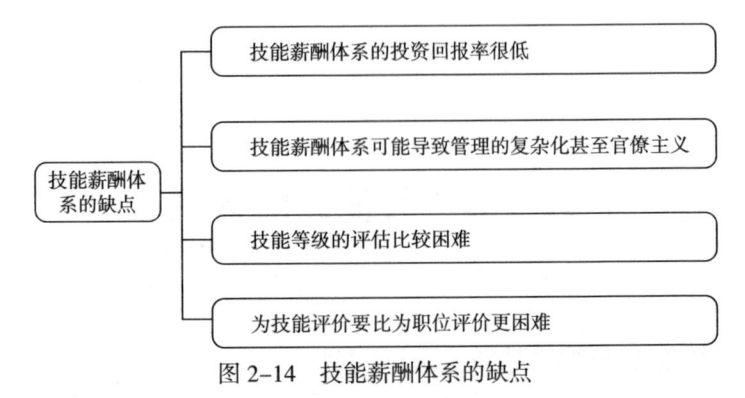

近年来，技能薪酬体系被广泛应用于电信、金融、制造业及其他一些服务性行业，在全球范围内已经成为一种重要的薪酬体系。具体来说，技能薪酬体系比较适合的行业有：运用连续流程生产技术的行业，如石油、化工、冶金、造纸等行业；运用大规模生产技术的行业，如汽车及其零部件生产制造、电子计算机生产等行业；服务行业，如金融、餐饮等行业；运用单位或小批量生产计划的行业，如服装加工、食品加工等行业。

二、技能薪酬体系的基本类型

技能薪酬体系通常分为深度技能和广度技能两种类型，如图 2-15 所示。

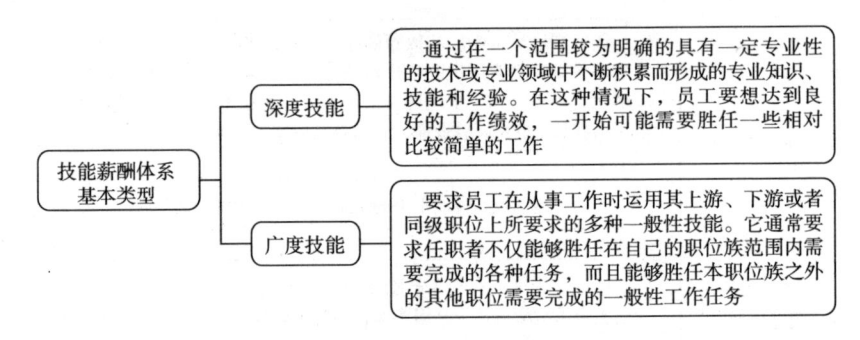

技能薪酬体系基本类型：
- **深度技能**：通过在一个范围较为明确的具有一定专业性的技术或专业领域中不断积累而形成的专业知识、技能和经验。在这种情况下，员工要想达到良好的工作绩效，一开始可能需要胜任一些相对比较简单的工作
- **广度技能**：要求员工在从事工作时运用其上游、下游或者同级职位上所要求的多种一般性技能。它通常要求任职者不仅能够胜任在自己的职位族范围内需要完成的各种任务，而且能够胜任本职位族之外的其他职位需要完成的一般性工作任务

图 2-15　技能薪酬体系的基本类型

1. 深度技能

图 2-16 是某公司的技能等级划分及其定义。按照强调深度技能的思路来设计的技能薪酬体系的例子参考表 2-3。

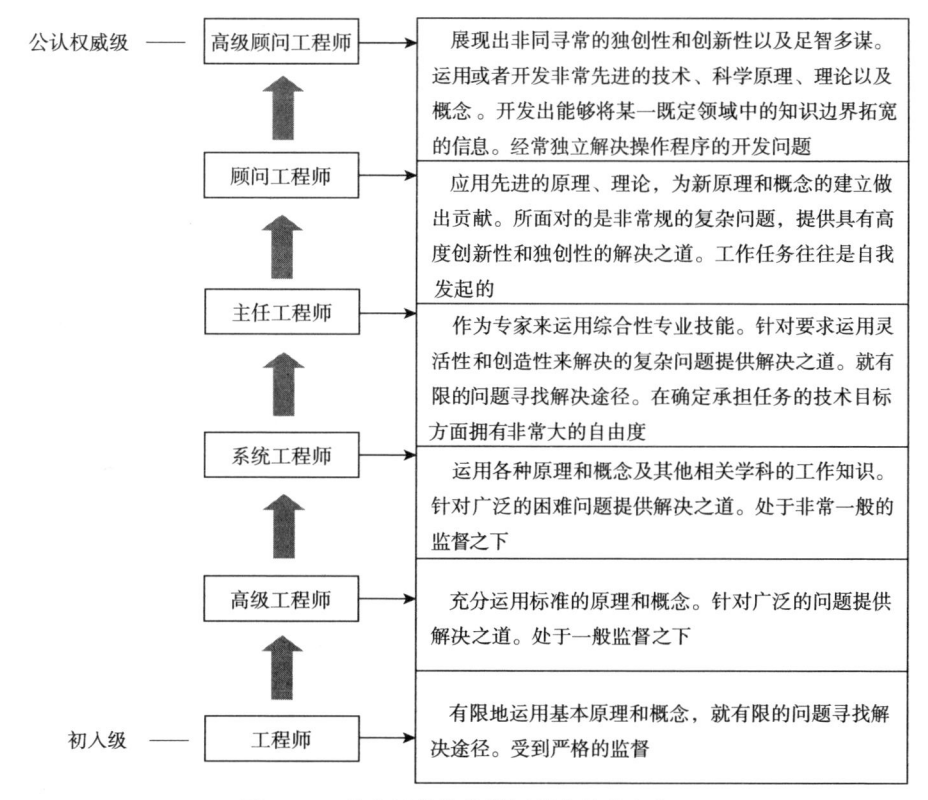

第二章 企业如何定薪很关键（搭建适合企业发展的薪酬体系）

```
公认权威级 ——— 高级顾问工程师 → 展现出非同寻常的独创性和创新性以及足智多谋。
                                运用或者开发非常先进的技术、科学原理、理论以及
                                概念。开发出能够将某一既定领域中的知识边界拓宽
                                的信息。经常独立解决操作程序的开发问题
                ↑
              顾问工程师     → 应用先进的原理、理论，为新原理和概念的建立做
                                出贡献。所面对的是非常规的复杂问题，提供具有高
                                度创新性和独创性的解决之道。工作任务往往是自我
                                发起的
                ↑
              主任工程师     → 作为专家来运用综合性专业技能。针对要求运用灵
                                活性和创造性来解决的复杂问题提供解决之道。就有
                                限的问题寻找解决途径。在确定承担任务的技术目标
                                方面拥有非常大的自由度
                ↑
              系统工程师     → 运用各种原理和概念及其他相关学科的工作知识。
                                针对广泛的困难问题提供解决之道。处于非常一般的
                                监督之下
                ↑
              高级工程师     → 充分运用标准的原理和概念。针对广泛的问题提供
                                解决之道。处于一般监督之下
                ↑
初入级 ——— 工程师          → 有限地运用基本原理和概念，就有限的问题寻找解
                                决途径。受到严格的监督
```

图 2-16 某公司的技能等级划分及其定义

表 2-3 某生产企业深度技能薪酬方案示例

技能水平 \ 技能种类	原料处理	配制	灌装	包装
高级	A3	B3	C3	D3
中级	A2	B2	C2	D2
初级	A1	B1	C1	D1

2. 广度技能

下面笔者举例说明基于广度技能要求的技能薪酬体系。某公司是一家生产用于汽车传动装置的传动链的企业。最初，该公司一共有七种不同的工作岗位。后来，公司的工资制度改为技能工资制，原来的七种工作被划分为三个范围更大的工作类别，即 A 单元操作工、B 单元操作工和 C 单元操作工，如表 2-4 所示。

表2-4 某生产企业广度技能薪酬方案示例

工作制度		
以职位为基础	以技能为基础	
码链工	技能 C	技能 B	技能 A
包装工			
清洗工			
超声监测工			
测量工			
装配工			
打铆工			
领导、监督以及工时安排责任			

需要指出的是，同一家企业可能会为员工提供发展深度技能和广度技能两种选择。比如，表2-5中的公司既可以鼓励员工在原料处理、配制等某道工序上发展自己的技能水平，也可以鼓励员工在某个技能等级上深化自己对多道工序的理解，即提升自己在多道工序上的技能，熟悉整条生产线，如表2-5所示。

表2-5 企业技能薪酬方案示例

技能水平＼技能种类	原料处理	配制	灌装	包装
高级	A3	B3	C3	D3
中级	A2	B2	C2	D2
初级	A1	B1	C1	D1

三、实施技能薪酬体系的前提

技能薪酬体系能否在一个组织中得到应用，最终还是取决于管理层对员工的看法，因为这种看法会影响组织和员工之间心理契约的性质乃至薪酬采取的形式。

图2-17描述了一个组织的组织形式以及管理层对员工的看法的各种组合方式。其中，横向维度所体现的是管理层对员工的态度，有敌对的态度，也有合作的态度；在敌对的管理哲学下，管理层把员工看成组织利益的竞争者，因而会想方设法控制员工在组织中所能发挥的作用，尽量使其最小

化，而员工也会采取一系列的报复行为，例如，摆出敌对的姿态，一旦组织不对其工作行为立即付酬，员工就会拒绝继续为组织做贡献；另一种状况是管理层对员工持合作态度，即通过积极地与员工合作来达成组织的目标。从纵向维度来看，组织可以划分为有机组织和官僚组织两种形式，其中后者是指具有严格职位描述的高度结构化的官僚组织，而前者是指一个结构松散的有机系统。在这个系统中，组织成员的责任是变化的，有时甚至是重叠的。当然，图中所描述的仅仅是一种抽象的关系，它并不意味着组织和员工只会采取这些态度。

组织形式 \ 雇佣关系	敌对的	合作的
有机的	2	1
官僚的	3	4

图 2-17 技能薪酬计划适用的组织与管理类型

对于图 2-17 四个象限中的组织来说，它们都可以采用职位薪酬体系。但是如果它们想要采用技能薪酬体系，则需要具备特定的心理环境和职位结构。最适合实施技能薪酬体系的是那些管理层和员工都愿意合作，并且职位结构允许员工不受传统的工作描述束缚而自由发展的组织（即图 2-17 中位于第一象限中的组织）。组织应该赋予员工独立决策，与同事一起寻找并解决质量和其他生产问题，在所从事的工作、薪酬以及工作满意度方面作出选择的权利。技能薪酬体系的实施需要管理层和员工对他们之间的关系持有一种长期的态度，只有这种长期的态度才能保证对技能的长期强调。而这恰恰是技能薪酬体系运转的一个前提条件。同时，在技能薪酬体系设计和实施过程中，组织和员工双方需要共同承担相应的责任和风险。

四、技能薪酬体系与组织中的工作设计

技能薪酬体系带来的不仅仅是薪酬决定机制的变化。事实上，许多企

业的技能薪酬体系设计的过程同时是组织中的工作再设计过程。图 2-18 所显示的是与传统的职位薪酬体系相适应的工作设计方式。这种工作设计方式强调的是每一个人做好自己分内的工作，不要去过问别人的事情。在这种情况下，人是严格与职位或工作相对应的。而在实行技能薪酬体系的组织中，企业强调的不再是每一个人完成自己的职位描述所严格界定的工作内容；相反，它更强调员工完成多种不同工作的能力，要求员工具备完成多种不同的工作任务而不是某种单一、固定的工作任务的能力。如图 2-19 所示，这种新的工作设计方式打破了传统本位主义思考问题的方式，鼓励员工从工作流程的角度去看待自己从事的工作，以及自己从事的工作与同事从事的工作之间的关系，同时鼓励员工不断地学习新技能。这种新的工作设计方式与工作丰富化和工作扩大化的思路是一脉相承的。

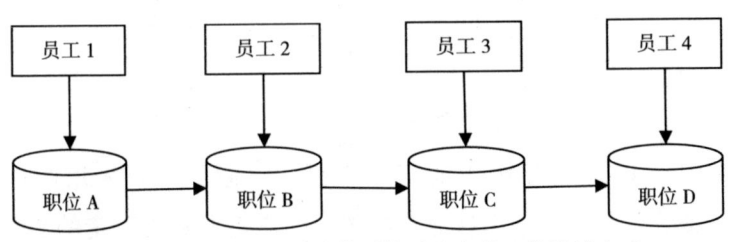

图 2-18　与传统的职位薪酬体系配套的工作设计方式

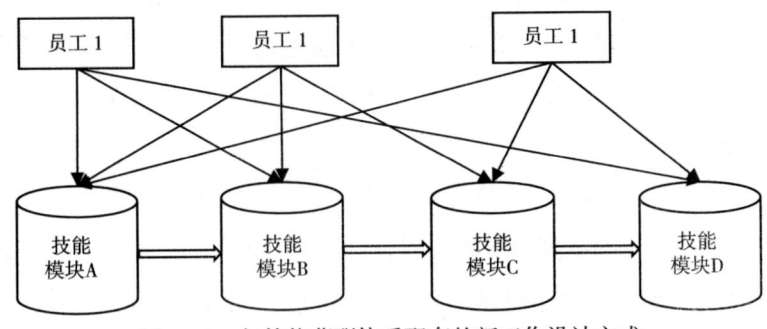

图 2-19　与技能薪酬体系配套的新工作设计方式

五、技能薪酬体系的设计流程和步骤

技能薪酬体系设计的重点在于开发一种能够使技能和基本薪酬联系在一起的薪酬计划。其基本流程如图 2-20 所示。

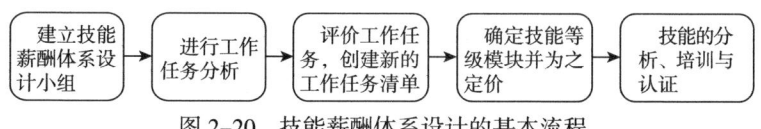

```
建立技能      进行工作      评价工作任      确定技能等      技能的分
薪酬体系设 →  任务分析  →  务,创建新的  →  级模块并为之 →  析、培训与
计小组                    工作任务清单    定价            认证
```

图 2-20 技能薪酬体系设计的基本流程

1. 建立技能薪酬体系设计小组

制定技能薪酬体系通常需要建立两个层次的组织：一是由企业高层领导小组组成的指导委员会；二是具体执行任务的设计小组。此外，还有必要挑选出一部分员工作为主题专家，他们的作用是在设计小组遇到各种技术问题时提供协助。

一种典型的技能薪酬体系通常只在一个组织的一个或多个单位中实行，而不是在整个组织中实行。因此，为了确保技能薪酬体系与组织整体薪酬哲学之间的一致性，就需要建立一个由企业的高层管理人员组成的委员会。这个委员会的主要作用如图 2-21 所示。

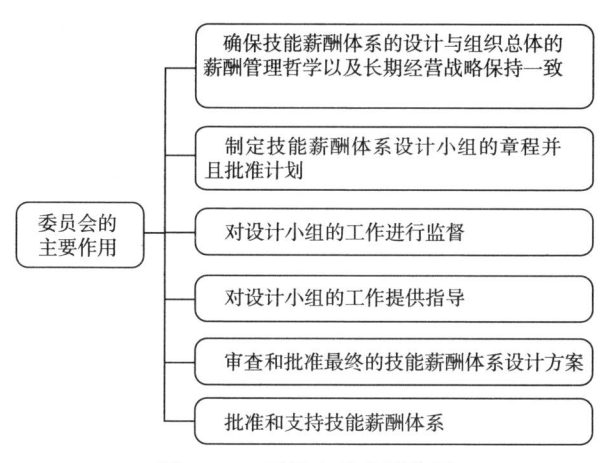

```
              ┌─ 确保技能薪酬体系的设计与组织总体的
              │  薪酬管理哲学以及长期经营战略保持一致
              │
              ├─ 制定技能薪酬体系设计小组的章程并
              │  且批准计划
              │
委员会的  ────┼─ 对设计小组的工作进行监督
主要作用      │
              ├─ 对设计小组的工作提供指导
              │
              ├─ 审查和批准最终的技能薪酬体系设计方案
              │
              └─ 批准和支持技能薪酬体系
```

图 2-21 委员会的主要作用

设计技能薪酬体系的一个关键点在于要把技能薪酬体系所覆盖的那些人吸收进来。一个典型的技能薪酬体系设计小组应当由那些将要执行这种薪酬体系的部门员工组成。小组成员应当能够反映出总体劳动力队伍中的性别比例以及其他人口特征。除了这些人之外，设计小组还应当包括来自人力资源管理部门、财务部门、信息管理部门的代表。

虽然设计小组中的一些成员也可能充当问题专家，在技能薪酬体系设计过程中提供信息和资源，但是设计小组仍然有必要到小组之外寻找能够对方案设计过程中涉及的各种技术问题提供咨询的大量专家。这些专家可以包括员工、员工的上级、人力资源管理部门的代表、组织开发和薪酬方面的专家以及其他一些具备工作流程知识的人。薪酬体系设计小组的规模取决于准备采用技能薪酬体系的每一类职位或者工作的数量。一般情况下，某一种职位或工作中的员工数量越多，则这种类型的员工在设计小组中的人员数量就越多。通常设计工作小组应当由来自不同层次和部门的五个人组成，才能开展工作。

2. 进行工作任务分析

技能薪酬体系准备支付报酬的对象，应当是对于有效完成任务至关重要的技能。因此，开展技能薪酬体系设计的首要工作是详细、系统地描述所涉及的各种工作任务。如有必要，还需要将工作任务进一步分解为更小的工作要素。根据这些详细的工作描述，就可以分析出与不同层次的绩效水平相对应的技能水平。

为了清楚地了解在一个组织中所要完成的所有工作任务，有必要依据一定的格式规范将这些工作任务描述出来。根据这些标准化的任务描述，我们就能理解为了达到一定的绩效水平所需要的技能层次。在描述工作任务时，分析者所面临的一个关键决策是，在任务描述中到底应当使信息详细到什么程度。作为一个一般性的规则，在一份任务描述中所列举的细节的数量取决于编写任务描述的目的。详细的工作任务信息对于培训活动来说是十分有必要的；但是为了开始进行一项技能分析活动，工作任务描述可以相对简单一些，只要强调所需完成的工作以及完成这些工作所需的必要行为就可以了。

3. 评价工作任务，创建新的工作任务清单

这是要求设计小组在对工作任务进行分析的基础上，评价各项工作任务的难度和重要程度，然后重新编排任务信息，对工作任务进行组合，从而为技能模块的界定和定价打下基础。

技能薪酬体系设计小组通过工作分析获得了相关职位或工作的工作任务描述以后，还要根据需要重新对工作任务信息进行编排。

在对工作任务进行评价时需要用到主题专家。例如，在开始运用任务重要性这一尺度对组合起来的任务清单进行评价时，就应当由一位受过训练的工作分析人员去与主题专家进行面对面的交谈。工作分析人员应当原原本本地向主题专家说明工作任务评价的程序，然后促使他们思考还有哪些工作任务需要增加到工作任务清单中去。如果遇到的新的工作任务特别多，那么让主题专家将工作任务加以扩充或者对任务再次进行评价就很有必要。评价结束以后，还需要对工作任务进行重新组合，以便将组合好的工作任务模块分配到不同的技能等级中去，然后设法对它们进行定价。

4. 确定技能等级模块并为之定价

技能等级模块是指员工为了按照既定的标准完成工作任务而必须能够执行的一个工作任务单位或者一种工作职能。我们可以根据技能模块中所包括的工作任务的内容来对技能模块进行等级评定。

对技能模块的定价实际上就是确定每一个技能单位的货币价值。目前还没有一种标准的技能等级定价方法，即并不存在一种能够将技能模块和薪酬联系在一起的标准方式。尽管如此，在对技能模块定价的时候，任何组织都需要作出两个基本决定：一是确定技能模块的相对价值；二是确立对技能模块定价的机制。

在实际操作中，很多企业可能并不会去费力地对每一个技能模块进行定价。更常见的情况是，企业根据一定的规则确定员工的技能水平，然后根据这种技能水平的总体评估来确定员工的薪酬。

5. 技能的分析、培训与认证

设计和推行技能薪酬体系的最后一个阶段是关注如何使员工置身于该计划中，对员工进行培训和认证。在对员工的现有技能进行分析的同时，还要制订培训计划、技能资格认证计划以及追踪管理工作成果的评价维度。

（1）员工技能分析

对员工进行技能分析的目的是确定员工当前处于何种技能水平上。员工技能的评价者应当由员工的直接上级、同事、下级以及客户共同构成。这些人主要从各自不同的角度向被评价员工的上级提供评价意见。但有时

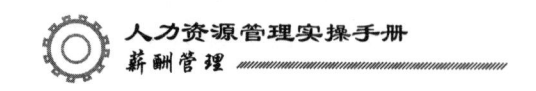

同事之间的相互评价要慎用，特别是同事之间关系紧张的时候。同时，在进行实际的技能评价之前，评价各方应当对评价标准达成共识。

（2）培训计划

员工培训计划需要确定两个要点：一是员工的培训需要；二是采取何种方法进行培训最合适。培训计划的第一个要素是通过技能评价来确定培训需求。要形成一个完善的培训计划，首先要对与工作相关的各项技能进行分析。培训需求还包括员工希望提高的一些其他不足之处。第二个要素是确定培训方法，包括在职培训、公司内部培训、辅导计划、工作轮换、供应商提供的培训、大学或学院培训等。

（3）技能等级或技能资格的认证与再认证

技能认证计划包含三个要素：认证者、认证所包含的技能水平以及员工通过何种方法表现出自己具备某种技能水平。

在技能薪酬体系中，认证者可以来自内部，也可以来自外部。内部认证者主要是员工的上级和同事以及员工所从事工作领域的专家。通常情况下，在技能薪酬体系中都会组织这样一个认证委员会，因为这种由委员会进行的技能评价与仅仅由上级来主持的技能分析和评价相比更加公正和客观。外部评价主要指一些由大学、商业组织以及政府发起的考试和认证计划。这些外部认证机构通常是比较公正和客观的。但是，由于外部评价者缺乏对员工所处工作环境的了解而可能导致评价失真。此外，员工在工作场合以外的地方获得了某种知识和技能并不意味着他一定能够将其应用到企业的具体工作环境中。

技能等级认证和评定很重要，而在技能认证完成以后，每隔一段时间对员工的技能进行重新认证同样重要，只有这样才能确保员工继续保持已经达到的技能水平。与此同时，随着技术的更新，技能等级的含义本身也在发生变化，因此，企业需要根据自身技术水平的更新以及进步情况，随时修订自己的技能等级定义，并且进行技能等级的重新认证。

第三节 能力薪酬体系

一、能力薪酬体系的基本概念

能力薪酬体系是根据特定职位员工的胜任能力（知识、技能、能力）的高低来确定薪酬支付水平。能力薪酬体系的设计基础是对员工的工作胜任能力进行的评价，即通过衡量与高绩效相关的素质与行为，以及基于职业发展通道的任职资格与职业化行为评价来替代对工作产出（绩效）的衡量。这种薪酬体系适合研发、市场等特殊领域的专业人员。

二、能力模型的建立

在实践中，企业可以为整个组织建立一个能力模型，也可以仅为某些特定的领域建立一个能力模型。建立哪一种能力模型，主要取决于企业的需要以及希望达成的目标。能力模型一般包括以下四种类型。

1. 核心能力模型

核心能力模型实际上是适用于整个组织的能力模型，它往往与一个组织的使命、愿景和价值观保持高度一致，如图2-22所示。

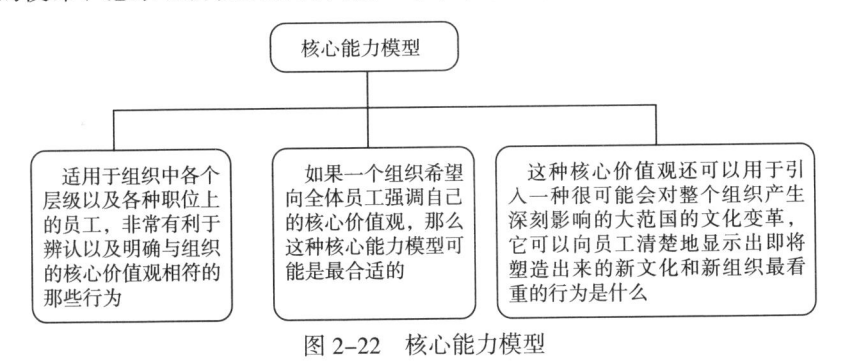

核心能力模型
- 适用于组织中各个层级以及各种职位上的员工，非常有利于辨认以及明确与组织的核心价值观相符的那些行为
- 如果一个组织希望向全体员工强调自己的核心价值观，那么这种核心能力模型可能是最合适的
- 这种核心价值观还可以用于引入一种很可能会对整个组织产生深刻影响的大范围的文化变革，它可以向员工清楚地显示出即将塑造出来的新文化和新组织最看重的行为是什么

图2-22 核心能力模型

2. 职能能力模型

职能能力模型是一种围绕关键业务职能，如财务管理、市场营销、信息技术、生产制造等建立起来的能力模型，如图 2-23 所示。

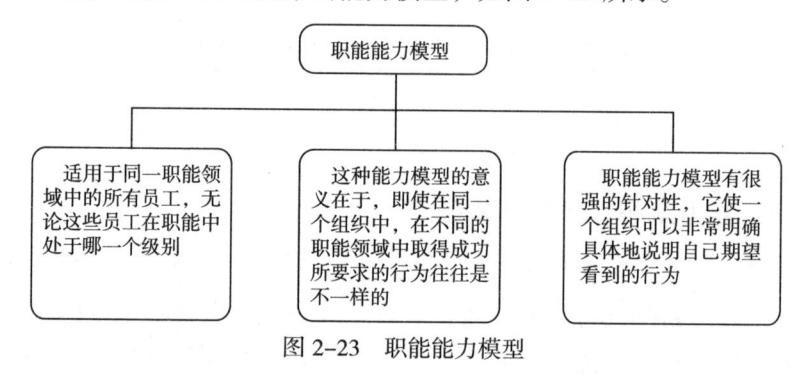

```
                        职能能力模型
           ┌────────────────┼────────────────┐
    适用于同一职能领域    这种能力模型的意      职能能力模型有很
    中的所有员工，无      义在于，即使在同一    强的针对性，它使一
    论这些员工在职能      个组织中，在不同的    个组织可以非常明确
    处于哪一个级别        职能领域中取得成功    具体地说明自己期望
                          所要求的行为往往是    看到的行为
                          不一样的
```

图 2-23　职能能力模型

3. 角色能力模型

角色能力模型适用于一个组织中的某些人所能扮演的特定角色，而不是这些人所在的职能领域，如图 2-24 所示。

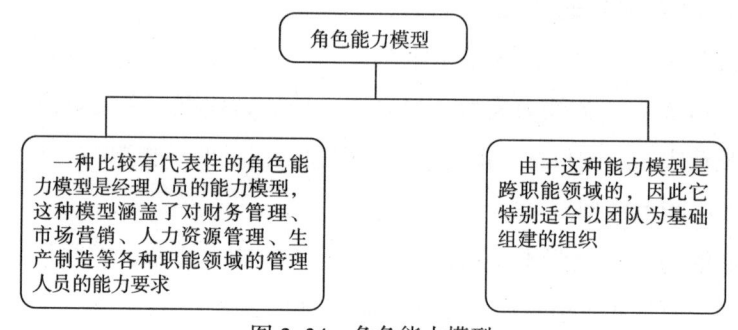

```
                   角色能力模型
          ┌────────────────┴────────────────┐
    一种比较有代表性的角色能          由于这种能力模型是
    力模型是经理人员的能力模型，      跨职能领域的，因此它
    这种模型涵盖了对财务管理、        特别适合以团队为基础
    市场营销、人力资源管理、生        组建的组织
    产制造等各种职能领域的管理
    人员的能力要求
```

图 2-24　角色能力模型

4. 职位能力模型

职位能力模型是一种适用范围最狭窄的能力模型，它只适用于单一类型的职位。这种能力模型所针对的通常是在一个组织中有很多人从事的那一类职位。

上述几种能力模型并不是对立的，而是可以相互交叉的。在建立能力模型的同时，还必须将能力指标与一系列可观察的关键行为联系起来，从而将能力指标转换为不同级别的可观察行为，企业需要通过观察和直接询问绩效优异者是如何完成工作或解决问题的，来确定达成优秀绩效的行为特征有哪些，或者说哪些行为表明员工具备某种能力。

三、实施能力薪酬体系的前提

企业在实施能力薪酬体系之前，必须非常慎重地考虑如图 2-25 所示两个问题。

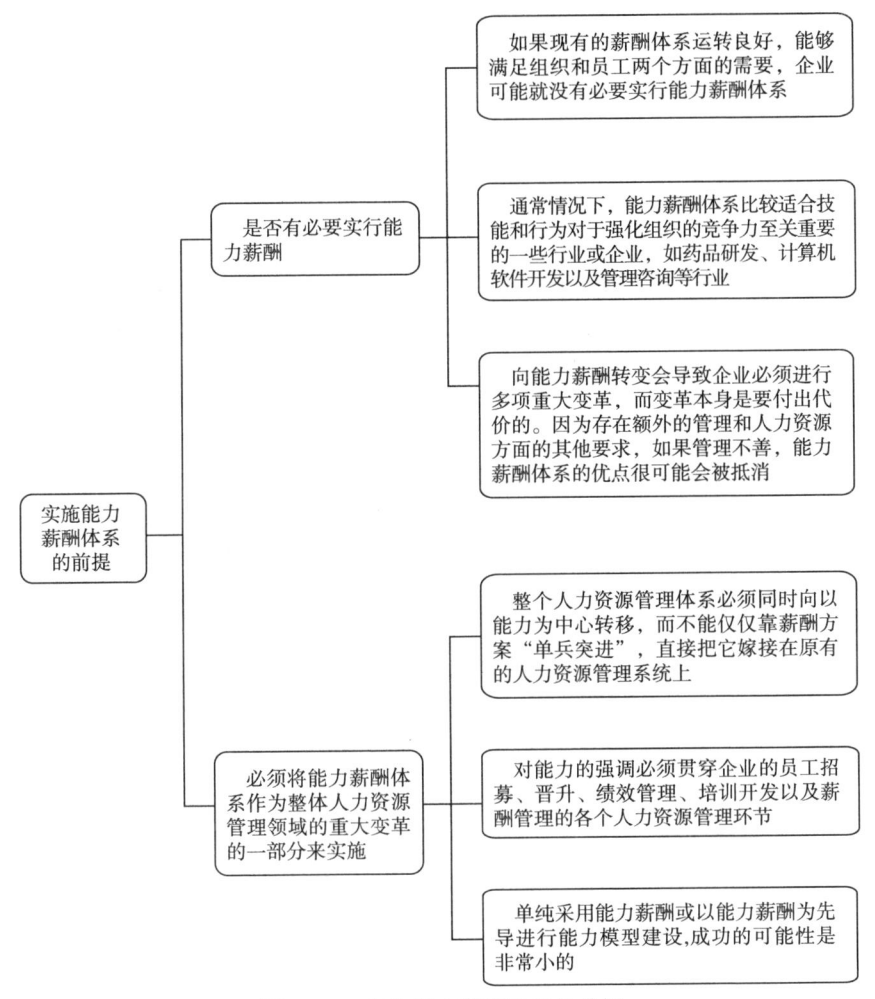

```
实施能力薪酬体系的前提
├── 是否有必要实行能力薪酬
│   ├── 如果现有的薪酬体系运转良好，能够满足组织和员工两个方面的需要，企业可能就没有必要实行能力薪酬体系
│   ├── 通常情况下，能力薪酬体系比较适合技能和行为对于强化组织的竞争力至关重要的一些行业或企业，如药品研发、计算机软件开发以及管理咨询等行业
│   └── 向能力薪酬转变会导致企业必须进行多项重大变革，而变革本身是要付出代价的。因为存在额外的管理和人力资源方面的其他要求，如果管理不善，能力薪酬体系的优点很可能会被抵消
└── 必须将能力薪酬体系作为整体人力资源管理领域的重大变革的一部分来实施
    ├── 整个人力资源管理体系必须同时向以能力为中心转移，而不能仅仅靠薪酬方案"单兵突进"，直接把它嫁接在原有的人力资源管理系统上
    ├── 对能力的强调必须贯穿企业的员工招募、晋升、绩效管理、培训开发以及薪酬管理的各个人力资源管理环节
    └── 单纯采用能力薪酬或以能力薪酬为先导进行能力模型建设，成功的可能性是非常小的
```

图 2-25 实施能力薪酬体系的前提

四、能力与薪酬挂钩的几种不同方案

企业常常采取多种不同的形式将能力与薪酬挂钩，如图 2-26 所示五种模式。

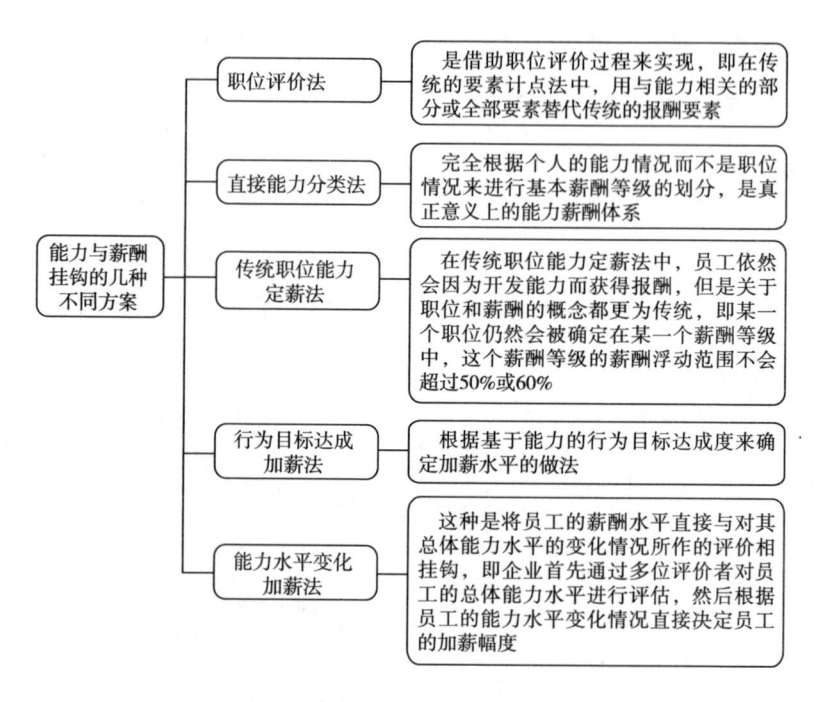

```
能力与薪酬          ┌─ 职位评价法 ──────── 是借助职位评价过程来实现，即在传
挂钩的几种                                 统的要素计点法中，用与能力相关的部
不同方案                                   分或全部要素替代传统的报酬要素

                   ├─ 直接能力分类法 ──── 完全根据个人的能力情况而不是职位
                                           情况来进行基本薪酬等级的划分，是真
                                           正意义上的能力薪酬体系

                   ├─ 传统职位能力 ────── 在传统职位能力定薪法中，员工依然
                        定薪法              会因为开发能力而获得报酬，但是关于
                                           职位和薪酬的概念都更为传统，即某一
                                           个职位仍然会被确定在某一个薪酬等级
                                           中，这个薪酬等级的薪酬浮动范围不会
                                           超过50%或60%

                   ├─ 行为目标达成 ────── 根据基于能力的行为目标达成度来确
                        加薪法              定加薪水平的做法

                   └─ 能力水平变化 ────── 这种是将员工的薪酬水平直接与对其
                        加薪法              总体能力水平的变化情况所作的评价相
                                           挂钩，即企业首先通过多位评价者对员
                                           工的总体能力水平进行评估，然后根据
                                           员工的能力水平变化情况直接决定员工
                                           的加薪幅度
```

图 2-26　能力与薪酬挂钩的几种不同方案

五、能力薪酬体系与职位薪酬体系、技能薪酬体系的比较

能力薪酬体系、职位薪酬体系与技能薪酬体系的比较如表 2-6 所示。

表 2-6　能力薪酬体系、职位薪酬体系与技能薪酬体系的比较

类别	能力薪酬体系	职位薪酬体系	技能薪酬体系
薪酬结构	以能力开发和市场为依据	以市场和所完成的工作为基础	以经过认证的技能以及市场为基础
价值评价对象	能力	报酬要素	技能模块
价值的量化	能力水平	报酬要素等级的权重	技能水平
转化为薪酬的机制	能力认证以及市场定价	赋予反映薪酬结构的点数	技能认证以及市场定价
薪酬增加方式	能力开发	职位晋升	技能的获得
管理者的关注点	确保能力能够带来价值增值 提供能力开发的机会 通过能力认证和工作安排来控制成本	员工与工作的匹配 晋升与配置 通过工作、薪酬和预算控制成本	有效地利用技能通过培训、技能认证以及工作安排来控制成本
员工的关注点	寻求能力的改善	寻求晋升以得到更多薪酬	寻求技能的提高

续表

类别	能力薪酬体系	职位薪酬体系	技能薪酬体系
程序	能力分析、能力改善	岗位分析、岗位评价	技能分析、技能认证
优点	持续学习，灵活性，水平流动	清晰的期望 根据所完成的工作的价值支付薪酬	持续性学习 灵活性 人员精简
不足	潜在的官僚主义 对成本控制的能力要求较高	潜在的官僚主义 潜在的灵活性不足问题	潜在的官僚主义 对成本控制的能力要求较高

第三章
要想员工业绩好，绩效激励少不了
（绩效奖励）

第一节　认识绩效奖励计划

一、绩效奖励计划的概念和种类

1.绩效奖励计划的概念

绩效奖励计划，即按照员工个人、团队或企业预先制订的激励薪酬计划，将明确的激励方案提前告知员工，对达到特定目标与要求的员工或团队给予具有奖励性质的各种薪酬（货币或非货币）的总和。绩效奖励计划是对员工过去工作成绩的认可，并通过一定方式的激励来影响员工未来的行为。

2.绩效奖励的种类

传统的绩效奖励只包括奖金、分红等。但是，随着经济的发展，企业内部进一步改革，绩效奖励不再局限于传统的类型，而是创新并发展出了多种激励方式。根据不同的标准，奖励性薪酬可以划分为不同的类型。按照奖励周期的区别，绩效奖励计划可划分为短期激励计划与长期激励计划；按照奖励对象的区别，绩效奖励计划可划分为个人激励计划、团队激励计划与企业激励计划。如图 3-1 所示。

```
                    ┌─ 短期激励计划与 ─── 短期激励计划，即以奖金、绩效加薪
                    │   长期激励计划      等为主要方式的奖励性薪酬。长期激励
                    │                    计划，则是以股票期权，员工持股等为
  绩效奖励 ─────────┤                    主要方式的奖励性薪酬
  的类型            │
                    │                  ┌─ 个人激励计划，即激励员工个人提高
                    │                  │  工作绩效的一种奖励方案，如计件制、
                    │                  │  绩效加薪、一次性奖金等
                    └─ 个人激励计划、──┤
                       团队激励计划与  ├─ 团队激励计划，即激励员工提高集体
                       企业激励计划    │  工作绩效的一种奖励方案
                                       │
                                       └─ 企业激励计划，即激励员工努力提高
                                          企业工作绩效的一种奖励方案
```

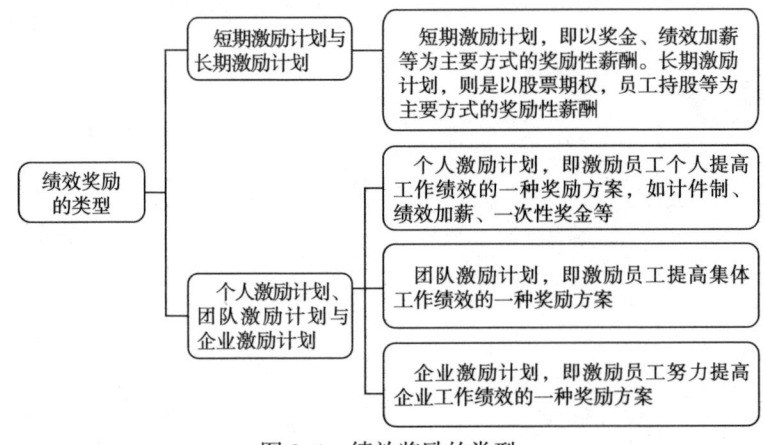

图 3-1　绩效奖励的类型

二、绩效奖励的功能

实施绩效奖励是降低企业成本的有效途径。企业进行绩效奖励管理，主要是通过各种奖励机制，激励员工提高工作效率和效能，从而增加企业利润，促进企业发展。具体而言，绩效奖励的功能主要表现如图3-2所示。

1. 目标明确，促使员工提高工作绩效

目标是最好的指路明灯，能带领个体朝着正确的方向一往无前。一般而言，企业的各种绩效奖励计划都有明确的目标，这个目标能够引导所有员工朝着同一个方向努力工作。这里所指的目标，有两重含义：一是企业的目标，即企业为了生存发展，在各项活动中想要达到的效果；二是员工的目标，即员工努力工作，以期获得更高的奖励性报酬。在目标清晰的情况下，绩效奖励对员工的激励作用十分显著，且激励程度要远远高于基本工资。由于绩效奖励并不是企业内部所有员工都可获得的等额薪酬奖励，而是需要员工不断努力，提升自身能力，改善工作质量，实现预定目标后，才有机会获得的薪酬。因此，绩效奖励的设置，在很大程度上激励员工不断提升绩效水平。

```
                ┌─ 目标明确，促使员工提高工作绩效
绩效奖励 ───────┼─ 节约成本，提高企业生产率
的功能          └─ 留住人才，提高员工忠诚度
```

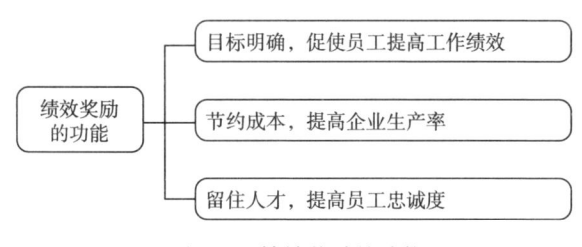

图 3-2　绩效奖励的功能

2. 节约成本，提高企业生产率

绩效奖励可以节约企业成本。一方面，由于绩效奖励是一种可变的薪酬，是随着个人、团队或整个企业的绩效改变而改变的变动成本，企业可以根据自身的经营状况灵活调整绩效奖励的水平，能在一定程度上缓解薪酬固定成本（如基本工资）的支付压力，从而提高企业在困难或经济萧条时期的生存能力。另一方面，由于绩效奖励的目标明确，实现了企业利益

与个人利益的统一，员工为了获得更多的绩效奖励，会自觉提高自身的工作绩效，在一定程度上能够提高企业的生产率；同时，企业也相应降低了监督员工工作的必要性，因而在一定程度上节约了管理成本。

3. 留住人才，提高员工忠诚度

设计合理且富有激励性的绩效奖励方案，能够吸引人才进入企业，也能使工作绩效优异的员工得到应有的奖励，从而在获取外部优秀人才和保留内部绩效突出的员工方面发挥优势。

第二节 个人绩效奖励计划

一、什么是个人绩效奖励计划

1. 个人绩效奖励计划的概念

个人绩效奖励计划，即针对达到工作绩效标准的员工的一种奖励性薪酬计划。在个人绩效奖励计划中，绩效标准主要包括产品质量、生产数量、顾客满意度、出勤率等。企业在构建员工个人绩效标准的时候，应该考虑选择员工个人可以控制的因素；设计和实施个人激励计划时，应当根据员工直接负责工作的结果来进行。个人绩效奖励计划具有个人性、绩效性、短期性等特点。

2. 个人绩效奖励计划的条件

实施个人绩效奖励计划需要具备的前提条件如图3-3所示。

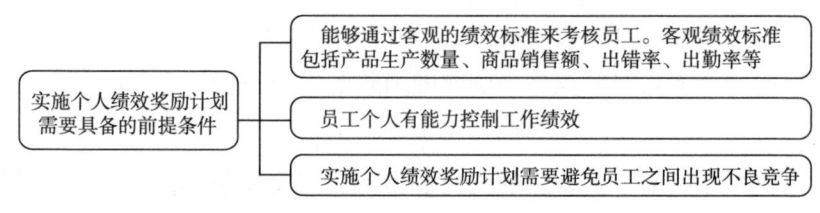

```
                         ┌─ 能够通过客观的绩效标准来考核员工。客观绩效标准
                         │  包括产品生产数量、商品销售额、出错率、出勤率等
实施个人绩效奖励计划 ────┤
需要具备的前提条件       ├─ 员工个人有能力控制工作绩效
                         │
                         └─ 实施个人绩效奖励计划需要避免员工之间出现不良竞争
```

图3-3　实施个人绩效奖励计划需要具备的前提条件

3. 个人绩效奖励计划的优缺点

（1）个人绩效奖励计划的优点

个人绩效奖励计划的优点如图 3-4 所示。

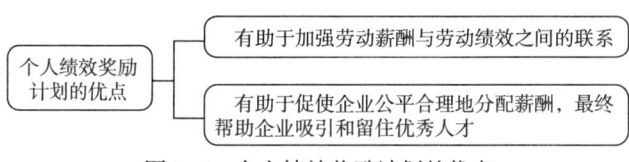

个人绩效奖励计划的优点：
- 有助于加强劳动薪酬与劳动绩效之间的联系
- 有助于促使企业公平合理地分配薪酬，最终帮助企业吸引和留住优秀人才

图 3-4　个人绩效奖励计划的优点

（2）个人绩效奖励计划的缺点

个人绩效奖励计划的缺点如图 3-5 所示。

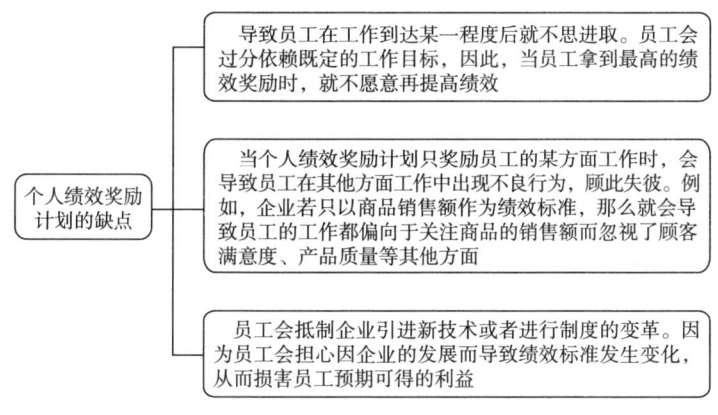

个人绩效奖励计划的缺点：
- 导致员工在工作到达某一程度后就不思进取。员工会过分依赖既定的工作目标，因此，当员工拿到最高的绩效奖励时，就不愿意再提高绩效
- 当个人绩效奖励计划只奖励员工的某方面工作时，会导致员工在其他方面工作中出现不良行为，顾此失彼。例如，企业若只以商品销售额作为绩效标准，那么就会导致员工的工作都偏向于关注商品的销售额而忽视了顾客满意度、产品质量等其他方面
- 员工会抵制企业引进新技术或者进行制度的变革。因为员工会担心因企业的发展而导致绩效标准发生变化，从而损害员工预期可得的利益

图 3-5　个人绩效奖励计划的缺点

二、个人绩效奖励计划的类型

1. 直接计件工资制

直接计件工资制，即以单位时间的产量来确定工资率，通过确定产品的计件工资率，将生产工人的薪酬和产量直接挂钩，薪酬是随着产量的变动而变动的函数。大多数计件工资计划都设定一个产量基数，即劳动定额，作为计件工资标准，而且规定了最低工资保障线。同时，设定激励工资率，即当员工的产出数量超过计件工资标准要求的产量时，超过的部分就可以按照激励工资率计算。直接计件工资计划的示例如表 3-1 所示。

表 3-1 直接计件工资制示例

制度：
计件工资产量标准（由时间研究确定）：50 单位 / 小时
工资最低保障线：20 元 / 小时
激励工资率：2 元 / 单位

工人产量	支付单位时间激励量	支付单位时间工资总量
≤ 50（单位 / 小时）	0（元 / 小时）	0+20=20（元 / 小时）
60（单位 / 小时）	（60-50）×2=20（元 / 小时）	20+20=40（元 / 小时）
70（单位 / 小时）	（70-50）×2=40（元 / 小时）	40+20=60（元 / 小时）

直接计件工资制是最古老的，也是应用最广泛的激励方法。直接计件工资制将薪酬与工作成果联系起来，能够反映员工实际付出的劳动量，使不同员工之间以及同一员工在不同时间的工作绩效差异在薪酬上得到合理反映。它简单易行，员工容易理解和接受，激励效果明显。但是，如何设定一个合理的标准是实施直接计件工资制的难点，有些企业让管理层和劳动者共同讨论决定这个标准；在有工会的企业中，该标准往往通过谈判，以合同文本的形式得到确认。需要注意的是，直接计件工资制主要是从数量上反映工作绩效，但难以衡量产品质量、节约原材料和安全生产等指标。

2. 标准工时制

标准工时制是由立法确定一昼夜中的工作时间长度，一周中工作日天数，并要求各用人单位和一般职工普遍实行的基本工时制度。在标准工时制下，企业以员工在标准时间内完成工作的情况给予奖励薪酬。如果员工能够在少于预期的标准时间内完成工作，员工的工资仍然按标准时间乘以其小时工资率计算。比如，企业制定了完成某项工作的标准时间为 4 小时，而一名工人在 3 小时内完成了工作，那么这名工人的工资便是工人的小时工资率乘以 4 小时。标准工时制具有直接计件工资制的各种特征，它的优点在于计件报酬不必随着每一次产出率变化而重新计算，特别适用于重复动作少、技巧要求很高的长周期工作和任务。采用标准工时制的目的在于鼓励员工及时完成工作，而非鼓励多生产。

3. 泰勒差别计件工资制和梅里克多重计件工资制

泰勒差别计件工资制，即对同一工作设置两个工资率。对于那些在规定时间内完成的产量高于标准产量的工人，就按照较高的工资率计算工资水平，且这个工资率要高于规定的工资率标准；对于那些在规定时间内完成的产量低于标准产量的工人，就按较低的工资率计算工资水平。实行泰勒差别计件工资制，要求企业每日及时计算并公布每个工人当日的工作成果，以便激励工人第二日尽更大的努力去工作。虽然这种方式在一定程度上会增加企业给工人的平均日工资，但却能调动工人的工作积极性，有利于提高劳动生产率，使企业获得更高的经济效益。与此同时，对于工人而言，实行泰勒差别计件工资制意味着资本家对他们的剥削更加严重。

梅里克多重计件工资制在原理、操作方面和泰勒差别计件工资制基本相同，二者的不同之处在于计件工资率的划分层次上。梅里克多重计件工资制将计件工资率划分为三种，如表3-2所示。

表3-2 梅里克多重计件工资率划分层次

类别	判定标准	获得额定工资的比率
表现优秀的员工	>标准产量的100%	$1.1 \times m$
表现中等的员工	标准产量的83%~100%	$1.0 \times m$
表现劣等的员工	<标准产量的83%	$0.9 \times m$

三、个人绩效奖励计划的设计

企业的个人绩效奖励计划的设计有三项重要内容，如图3-6所示。

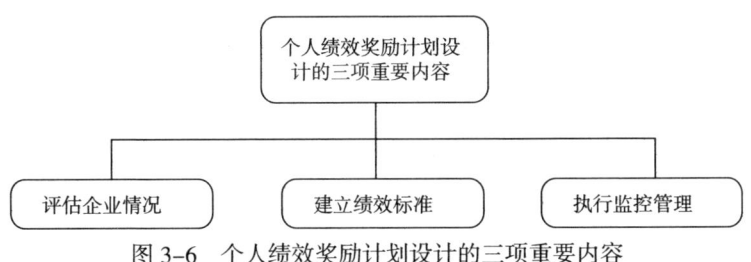

图3-6 个人绩效奖励计划设计的三项重要内容

个人绩效奖励计划设计的三项重要内容：
- 评估企业情况
- 建立绩效标准
- 执行监控管理

1. 评估企业情况

个人绩效奖励计划的种类丰富，但并不是所有企业都适用所有类型的个人绩效奖励计划。企业在设计个人绩效奖励计划的时候，首要步骤是评估本企业的情况。评估内容包括企业属性、企业内部的薪酬制度、企业外部的平均薪资水平、企业文化、员工群体特征等方面。根据评估结果，企业再决定选择何种个人绩效奖励计划，之后，再进行后续的个人绩效奖励计划设计工作。

2. 建立绩效标准

个人绩效奖励计划是用来激励达到或超过绩效标准的员工的奖励性薪酬计划，因此，设计个人绩效奖励计划的关键步骤就是建立一个合理的绩效标准。例如，在设计针对生产工人的绩效奖励计划时，其中的标准单位产量、绩效工资率等都是需要预先建立的标准。合理的绩效标准对于增强员工的工作积极性，提高企业经济效益具有促进作用；反之，不仅对提高工作绩效毫无帮助，反而会影响企业内部的一致性。总之，企业建立合理的绩效标准是设计个人绩效奖励计划中最重要的环节。

3. 执行监控管理

有效的个人绩效奖励计划除了具有合理的绩效标准，以及符合企业实际的详尽执行方案以外，还需要监控管理。对个人绩效奖励计划的执行监控管理，能及时发现绩效奖励计划是否按照既定的方案执行，以及是否出现预设以外的结果，并且分析偏差原因。通过监控管理，采取纠正措施，使实际执行工作符合原定的或完善后的计划，因此，企业在设计个人绩效奖励计划的时候，必须考虑执行监控管理环节。

案例 3-1　为了激发员工的活力，企业如何做效果更好？

某新媒体创业公司经营着微博、微信公众号、今日头条等各大网络媒体账号，同时为其他企业提供设计服务。团队成员有 30 多人。在该公司，"及时、有料、创新、创意"等关键词对公司发展至关重要。

可是公司大部分人的状态就是朝九晚五地上下班，没有激情和活力，只关注完成工作任务，不想如何提高效率，如何做得更好。

为了激发员工的活力，公司给员工涨了一轮工资，但是员工高兴了一段时间后，很快又恢复了往常的状态。这种难题该如何解决？

【解析】

企业可以对薪酬体系进行改革，从制度层面、管理层面以及文化层面做改变，具体内容如下。

1. 提高效价

规定每人每月的创意数量，对达标的有"提成奖励"，对连续三个月没有达标的员工，采取相应措施。

每月评选"创意之星"，在晨会上表扬，管理者亲自发放纪念品。

2. 提高期望值

营造创新的企业文化，将公司定义为创新驱动型企业，营造创新氛围，每天讲创新，培训学创新。

所有需要资源支持的创意，管理层亲自把关，并快速提供资源分配支持。

效价期望理论对于组织有效激发和调动员工的积极性有重要的作用。对组织来说，可以采用如图 3-7 所示做法激励员工行为。

将员工的个人需求与组织期望员工达成的工作目标相结合

使员工达成工作目标后得到的薪酬恰好能够满足他们的需求

保证组织提供了足够的资源能够支持和帮助员工达成目标

图 3-7　激励员工行为

第三节　团队奖励计划

一、什么是团队奖励计划

1. 团队奖励计划的概念

团队奖励计划，是指根据团队的工作绩效来确定团队工资水平的奖励性薪酬计划。团队奖励计划旨在奖励员工的集体绩效，而不是每名员工的

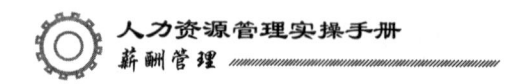

个人绩效。

2. 团队奖励计划的优缺点

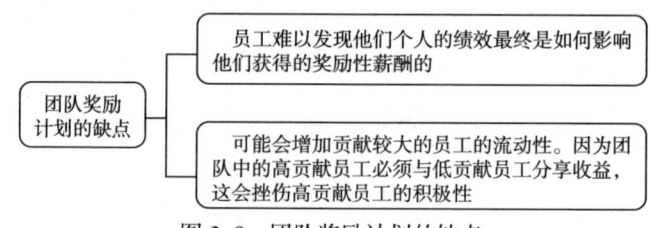

（1）团队奖励计划的优点

团队奖励计划的优点如图 3-8 所示。

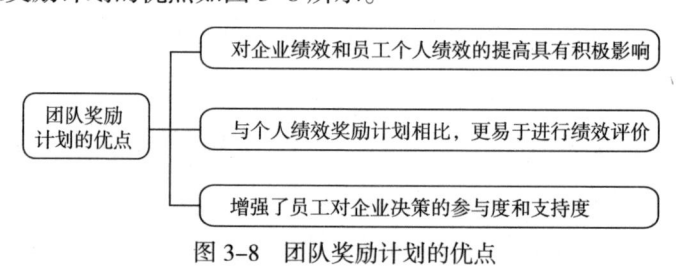

```
                    ┌─ 对企业绩效和员工个人绩效的提高具有积极影响
团队奖励
           ────────┼─ 与个人绩效奖励计划相比，更易于进行绩效评价
计划的优点
                    └─ 增强了员工对企业决策的参与度和支持度
```

图 3-8　团队奖励计划的优点

（2）团队奖励计划的缺点

团队奖励计划的缺点如图 3-9 所示。

```
                    ┌─ 员工难以发现他们个人的绩效最终是如何影响
团队奖励              │   他们获得的奖励性薪酬的
           ────────┤
计划的缺点            │   可能会增加贡献较大的员工的流动性。因为团
                    └─ 队中的高贡献员工必须与低贡献员工分享收益，
                       这会挫伤高贡献员工的积极性
```

图 3-9　团队奖励计划的缺点

3. 团队奖励计划的适用范围

团队奖励计划一般适用于小规模团队，且要求团队成员间具有高度依赖性。因为如果团队规模很大，员工就会认为个人业绩对团队的整体业绩影响不大，从而作为结果的最终奖励的作用必定也是微弱的。此外，当团队工作形式普遍、个人绩效难以衡量时，采用团队奖励计划更为妥当。

二、团队奖励计划的类型

团队奖励计划的类型主要包括小组奖励计划、收益分享计划、利润分享计划和风险收益计划。

1. 小组奖励计划

（1）小组奖励计划的概念

小组奖励计划，即人数较少的同一小组成员在达成既定的工作目标之后共同获得奖金的奖励方案。在小组奖励计划中，企业会事先为小组预设具体的绩效标准（如顾客满意度、销售量、生产数量、产品质量等），只有达到绩效标准后才会给小组内的每位成员发放奖金。

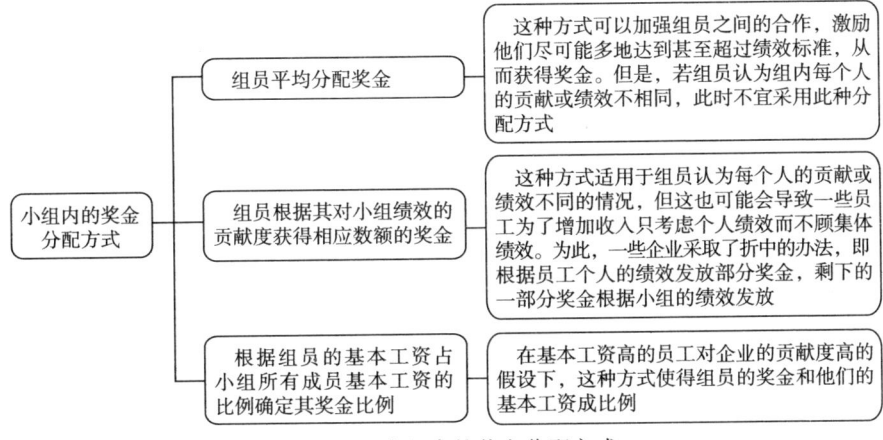

（2）小组内的奖金分配方式

小组内的奖金分配方式如图 3-10 所示。

```
                   ┌─ 组员平均分配奖金 ── 这种方式可以加强组员之间的合作，激励
                   │                      他们尽可能多地达到甚至超过绩效标准，从
                   │                      而获得奖金。但是，若组员认为组内每个人
                   │                      的贡献或绩效不相同，此时不宜采用此种分
                   │                      配方式
                   │
小组内的奖金 ──────┤─ 组员根据其对小组绩效的 ── 这种方式适用于组员认为每个人的贡献或
分配方式           │  贡献度获得相应数额的奖金   绩效不同的情况，但这也可能会导致一些员
                   │                            工为了增加收入只考虑个人绩效而不顾集体
                   │                            绩效。为此，一些企业采取了折中的办法，
                   │                            即根据员工个人的绩效发放部分奖金，剩下的
                   │                            一部分奖金根据小组的绩效发放
                   │
                   └─ 根据组员的基本工资占 ── 在基本工资高的员工对企业的贡献度高的
                      小组所有成员基本工资的   假设下，这种方式使得组员的奖金和他们的
                      比例确定其奖金比例       基本工资成比例
```

图 3-10　小组内的奖金分配方式

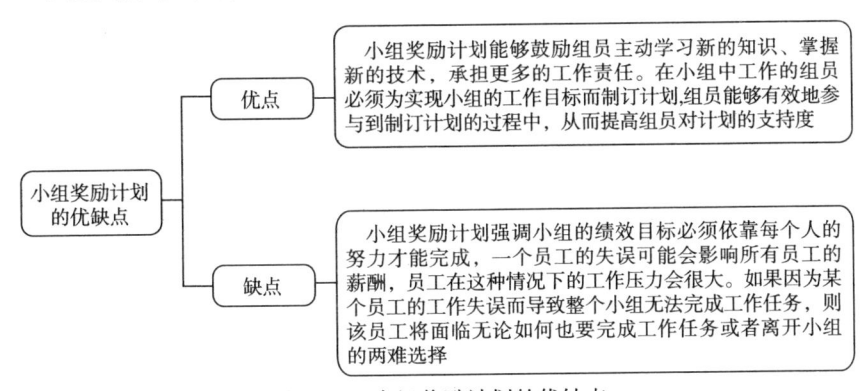

（3）小组奖励计划的优缺点

小组奖励计划的优缺点如图 3-11 所示。

```
                   ┌─ 优点 ── 小组奖励计划能够鼓励组员主动学习新的知识、掌握
                   │          新的技术，承担更多的工作责任。在小组中工作的组员
                   │          必须为实现小组的工作目标而制订计划，组员能够有效地参
                   │          与到制订计划的过程中，从而提高组员对计划的支持度
小组奖励计划 ──────┤
的优缺点           │
                   └─ 缺点 ── 小组奖励计划强调小组的绩效目标必须依靠每个人的
                              努力才能完成，一个员工的失误可能会影响所有员工的
                              薪酬，员工在这种情况下的工作压力会很大。如果因为某
                              个员工的工作失误而导致整个小组无法完成工作任务，则
                              该员工将面临无论如何也要完成工作任务或者离开小组
                              的两难选择
```

图 3-11　小组奖励计划的优缺点

2. 收益分享计划

（1）收益分享计划的概念

收益分享计划，即以一个部门或整个企业生产率的提高为基础，并将

由此带来的收益的增加或成本的节约进行分配的一种制度。收益分享计划促使员工努力达成企业的绩效目标,如提高标准工作时间的产量、节约实际生产劳动时间等。

实行收益分享计划的主要目的在于通过向员工提供参与企业管理实践的机会,提高员工的参与度,进而提高企业的绩效。该计划能否见效,很大程度上取决于员工的参与度。

(2)收益分享计划的种类

根据计算公式不同,收益分享计划分为三种。如图 3-12 所示。这三种计划是企业最常用的收益分享计划。现在,有些企业也会在此基础上根据自身需要进行修改,或者采取混合式计划。

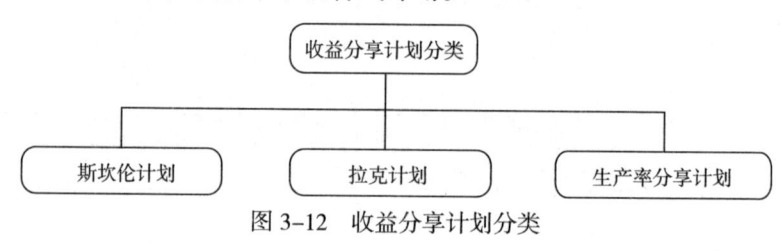

图 3-12 收益分享计划分类

① 斯坎伦计划

该计划强调参与性的管理,让每个员工都明白个人薪酬的增加是建立在彼此坦诚合作的基础上的,将公司的薪酬激励和员工的建议系统结合在一起。斯坎伦计划的目的是降低企业人工成本的同时,不影响员工的工作积极性。该计划具体的计算公式要根据企业的需要来设计。一般而言,企业都以劳动力成本与产品销售价值之比的函数作为奖励性报酬的依据。其计算公式为:

$$斯坎伦比率 = 劳动力成本 / 产品销售价值 \qquad (3-1)$$

斯坎伦比率越低,说明劳动力成本相对于产品销售价值而言越低。企业的目标就是尽力降低斯坎伦比率。斯坎伦计划示例如表 3-3 所示。

表 3-3 斯坎伦计划示例

第一年某团队的斯坎伦比率基准数据(基准斯坎伦率)
产品销售价值 =10000(其中 8000 为销售收入,2000 为库存商品价值)
劳动力成本(总工资额)=4000

续表

斯坎伦比率 =4000/10000=40%
第二年斯坎伦奖金发放期数据
产品销售价值 =9500（其中 7000 为销售收入，2500 为库存商品价值）
按基准斯坎伦率计算的计划劳动力成本（计划总工资额）=9500×40%=3800
本年度实际劳动力成本（实际发放总工资额）=3300
节省成本 =3800-3300=500（节余的 500 就作为奖金发放给团队员工）
本年度的斯坎伦比率 =3300/9500=35%（较第一年降低）

②拉克计划

拉克计划又称为产量份额计划，即建立在团队员工的总收入与员工所创造的产品价值之间的关系基础上的绩效奖励计划。在原理上，拉克计划与斯坎伦计划相似，但拉克计划的计算公式更为复杂，主要区别是用以衡量生产效率的公式不同。拉克计划采用增值公式衡量生产效率。

拉克计划的基本假设是员工的工资总额保持在生产总值的一个固定水平上。拉克比率是判断支付奖金与否的依据。其计算公式为：

价值增值 = 销售额 - 原材料、供给以及耗用的服务价值

总雇佣成本 = 雇员的总雇佣成本（包括工资、薪金、所得税及附加的报酬）

$$拉克比率 = 价值增值/总雇佣成本 \quad (3-2)$$

与斯坎伦比率相比，企业希望拉克比率越高越好。拉克计划示例如表 3-4 所示。

表 3-4 拉克计划示例

第一年某企业的拉克比率计算
销售额 =7500000
原材料成本 =3200000
各种供给成本 =250000
各种服务（如责任保险、基本维护保养费等）费用 =225000
总雇佣成本 =2400000
价值增值 =7500000-3200000-250000-225000=3825000
拉克比率 =3825000/2400000=1.59（成为标准拉克比率）

续表

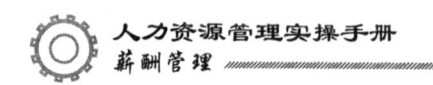

第二年拉克奖金发放期数据
实际价值增值 =670000
总雇佣成本 =625000
实际拉克比率 =670000/625000=1.07
计划价值增值 = 标准拉克比率 × 总雇佣成本 =1.59 × 625000=993750

从上表可以看出，第二年的实际拉克比率（1.07）小于第一年的拉克比率（1.59），且第二年的实际价值增值（670000）要小于计划价值增值（993750），这说明该企业第二年的绩效与第一年相比有所下降，没有获得价值增值余额。因此，在这种情况下员工得不到任何收益分享的奖金。

③生产率分享计划

不同于斯坎伦计划和拉克计划采用成本节约程度来衡量生产效率，生产率分享计划的目的是激励员工使用更少的劳动时间生产更多的产品。

生产率分享计划以劳动时间比率公式为基础。通过分析历史数据，确定标准单位产品的劳动时间，然后通过比较标准单位产品劳动时间与实际单位产品劳动时间来衡量生产效率。生产率分享计划示例如表3-5所示。

表3-5　生产率分享计划示例

某企业的历史数据
100名员工用50周生产出50000单位的A产品
所有员工总劳动时间 =5（天/周）×8（小时/天）×50×100=200000 小时 单位产品劳动时间 =200000/50000=4 小时（作为标准单位产品劳动时间）
该企业某次生产A产品数据
102名员工用4080小时生产出1300单位的A产品
产出的标准价值 =1300 × 4=5200 小时 收益 =5200-4080=1120 小时
收益的一半 1120/2=560 小时，由所有员工（包括管理人员）分享。换算成工资，每个员工将获得560/4080 × 100%=13.7% 的额外奖励

根据上表可知，该企业生产A产品的实际单位产品劳动时间（含生产率分享收益奖励）等于3.57小时[（4080+560）/1300 ≈ 3.57]，实际单位产品劳动时间（3.57小时）小于标准单位产品劳动时间（4小时）。

3. 利润分享计划

（1）利润分享计划的概念及优缺点

①利润分享计划的概念

利润分享计划，即把企业实际利润的变动作为衡量绩效的标准，超过目标利润的部分在企业全体员工之间进行分配的制度。利润分享计划的奖励报酬是建立在利润基础上的。利润分享计划旨在激励员工为企业的发展做贡献，并从中获得奖励报酬。

②利润分享计划的优缺点

与收益分享计划相似，利润分享计划促使员工将关注点从个人利益转移到企业的整体利益上，以合伙人的身份致力于企业发展的各个方面。由于利润分享计划将员工利益与企业的发展联系在一起，使员工对企业和企业目标有更高程度的认同感，进一步促使员工努力工作，从而提高工作绩效。此外，利润分享计划是只有在实际利润超过预定的利润目标时才会给员工发放的一次性奖励，不会计入员工的基本工资，因而不会增加企业的固定工资成本。

但是，利润分享计划也有一定的局限性。企业利润受外部影响较大，如果由于员工无法控制的外部条件变化等因素导致企业利润水平没有超过预定的目标，那么员工就无法得到奖励；如果这种情况持续几年，利润分享计划就会对员工的积极性产生负面影响。另外，需要注意的是，一些企业实行利润分享计划的做法是将利润平均分配给每个员工，或者利润份额与每个员工的基础工资成比例，这会有"大锅饭"之嫌。

（2）利润分享计划的种类

利润分享计划的种类主要包括现金利润分享计划和延期利润分享计划。

①现金利润分享计划

即企业把当年利润的一部分直接作为红利以现金的形式在全体员工之间进行分配的制度。员工当年就可以获得这部分奖励报酬。

②延期利润分享计划

即企业委托管理机构，将员工实得利润分配额按预设比例把一部分存

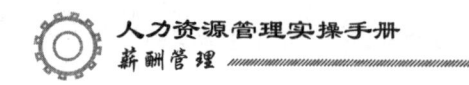

入员工个人的账户，并在一定时期后支付给员工的制度。这是一种长期的激励方式，奖金延期支付，可以累积到较高的金额，为员工增添一些保障。

就短期而言，现金利润分享计划的激励性优于延期利润分享计划；反之亦然。因此，企业一般会把两种类型结合使用，即企业在当年以现金方式支付一部分应得奖金给员工，然后把剩余应得奖金转入员工个人账户，留待日后支付。

第四章
竞争薪酬留人才
（薪酬水平、调查、预算、控制）

第一节　认识薪酬水平

一、什么是薪酬水平

薪酬水平是指企业支付给不同职位的平均薪酬。薪酬水平侧重分析组织之间的薪酬关系，是相对于其竞争对手的组织整体的薪酬支付实力。一个组织所支付的薪酬水平高低无疑会直接影响企业在劳动力市场上获取劳动力能力的强弱，进而影响企业的竞争力。

二、薪酬水平的类型

企业在确定薪酬水平时会受到来自外部劳动力市场和产品市场的双重压力，但是企业仍然有一定的选择余地。这个选择余地的大小取决于组织所面临的特定的竞争环境，在选择余地较大的情况下，企业需要作出一个重要的战略性决策：到底是将薪酬水平定在高于市场平均薪酬水平上，还是将其定在与市场平均薪酬恰好相等或稍低一些的水平上。下面，笔者对几种常见的市场薪酬水平定位进行简单介绍。如图4-1所示。

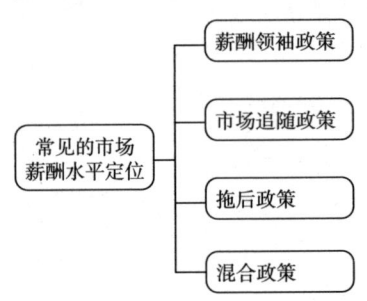

```
                    ┌── 薪酬领袖政策
                    │
常见的市场           ├── 市场追随政策
薪酬水平定位 ────────┤
                    ├── 拖后政策
                    │
                    └── 混合政策
```

图4-1　常见的市场薪酬水平定位

1. 薪酬领袖政策

薪酬领袖政策又称为领先型薪酬政策。采用这种政策的企业一般具有的特点：规模较大，投资回报率较高，薪酬成本在企业经营总成本中所占的比例较低。首先，大型企业或投资回报率高的企业之所以能够向员工提供较高的薪酬，一方面，它们往往具有更多的资金和相应的实力，因而不会因为员工薪酬水平高而导致资金周转困难；另一方面，这种做法能够提高组织吸引和保留高质量劳动力的能力，同时还可以利用较高的薪酬水平来抵消工作本身所具有的种种不利特征，如工作压力大或者工作条件差等。其次，当薪酬成本在企业总成本中所占的比例较低时，薪酬支出实际上只是企业成本支出中一个相对不那么重要的项目。在这种情况下，企业很可能会乐意通过提供高水平的薪酬来减少各种相关劳动问题的出现，从而把更多精力投入到那些较薪酬成本控制更为重要和更有价值的项目上。

但是，充当薪酬领袖的企业往往面临很大的管理压力。这是因为，企业通过支付较高的薪酬雇用了大批有能力的员工，如果企业不能通过工作的组织与设计以及对员工的管理实现较高利润，即将高投入转化为高回报，那么高薪给企业带来的就不是资本，而是一种负担。

2. 市场追随政策

市场追随政策又称为市场匹配政策，实际上，就是根据市场平均水平来确定本企业的薪酬定位的一种常用做法。这是一种最为通用的薪酬政策，大多数企业都是这种政策的执行者。

实施这种薪酬水平政策的企业往往既希望确保自己的薪酬成本与竞争对手的成本基本一致，从而不至于在产品市场上陷入不利地位，同时又希望自己能够维持一定的员工吸引和保留能力。采取这种薪酬政策的企业面临的风险是最小的，它能够吸引足够数量的员工为企业工作，只不过在吸引那些非常优秀的求职者方面缺乏优势。

一般来说，在竞争性的劳动力市场上，实施市场追随政策的企业由于没有独特的优势，往往会去参加大型招聘会，通过多花时间、广泛搜寻、精挑细选的方式来招募和雇用优秀员工。此外，采用这种薪酬政策的企业还要注意随时根据外部市场的变化调整薪酬水平，使之与市场薪酬水平保持一致。然而，这种调整在很多情况下是存在时滞的，企业往往在一些优秀员工离职后才发现自己的薪酬水平已经落后于市场。因此，这种力图确保本企业薪酬水平与市场薪酬水平保持一致的企业必须坚持做好市场薪酬调查工作，以确切掌握市场薪酬水平到底是多少。

3. 拖后政策

采用拖后政策的企业往往规模较小，大多处于竞争性的产品市场上，边际利润率比较低，成本承受能力很弱，大部分为中小型企业。由于产品的利润率较低，企业没有能力为员工提供高水平的薪酬，这是企业实施拖后型薪酬政策的一个主要原因。当然，有时拖后型薪酬政策的实施者并不是真的没有支付能力，而是没有支付意愿。

拖后型薪酬政策对于企业吸引高质量员工来说是非常不利的，而且在实施这种政策的企业中，员工的流失率往往比较高。这是因为，较低的工资率水平在短期内会由于信息不对称或信息流动速度较慢等原因而不为员工知晓，但是在长期中，员工早晚会掌握这种信息。此外，员工由于存在获取收入的迫切需要，会临时接受一些比市场水平低的薪酬，但是一旦他们的这种需要变得不那么迫切，就会试图寻找更有利可图的就业场所。

虽然滞后于竞争性水平的薪酬政策会削弱企业吸引和保留潜在员工的能力，但如果企业以提高未来收益作为补偿，这种做法反而有助于提高员工对企业的组织承诺度，培养他们的团队意识，进而改善绩效。此外，这种薪酬水平政策还可以通过与富有挑战性的工作、理想的工作地点、良好的同事关系等其他因素相结合而得到适当弥补。

4. 混合政策

混合政策是指企业根据职位或员工的类型或者总薪酬的不同组成部分来分别制定不同的薪酬水平决策，而不是对所有职位和员工均采用相同的薪酬水平决策。例如，为企业的关键人员如高级管理人员、技术人员提供高于市场水平的薪酬，对普通员工实施匹配型的薪酬政策。

混合政策的最大优点是有很强的灵活性和针对性。对于劳动力市场上的稀缺人才以及企业希望长期保留的关键职位上的人员采取薪酬领袖政策，对于劳动力市场上的富余劳动力以及鼓励流动的职位上的员工采取市场追随政策甚至拖后政策，既有利于公司保持自己在劳动力市场上的竞争力，又有利于合理控制公司薪酬成本开支。此外，通过对企业薪酬构成中的不同组成部分采取不同的市场定位战略，还有利于公司传递自己的价值观以及达成经营目标。

三、薪酬水平的影响因素

影响企业薪酬水平的因素包括劳动力市场的供求水平、地区工资水平、生活水平和物价水平、行业工资水平等。企业内部经营状况、财务支付能力及企业产品的市场竞争力也会影响企业的薪酬水平。组织薪酬水平的主要影响因素如表4-1所示。

表4-1 企业整体薪酬水平影响因素一览表

影响因素	详细说明
劳动力市场的供求水平	劳动力市场供大于求，企业可以以较小的代价招到合适的人选，劳动力市场供不应求，企业将要花费较高的代价来满足企业生产对人力资源的需求
地区工资水平	企业应参考所在地居民生活水平、薪酬水平，不能将本企业各岗位的薪酬水平定位于低于所在地区同行业企业同岗位的薪酬水平，否则会失去对外竞争力
生活水平和物价水平	企业在制定薪酬标准时，要考虑社会物价水平的上涨，必须满足企业员工基本的生活需要，保证其基本购买力
行业工资水平	除了考虑同行业的薪酬水平之外，不同行业的薪酬水平也可作为企业薪酬水平的制定标准，如朝阳产业薪酬水平较高，夕阳产业薪酬水平较低
企业内部经营状况	企业内部经营状况好，薪酬水平可高一点；企业内部经营状况差，薪酬水平可低一点
财务支付能力	员工薪酬水平原则上应该控制在企业财务承受能力范围之内，并且与企业的生产率增长保持步调一致，企业经济实力强，可以支付较高的薪酬水平，企业经济实力弱，则只能支付较低的工资水平，如此才能保证企业长期稳定地发展

案例4-1 采购人员的薪酬方案如何改进？

某大型生活超市采购人员的薪酬由基本工资、奖金和福利构成，薪酬水平在行业中处于领先地位，基本工资占总体薪酬的80%，其中工龄工资的比重较高，奖金是根据采购次数进行核算，次数越多，奖金越高。如果采购的产品出现质量问题，奖金将全部扣除。福利方案按国家规定缴纳"五险一金"。另外，采购人员出差期间会有相应的出差补助，不同地区的补助标准有所区别。

请对该岗位的薪酬方案进行评价，并针对问题提出改进建议。

【解析】

第一，该企业薪酬方案的优点如图4-2所示。

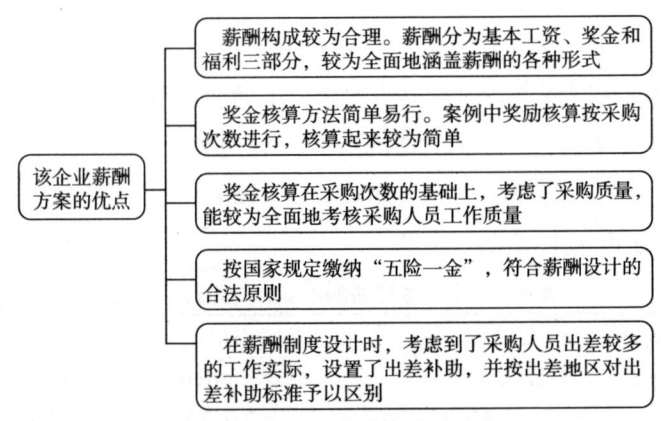

```
                        ┌─ 薪酬构成较为合理。薪酬分为基本工资、奖金和
                        │  福利三部分，较为全面地涵盖薪酬的各种形式
                        │
                        ├─ 奖金核算方法简单易行。案例中奖励核算按采购
                        │  次数进行，核算起来较为简单
          该企业薪酬 ───┤
          方案的优点    ├─ 奖金核算在采购次数的基础上，考虑了采购质量，
                        │  能较为全面地考核采购人员工作质量
                        │
                        ├─ 按国家规定缴纳"五险一金"，符合薪酬设计的
                        │  合法原则
                        │
                        └─ 在薪酬制度设计时，考虑到了采购人员出差较多
                           的工作实际，设置了出差补助，并按出差地区对出
                           差补助标准予以区别
```

图4-2　该企业薪酬方案的优点

第二，该公司薪酬方案的缺点如图4-3所示。

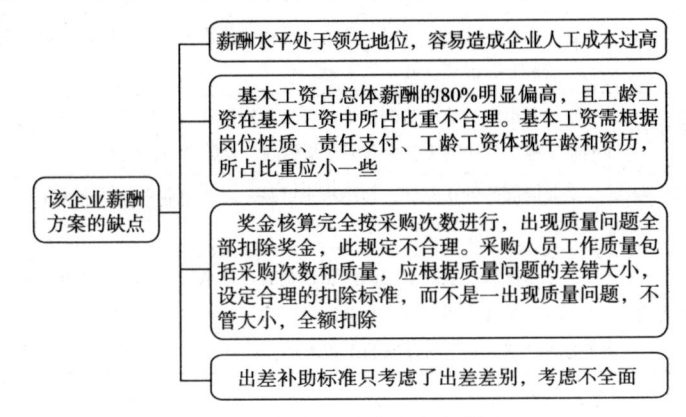

```
                        ┌─ 薪酬水平处于领先地位，容易造成企业人工成本过高
                        │
                        ├─ 基本工资占总体薪酬的80%明显偏高，且工龄工
                        │  资在基本工资中所占比重不合理。基本工资需根据
                        │  岗位性质、责任支付、工龄工资体现年龄和资历，
          该企业薪酬 ───┤  所占比重应小一些
          方案的缺点    │
                        ├─ 奖金核算完全按采购次数进行，出现质量问题全
                        │  部扣除奖金，此规定不合理。采购人员工作质量包
                        │  括采购次数和质量，应根据质量问题的差错大小，
                        │  设定合理的扣除标准，而不是一出现质量问题，不
                        │  管大小，全额扣除
                        │
                        └─ 出差补助标准只考虑了出差差别，考虑不全面
```

图4-3　该企业薪酬方案的缺点

第三，改进建议。

· 企业采取市场追随型的薪酬策略，降低薪酬支出成本。

· 调整基本工资、奖金和福利在薪酬构成中的比例，基本工资占50%、奖金占40%、福利占10%。

· 基本工资核定时降低工龄工资比重，注重考虑岗位的工作性质、工作责任、工作压力等因素。

- 在核定奖金时，除采购次数和采购质量外，增加采购及时性等指标。
- 在奖金扣除时，能对采购质量予以细分，不同级别的采购质量事故扣除不同的奖金比例。
- 福利设置方面，建议在国家法定"五险一金"的基础上，采取弹性福利计划，提高员工满意度。
- 在出差补助设计上，除考虑地区差别外，可参考出差时间等因素对出差补助标准予以细化。

【答疑解惑】

问：为什么大企业支付的薪酬水平较高？

【解答】

在大企业中采用长期雇佣的做法往往比在中小企业中更有优势，也更有必要。这是因为，大企业通常更多地采用具有较高相互依赖性的生产技术，如果在大企业中出现了一项没有人做的工作或者预料之外的辞职，那么必然会影响整个企业的生产过程，甚至造成大量资本的闲置或浪费。此外，员工流动率过高，尤其是熟练程度较高、熟悉公司运行规则的员工的流失，必然会给企业带来双重生产率损失（即资深员工流失造成的生产率降低加上雇用新员工的成本以及新员工的适应成本）。因此，降低员工的辞职率以及确保空缺职位能够得到迅速填补是大企业非常关心的问题。由于提供高水平的薪酬对于上述目标的实现无疑是很有帮助的，企业决定向员工支付较高水平的薪酬。

企业规模越大，对员工工作的监督就越困难，企业就越希望能够找到其他方式来激励员工。这种情况下，效率工资理论所揭示的原理很容易导致大企业采用高于市场水平的薪酬，以激励员工在没有严密的直接监督的情况下也能努力工作。总之，大企业为员工提供职业保障的能力加上这种效率工资的制度安排，无论是对员工的保留还是对员工的激励来说，都是非常有效的。

大企业更偏重于资本密集型生产，具有较高的薪酬支付能力，出于公

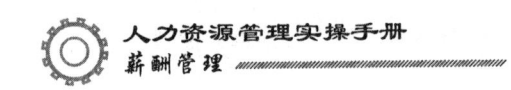

司形象方面的考虑有更强烈的薪酬支付意愿，也是大企业支付较高水平薪酬的重要原因之一。

第二节　薪酬水平的外部竞争性和衡量

一、什么是薪酬水平的外部竞争性

1. 薪酬水平外部竞争性的概念

所谓薪酬水平外部竞争性，是指一个企业薪酬水平在劳动力市场中相对位置的高低以及由此产生的企业在劳动力市场上人才竞争能力的强弱。

2. 理解薪酬水平外部竞争性需要注意的问题

薪酬水平外部竞争性首先是基于不同企业中类似职位或者类似职位族之间的薪酬水平相比较而得出来的。在现代市场竞争中，薪酬水平外部竞争性不是将一个企业所有员工的平均水平与另一个企业的全体员工的平均薪酬水平相比较，而是基于不同企业中类似职位或者类似职位族之间的薪酬水平相比较而得来的。如果笼统地说，某一个企业的平均薪酬水平比另一个企业的平均薪酬水平高，就据此判断这一企业的薪酬水平外部竞争性一定强，这会犯严重的错误。在传统的薪酬水平概念上，我们更多关注的是企业的整体薪酬水平。而在当前竞争日趋激烈的市场环境下，对企业平均薪酬水平进行笼统的对比，意义越来越小，人们开始关注不同企业中类似职位或类似职位族之间薪酬的对比。

二、薪酬水平外部竞争性的重要意义

薪酬水平外部竞争性对企业的影响是深远的。具体而言，薪酬水平的外部竞争性的重要性如图4-4所示。

薪酬水平外部竞争性对吸引、保留和激励员工具有重要作用

美国某调查机构在对积累了20年的数据进行分析之后得出如下结论：

管理人员、事务类人员以及小时工人都将薪酬看成第一位的就业要素，只有技术人员将薪酬看成第二位的就业因素，而将技能提高看成第一位的就业因素。如果一个企业在招聘员工时薪酬水平太低，就很难招聘到合适的员工，即使招聘到员工，在数量和质量方面也不尽如人意，过低的薪酬甚至会降低员工对企业的忠诚度。此外，如果企业的薪酬水平普遍较高，那么企业比较容易招到适合自己的员工，同时也能有效地降低员工的流失率，这在很大程度上能够减少企业的交易成本。

```
                        ┌─ 薪酬水平外部竞争性对吸引、保留和激励员工具
                        │  有重要作用
                        │
薪酬水平外部 ─────────────┼─ 从效率工资理论的角度出发，较高的薪酬水平还
竞争性的重要性           │  有利于防止员工的机会主义行为，能够激励员工努
                        │  力工作，也能减少企业的监督管理成本
                        │
                        └─ 薪酬水平外部竞争性有利于树立企业外部形象
```

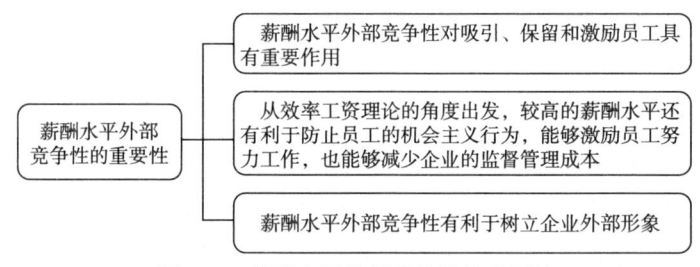

图 4-4　薪酬水平外部竞争性的重要性

从效率工资理论的角度出发，较高的薪酬水平还有利于防止员工的机会主义行为，能够激励员工努力工作，也能够减少企业的监督管理成本。这是因为，如果员工不努力工作，一旦出现偷懒或消极怠工行为以及其他对企业不利的行为而被发现，并因此被解雇，员工很难在劳动力市场上再找到其他能够获得类似薪酬的职位。因而，在这种负向激励的作用下，员工为避免被解雇就会努力地工作。

薪酬水平外部竞争性有利于树立企业外部形象。支付较高薪酬的企业往往有利于树立其在劳动力市场上的形象，而且有利于企业在产品市场上的竞争。这是因为，薪酬能力的大小会影响消费者对于企业以及企业所提供的产品和服务的信心和忠诚度，这会使消费者感知到产品差异化，从而起到鼓励消费者形成品牌忠诚度的作用。

第三节 薪酬调查

一、什么是薪酬调查

薪酬调查是指企业通过收集信息来判断其他企业所支付的薪酬状况的一个系统过程，这种调查能够向实施调查的企业提供市场上的各种相关企业（包括自己的竞争对手）向员工支付的薪酬水平和薪酬结构等方面的信息。这样，实施调查的企业就可以根据调查结果来确定自己当前的薪酬水平相对于竞争对手在既定劳动力市场上的位置，从而根据自己的战略定位来调整自己的薪酬水平甚至薪酬结构。

二、薪酬调查的实施步骤

进行薪酬调查通常需要预先确定较全面的实施步骤，这样做有两个好处：一是可以使整个工作有条不紊地进行；二是有利于进度安排和控制。薪酬调查的实施过程一般分为三个阶段。如图4-5所示。

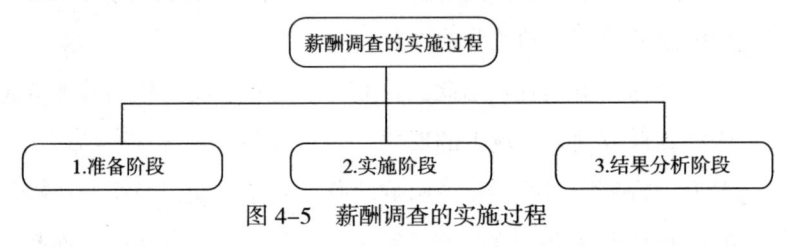

```
                    薪酬调查的实施过程
                           │
        ┌──────────────────┼──────────────────┐
   1.准备阶段          2.实施阶段          3.结果分析阶段
```

图4-5　薪酬调查的实施过程

1. 准备阶段

薪酬调查的准备阶段是指在具体实施调查之前需要做的工作，如图4-6所示。

（1）确定调查目的和结果的用途

首先应清楚调查的目的和调查结果的用途，再开始组织薪酬调查。

（2）根据需要审查已有薪酬调查数据，确定调查实施方式

第四章 竞争薪酬留人才（薪酬水平、调查、预算、控制）

薪酬调查的准备阶段具体工作：

- 确定调查目的。在薪酬调查时，首先应清楚调查的目的和调查结果的用途，再开始组织薪酬调查
- 根据需要审查已有薪酬调查数据，确定调查实施方式
  - 审查已有薪酬调查数据
  - 确定调查实施方式
- 选择准备调查的职位及其层次
  - 确定需要调查的职位类别
  - 进行恰当的职位配比
- 界定调查范围，明确调查的目标企业及其数量
  - 界定调查所面向的劳动力市场范围
  - 明确作为调查对象的目标企业及其数量
- 选择所要收集的薪酬信息内容

图 4-6　薪酬调查的准备阶段具体工作

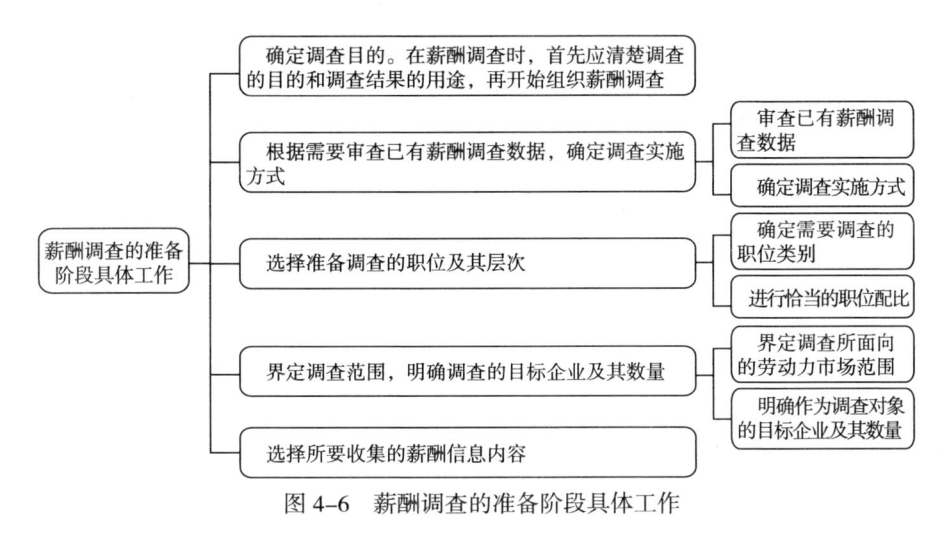

①审查已有薪酬调查数据

如政府有关部门发布的劳动力市场价位资料、已出版的权威机构编纂的统计资料、企业已经收集或通过其他渠道已经获得的薪酬调查数据等，对这些资料、数据进行审查评价，看是否能加以合理利用，以满足企业的需要。

②确定调查实施方式

明确是由企业自己进行薪酬调查，还是聘请一个专门咨询公司或是购买专业机构提供的调查报告？这需要分析该项调查需要什么样的技术和公关技巧，有没有这方面技能的人来规划并完成这项调查，输入、整理和分析数据所需要的计算机软件是否具备，各种调查方式所需要的费用是多少等问题。如果企业自身条件不具备，可利用外部专业机构为其进行调查。

在现实生活中，许多企业都是利用第三方来完成薪酬调查工作，主要有三方面原因，如图 4-7 所示。

（3）选择准备调查的职位及其层次

①确定需要调查的职位类别

即确定调查哪些职位。是某些类型的职位，还是所有类型的职位？需要分析的薪酬支付问题是少数职位的问题，还是所有类型职位的问题？在

此基础上还需要进一步分析，哪些职位是典型职位（基准职位）或关键职位。在进行薪酬调查时，想获取本企业所有职位的薪酬数据既不现实，也无必要，因为选出一小部分"关键职位"就可以有效地代表一个企业的所有职位。关键职位是同类其他职位的基准或参照标准。关键职位具有的特征：工作内容稳定，能够清晰、准确地定义；在本企业内的覆盖面广，可大致勾勒出企业所有职位的全貌；在本行业中具有代表性；供需较为平衡。

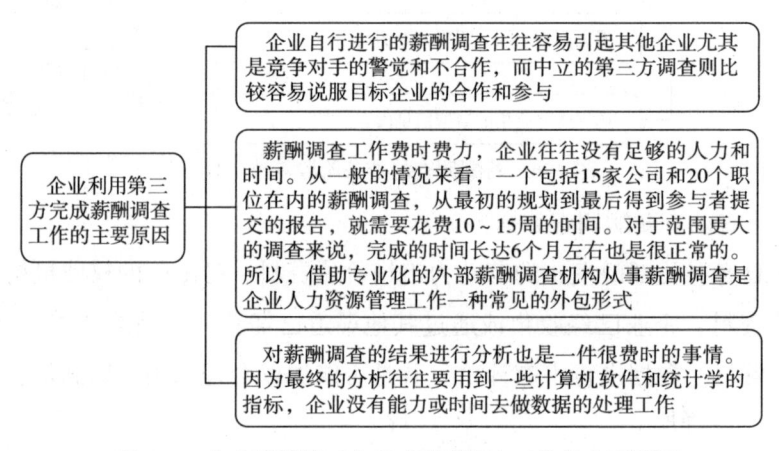

```
                    ┌─ 企业自行进行的薪酬调查往往容易引起其他企业尤其
                    │   是竞争对手的警觉和不合作，而中立的第三方调查则比
                    │   较容易说服目标企业的合作和参与
                    │
企业利用第三        │   薪酬调查工作费时费力，企业往往没有足够的人力和
方完成薪酬调查 ─────┤   时间。从一般的情况来看，一个包括15家公司和20个职
工作的主要原因      │   位在内的薪酬调查，从最初的规划到最后得到参与者提
                    │   交的报告，就需要花费10～15周的时间。对于范围更大
                    │   的调查来说，完成的时间长达6个月左右也是很正常的。
                    │   所以，借助专业化的外部薪酬调查机构从事薪酬调查是
                    │   企业人力资源管理工作一种常见的外包形式
                    │
                    └─ 对薪酬调查的结果进行分析也是一件很费时的事情。
                        因为最终的分析往往要用到一些计算机软件和统计学的
                        指标，企业没有能力或时间去做数据的处理工作
```

图 4-7 企业利用第三方完成薪酬调查工作的主要原因

②进行恰当的职位配比

准确的职位配比是有效薪酬调查的一个关键问题。薪酬调查时首先确认要调查职位的工作责权、重要程度与复杂程度，然后再调查其薪酬状况。一般情况下，调查职位的概述只有三五句话，可以根据职位描述中的内容以简明扼要、通俗易懂的语句总结该职位最为重要的一些职能。对于所要调查的每一关键职位，都要注明企业的具体要求。

（4）界定调查范围，明确调查的目标企业及其数量

①界定调查所面向的劳动力市场范围

从劳动力市场的覆盖范围看，可以分为地方性、地区性、全国性和国际性劳动力市场，企业首先要确定在薪酬调查时所面对的劳动力市场的范围，这个市场范围是针对所需调查的职位相对而言的。一般来说，对于普通工种岗位，如文员、半技术人员等，薪酬调查在企业所在地进行即可；

而所需的高新技术、高级管理等类人才，由于其学历高、流动性大、竞争范围广，就需要扩大调查范围，进行地区性甚至全国性的薪酬调查。

②明确作为调查对象的目标企业及其数量

在明确调查范围的基础上，要进一步分析：哪些企业是从特定的劳动力市场上招聘员工，哪些企业具有足够的所需调查的特定职位等，由此可从既定的市场中确定调查的目标企业。对于调查企业来说，没有一个企业是所有职位的竞争者。有些企业可能是管理支持/文员职位的主要竞争者，而另一些企业可能是信息系统/数据处理领域的竞争者等。这就意味着为了获得不同种类职位的薪酬数据，必须对不同的企业进行调查。

调查所需要的最低样本规模在很大程度上取决于职位的类型。参与调查的企业数量越多，所获得的信息越多，做数据分析的效果越好，但是时间和预算方面会对被调查企业的数量产生一定的限制。据了解，对于所涉及的特定劳动力市场，有10～20个具有代表性的企业就能提供足够、可靠的薪酬调查数据。

（5）选择所要收集的薪酬信息内容

选择所要收集的薪酬信息内容是调查者需要仔细考虑的一个问题。同样的职位在不同的企业中所获得的价值评价并非完全一样，获得的报酬方式也不同。有些企业给予某个职位的基本薪酬可能比较低，但奖励性的可变薪酬或者福利却很好。因此，薪酬调查的内容不能仅仅包括基本薪酬部分，一般薪酬调查所涉及的薪酬信息包括：基本薪酬及其结构，年度奖金和其他年度现金支付，股票期权等长期激励方式，各种补充的福利计划及薪酬政策等方面的信息。

2.实施阶段

（1）设计调查问卷

调查问卷是收集调查数据最常用的方法。调查问卷的内容一般包括企业本身的有关信息，如企业名称、地址、所在行业、规模等，还包括有关职位和任职者的信息，如职位类别、职位名称、任职者的教育程度、相关工作年限等。此外，调查问卷的内容还包括员工薪酬方面的信息，如基本薪酬、奖金、津贴、员工福利及其他收入，有关调薪幅度和措施、工作时间和假期的规定等。薪酬调查问卷除了要涵盖以上有关内容外，有时还需要作出更详细的划分，如员工福利包括养老金、医疗、住房、休假制度、交通饮食等，而且福利通常不以现金的形式发放给员工，因而，对于福利一般以单项标准为调查的内容。

调查问卷的设计尽量方便被调查者使用，以确保问卷易读、易懂、易回答。为了确保所有的调查参与者都能理解调查内容，最好准备一份详细的问卷填写说明。薪酬调查表如表4-2所示。

表4-2　薪酬调查表

年　　月　　日

职位名称		职位编号		所属部门	
主要岗位职责					
任职资格					
薪酬构成	金额（元）	比重（%）	公司上年度水平（元）	增幅（%）	备注
基本工资					
奖金					
津贴					
其他收入					
合计					
被调查人签名			调查人签名		

（2）实施调查

由于薪酬涉及企业机密，不少企业与员工之间都有关于薪酬保密的约定，有时人力资源部门经理也不一定了解企业全部人员的薪酬，或者即使知道也不允许向外泄露。因此，在发放薪酬调查问卷时，首先要做好与企业总经理的沟通工作。通常可以采取合作调查的方式将被调查者作为成员之一纳入合作队伍中。在调查结束后，被调查者可以获得专项调查报告，还可以向被调查者提供优惠的综合性调查报告，其优惠率根据调查规模来确定。合作需要与企业签订合作协议，并约定保密条款，为企业提供的薪酬资料严格保密。

另外，在被调查企业填写问卷的过程中要做好解释和指导工作。为了更准确地了解被调查企业某一职位的薪酬水平，对于某一涉及员工人数较多而薪酬水平又存在较大差异的职位，如业务职位，在选择问卷填答对象时需要高、中、低不同薪酬水平的人员参与，或要求被调查企业就每一职位提供高、中、低三个水平员工的薪酬信息，这样才能避免以偏概全，真实反映这一职位上大多数员工所能达到的薪酬水平。

除了调查问卷法以外，企业还可以采取电话访谈、实地访谈、网络调查等方法来收集调查数据。尽管邮寄问卷的方式是一种最常见的方法，但在确保职位的可比性和薪酬数据的质量方面也存在很大问题，它要求调查者在制作问卷和定义概念时格外小心。如果问卷调查再配以专业人员面谈，则问卷调查法的效果会更好。因为在薪酬调查中，确保职位的可比性是数据收集时最重要的一个问题，而专业调查人员与被调查企业中的薪酬管理人员的直接面谈无疑有助于提高数据的质量。在双方面谈的情况下，他们比较容易对不同企业间的相应职位进行比较，调查者能够就一些特殊问题直接征求被调查方的看法。调查的目的主要在于获取有关薪酬政策、薪酬管理实践方面的信息。当双方都是专业的薪酬管理人员时，他们也有可能就部分职位的具体薪酬信息进行交流。网络调查由于其良好的保密性大幅提高了调查结果的可靠性，因此受到越来越多企业的青睐。

3. 结果分析阶段

薪酬调查的结果分析阶段如图 4-8 所示。

```
薪酬调查的结果分析阶段
├─（1）核查数据
├─（2）分析数据
└─（3）撰写调查报告
```

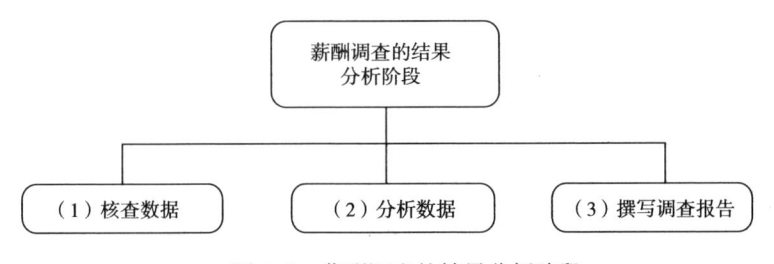

图 4-8　薪酬调查的结果分析阶段

（1）核查数据

数据的核查在调查问卷被回收以后，调查者首先对每一份调查问卷的内容作逐项分析，以判断每一个数据是否存在可疑之处。例如，调查者需要检查企业所提供的薪酬浮动范围与其报告的职位实际薪酬水平之间是否存在不一致的现象。如果某一职位的基本薪酬数据远远超出其应属于的薪酬范围，要注意核查该职位与基准职位之间的匹配性，看某一职位所承担的职责比基准职位描述的内容是更多还是更少。对于所承担的职责比基准职位更少的情况，要及时给接受调查的企业打电话询问和核对数据。如经核实，职位匹配性的问题确实存在，就要根据实际职位与基准职位之间的匹配程度，调整薪酬调查数据。

（2）分析数据

在数据核查完成之后就是分析数据。薪酬数据的分析方法一般包括：频次分析、集中趋势分析、离散分析以及回归分析。如图4-9所示。

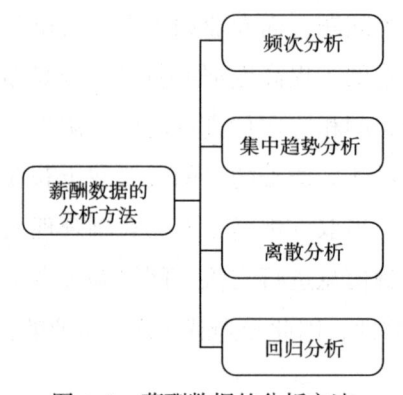

图4-9 薪酬数据的分析方法

①频次分析

所谓频次分析，就是将所得到的与每一职位相对应的所有薪酬调查数据从低到高排列，然后看落入每一薪酬范围之内的企业的数目。这是一种最简单也最直观的分析方法。

②集中趋势分析。

具体来说，集中趋势分析又可以进一步细化为以下几种数据分析方法。

简单平均数。又称非加权平均数，是一种最为常见的分析方法。它不考虑在不同企业中从事某种职位工作的员工的人数之间的差异，对所有企业的薪酬数据均赋予相同的权重。在操作层面上，它通常是将与特定职位相对应的所有数据简单相加，再除以参与调查企业的数目，从而求出平均值。这种方法使用起来比较简单。但是极端值有可能会影响结果的准确性，所以，有些企业首先用频次分析将极端值剔除。当调查者所获得的数据不能全面代表行业或是竞争对手的情况时，采用简单平均数分析方法是最合适的。

加权平均数。在这种分析中，不同企业的薪酬数据将被赋予不同的权重，而权重的大小则取决于每一企业中在同种职位上工作的员工人数。换言之，企业从事某种职位工作的人员越多，则该企业的薪酬数据对于该职位最终平均薪酬数据的影响就越大。这种情况下，规模不同的企业支付的薪酬状况会对最终的调查结果产生不同影响。在调查结果基本上能代表行业总体状况的情况下，经过加权的平均数比较接近劳动力市场的真实状况。

中值。这种做法是将收集的某职位薪酬数据进行降幂或升幂排列，然后取恰好位于中间位置上的那个薪酬水平数值。这样分析的最大好处是可以排除极端高或极端低的薪酬数据对于平均数的影响。不过，这种数据分析方法也是相当粗略的，只能显示当前市场平均薪酬水平的大概情况。

③离散分析

离散分析方法有三种：标准差、百分位和四分位分析。尽管标准差是描述离散分析最常用的指标，但在薪酬调查中却很少被使用。百分位和四分位是薪酬调查分析中最常用的测量平均值的方法。

标准差。是指每个薪酬数值与平均数之间的差别，即观察值比平均值大多少或小多少。标准差表明个人薪酬和平均数之间差别对于市场来说是否"典型"，这表明大多数薪酬的范围。薪酬专业人员可以用这个范围来判断企业薪酬范围是否和市场的薪酬范围类似。

百分位。进行百分位分析时，将某职位所有薪酬调查数据按从低到高的顺序排列，并用百分位来表示特定企业薪酬水平在全部薪酬调查数据中的相对位置。

四分位。四分位分析与百分位分析的方法是类似的，只不过在进行四分位分析时，将某职位所有薪酬调查数据按从低到高顺序排列，划分为四组（百分位是划分为十组），每组中所包括的企业数分别为调查企业总数的

1/4（百分位是 10%）。处在第二小组（百分位是第五小组）中的最后一个数据就是所有数据的中值，可以用它来近似地表示当前市场上的平均薪酬水平。

④回归分析

回归分析是测试两个或多个变量之间的相关关系，然后利用其中一个变量的值（比如销售额）来预测另一个变量的值（比如销售经理的薪酬），变量之间的相关系数越接近 1.0，变量之间的相关性就越强。

（3）撰写调查报告

薪酬调查报告分为综合性分析报告和专项分析报告两种。综合性分析报告涵盖薪酬调查地区不同性质、规模、行业领域的企业，对这些企业的薪酬福利数据进行综合分析与统计处理，全面反映被调查地区企业薪酬与福利现状的全貌。专项分析报告则根据企业需要从参加薪酬调查的企业中选择一定数量具有可比性的企业，经过数据分析处理，获得针对性、指导性更强的专项薪酬信息。这两种报告对于企业制定薪酬策略都具有重要的参考价值。

规范的薪酬调查报告包括两个主要内容：基本资料概述（其中包括所调查企业的常规数据、人事聘用制度、薪酬和福利保险政策）、职位薪酬水平（包括所调查的每个职位的数量及简要职位说明、薪酬范围即薪酬最高值和最低值、以平均数或百分位数来体现的薪酬数额）。薪酬报告的利用如图 4-10 所示。

```
                    ┌─ 计算薪酬总额      企业确定薪酬总额的主要依据是企业的
                    │  标准             支付能力。员工的基本生活需要以及现行
                    │                   的市场行情
                    │
                    │                   企业薪酬政策的内容涉及薪酬体系、薪
    薪酬报告的利用 ─┼─ 制定薪酬政策     酬结构、福利和保险政策。薪酬调查报告
                    │  的依据           可以清楚地显示目前地区不同性质的企业、
                    │                   不同行业的企业所执行的薪酬政策
                    │
                    │                   企业利用薪酬调查报告制订职位薪酬方
                    │  调查资料与企业   案的同时，要参考报告提供的各职位的平
                    └─ 情况的匹配性     均薪酬水平和所附的职位说明书，再结合
                                        本企业职位实际工作特点、任职人员状况
                                        和企业对不同职位的需求程度区别对待
```

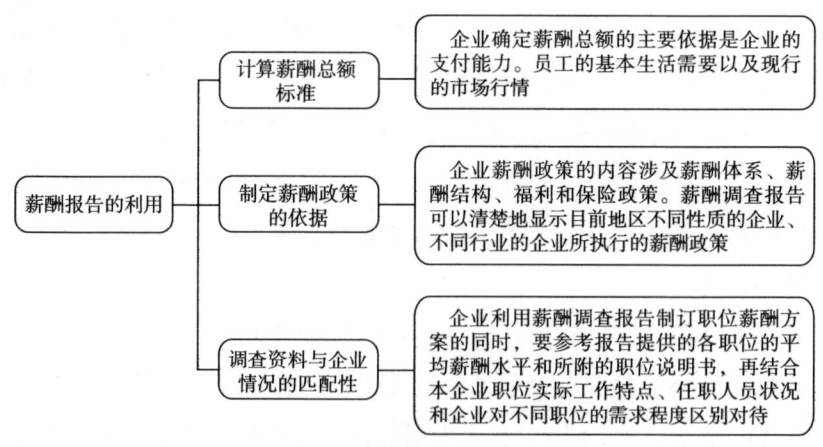

图 4-10　薪酬报告的利用

①计算薪酬总额标准

企业确定薪酬总额的主要依据是企业的支付能力、员工的基本生活需要以及现行的市场行情。薪酬调查的目的就是帮助企业了解本地区劳动力市场中，同行业中的普遍薪酬行情。企业在确定薪酬总额标准时，可以参照薪酬报告中当前本地区同类型、同行业企业的有关指标，如平均薪酬总额、平均基本薪酬水平、职位薪酬信息等，与企业实际支付能力以及员工基本生活费用状况相结合进行综合考虑，兼顾企业与员工的利益，最后确定出一个合理而明智的薪酬总额标准。

②制定薪酬政策的依据

企业薪酬政策的内容涉及薪酬体系、薪酬结构、福利和保险政策。薪酬调查报告可以清楚地显示目前地区不同性质的企业、不同行业的企业所执行的薪酬政策。有薪酬调查报告表明，当前市场上通行的薪酬体系有年工资体系、职务工资体系和职务职能工资体系。薪酬结构呈现多元化倾向，有"基本工资+奖金+福利"，有"基本工资+奖金+福利+业绩提成"，还有"基本工资+奖金+福利+内部股权"等。企业应根据自己的管理模式、行业特点以及自身发展需要，确立最适合自己企业的薪酬政策体系。

③调查资料与企业情况的匹配性

企业利用薪酬调查报告制订职位薪酬方案的同时，要参考报告提供的各职位的平均薪酬水平和所附的职位说明书，再结合本企业职位实际工作特点、任职人员状况和企业对不同职位的需求程度区别对待。例如，一份薪酬调查报告的数据显示，所调查三资企业财务经理的平均月薪是16700元人民币，其中最高水平是23000元，最低水平是8500元。同时薪酬调查报告所附的职位说明书中对财务经理的主要职责描述如下："负责公司财务监控、财务管理和会计核算制度的建立和完善；负责财务部工作管理计划的制订、推行、指导和监督；处理财务部内部重大问题；考核、指导和培训财务部工作人员。"任职要求："财会专业本科以上学历，相关工作经历三年以上。"由此，企业在确定财务经理的职位薪酬时，要具体考虑本企业该职位的实际工作内容、该职位在企业的重要程度，以及该职位任职人员的实际工作能力、资历和学历，再参考8500～23000元的标准来浮动，使薪酬体系真正具有公平性和竞争力，以帮助企业吸引人、激励人和留住人。

案例4-2 企业采集薪酬信息的方法有哪些？

某公司是一家电器销售公司，公司成立十余年来，不断发展壮大，逐渐成为当地行业的龙头企业。这家公司经营成功的秘诀在于十分重视员工薪酬信息的管理统计与分析，并能及时设计出较为科学合理的薪酬调查问卷，使员工清晰地了解自己在公司中的地位与价值，并利用薪酬的激励机制，将公司与员工之间的经济利益有机地结合起来，使公司与员工结成利益关系共同体，从而促进公司的不断发展。

请问，企业采集薪酬信息的方法有哪些？

【解析】

获取薪酬信息是薪酬管理的基础工作，只有获取薪酬信息才能了解市场行情，才能使薪酬水平准确定位，避免过高或过低的薪酬支付，影响企业的运作成本或破坏企业的员工保留计划。薪酬调查是多数企业在薪酬改革或调整过程中所采用的一种了解劳动力市场薪酬行情，最终确定企业薪酬水平的常规方式。然而，许多公司都实行了薪酬保密制度，从而为薪酬调查造成了很大障碍，并成为许多薪酬管理者共同面临的难题。

其实，除了常规的由公司自己操作的薪酬调查之外，其他一些渠道也可以提供比较准确的外部薪酬数据。如图4-11所示。

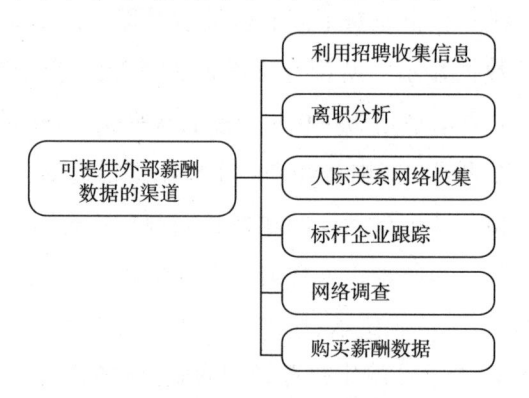

```
                    ┌─ 利用招聘收集信息
                    ├─ 离职分析
可提供外部薪酬 ─────┼─ 人际关系网络收集
数据的渠道          ├─ 标杆企业跟踪
                    ├─ 网络调查
                    └─ 购买薪酬数据
```

图4-11 可提供外部薪酬数据的渠道

第四节 薪酬预算

一、什么是薪酬预算

对于任何一种经济活动而言,通过预算来进行成本控制都是不可或缺的环节,在薪酬管理中也是如此。为了使薪酬管理过程更加科学有效,企业必须进行薪酬预算。薪酬预算指的是为了实现薪酬管理目标而进行的一系列成本开支方面的权衡和取舍。例如,考虑外部市场的薪酬水平、员工个人的工作绩效、企业的经营业绩以及生活成本的变动情况等因素对薪酬的影响,以及这些要素在加薪中占比的权衡;对于基本薪酬和可变薪酬在总薪酬中所占比重进行的权衡;对于长期激励和短期激励之间的权衡;在激励员工的有效性方面对薪酬手段和其他人力资源管理手段的权衡;等等。

由于薪酬问题在经济上的敏感性及其对企业财务状况的重要影响,薪酬预算必然成为企业战略决策过程中的一个关键问题。它要求管理者在进行薪酬决策时,必须把企业的财务状况、所面临的市场竞争压力以及成本控制等问题综合考虑。薪酬预算可以很清晰地反映出组织的人力资源战略,同时也是整个人力资源方案的重要组成部分,直接关系到企业的经营状况和员工的心理感受。通过薪酬预算,企业可以考虑到多种会影响薪酬变动的情况,确保其薪酬成本不超出企业的承受能力。从这个意义上说,进行薪酬预算是十分重要而且必要的。

温馨提示

制定薪酬预算前的关键问题

制订企业薪酬预算过程中,企业需要对下列几个直接相关的关键问题进行思考。

1. 什么时候调整薪酬水平

这个问题直接影响企业的劳动力成本。调薪的时间不同,同样的调薪方案给企业带来的经济压力也不同。

2. 对谁调整薪酬水平

这涉及调薪方案的参与率问题。在企业加薪总额一定的情况下，参与加薪方案的员工越多，每个员工可得到的加薪幅度越小。通常情况下，刚进入企业的员工是不会马上被加薪的，根据企业政策的不同，加薪的等待期也会有所不同。

3. 员工的流动状况如何

对各个部门的预期流动率进行估计往往比较困难，但根据市场情况和历年经验对企业整体的流动情况进行评估会简单一些。按照预估的流动水平，结合流动效用进行考虑与判断，可以在很大程度上提高企业薪酬预算的准确性和时效性。

4. 企业内的职位状况发生了哪些变化

能够对企业内部的职位状况产生影响的因素很多。因此，在制订薪酬预算时，企业应综合考虑内部职位发生的整体变化。

二、薪酬预算的影响因素

企业在做薪酬预算之前，需要对其影响因素进行深入分析，掌握这些因素是如何影响薪酬预算的。这些影响因素包括外部因素（市场薪酬水平、生活成本的变动）和内部因素（企业员工队伍的变化、现有的薪酬状况以及企业技术的变革）。如图4-12所示。通过这一步骤，企业可以更清楚地了解市场和竞争对手的真实状况以及所面临的机遇与挑战，同时还有助于确定后续相应的应对策略。

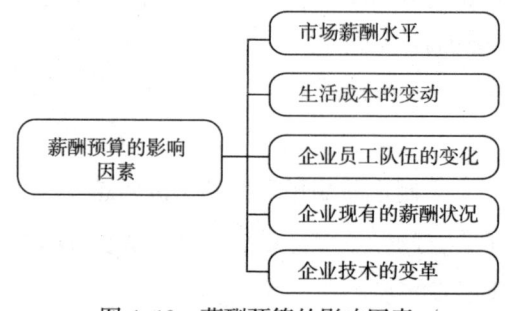

图4-12 薪酬预算的影响因素

1. 市场薪酬水平

企业的薪酬水平需要保持一定的外部竞争性，这需要通过薪酬调查来实现。通过薪酬调查，企业可以将收集有关基准职位的市场薪酬水平方面的信息与组织中的现有薪酬水平进行比较，从而判断自己在劳动力市场上的位置，为企业的薪酬预算决策提供准确依据。另外，随着市场经济环境的不断变化和企业自身情况的改变，有目的地进行市场薪酬调查，有助于企业保持在劳动力市场的优势地位。

在进行薪酬调查时，需要注意调查数据的时限问题。当企业利用薪酬调查的数据制订薪酬预算并准备付诸实施时，劳动力市场上的薪酬水平早已又发生了变化。这一方面对企业薪酬调查和预算的速度提出了更高的要求；另一方面，企业在根据调查数据调整自己的薪酬水平和结构时，也应把劳动力市场的持续变动考虑在内，注意不断地对有关数据进行调整和更新。只有这样，才能准确把握外部市场形势，增强薪酬预算的及时性和有效性。

2. 生活成本的变动

由于物价水平的变动和人们生活水平的变化，企业在进行薪酬预算时，应考虑生活成本的变动，以保障员工的基本生活水平不会随着物价的上升而大幅降低。特别是在通货膨胀比较严重时，企业更应结合物价指数对薪酬水平进行调整。为了简便起见，很多企业选取消费价格指数（CPI）作为参照物，以 CPI 的变动情况来衡量生活水平的变动情况。不过，由于 CPI 只是特定一些生活必需品价格的变动，并不完全代表员工生活水平的变动，企业在进行薪酬预算时只能作为参考。

3. 企业员工队伍的变化

影响薪酬预算的另一个主要因素是企业员工队伍的变化，例如员工数量的增减以及员工的流动。一方面，企业员工人数的多少对组织的整体薪酬支出影响很大，当员工人数增加时，组织的薪酬支出会随之增加；另一方面，几乎所有的企业都有员工辞职、退休或被解雇等员工队伍的变化。因此，企业需要结合自己战略、市场情况和历年经验对当年可能的人员变动情况（如组织结构调整而进行的裁员、因业务扩大造成对员工需求的增加等）、各个部门的预期流动率和流动高峰期等进行估计，这都会对薪酬预算产生影响。

另外，在不同的时候对员工人数进行调整，对组织所产生的影响也是不同的，因此要判断员工的流动状况以及变动的时间，选择适当的时机进行调整，提高企业薪酬预算的准确性和时效性。

4. 企业现有的薪酬状况

企业开展新一年度的薪酬预算应以现有的薪酬状况作为参考，在不超出企业支付能力的条件下进行。主要参考两方面内容：企业现有的薪酬政策和上年度的加薪幅度。如图4-13所示。

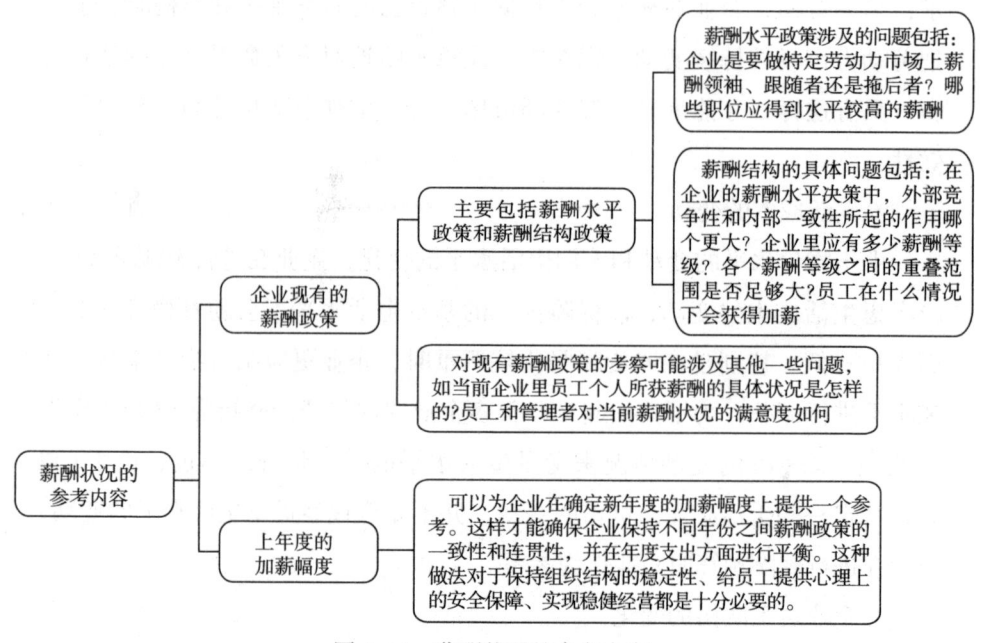

薪酬状况的参考内容
- 企业现有的薪酬政策
  - 主要包括薪酬水平政策和薪酬结构政策
    - 薪酬水平政策涉及的问题包括：企业是要做特定劳动力市场上薪酬领袖、跟随者还是拖后者？哪些职位应得到水平较高的薪酬
    - 薪酬结构的具体问题包括：在企业的薪酬水平决策中，外部竞争性和内部一致性所起的作用哪个更大？企业里应有多少薪酬等级？各个薪酬等级之间的重叠范围是否足够大？员工在什么情况下会获得加薪
  - 对现有薪酬政策的考察可能涉及其他一些问题，如当前企业里员工个人所获薪酬的具体状况是怎样的？员工和管理者对当前薪酬状况的满意度如何
- 上年度的加薪幅度
  - 可以为企业在确定新年度的加薪幅度上提供一个参考。这样才能确保企业保持不同年份之间薪酬政策的一致性和连贯性，并在年度支出方面进行平衡。这种做法对于保持组织结构的稳定性、给员工提供心理上的安全保障、实现稳健经营都是十分必要的。

图4-13 薪酬状况的参考内容

5. 企业技术的变革

企业总体技术水平的提高或降低对薪酬水平的影响也是很大的。当科学技术的发展带来了企业技能水平总体上升时，使员工总数下降，总薪酬水平很可能是上升的，而这种上升无疑会给企业的薪酬预算带来种种影响。

事实上，近年来，随着社会经济的发展和整体技术水平的快速上升，员工薪酬水平也在不断提高，特别是专业技术人员的薪酬水平在直线上升，很多企业高级技术人员的薪酬水平跟高层管理人员的薪酬水平持平甚至更高。因此，企业在进行薪酬预算时应充分考虑这方面因素。

三、确定薪酬预算的方法

1. 宏观接近法

宏观接近法是指首先对公司的总体业绩指标作出预测，然后确定企业所能接受的新的薪酬总额，最后按照一定比例把它分配给各个部门的管理者，再由管理者进一步分配到具体的员工。

（1）根据薪酬费用比率推算合理的薪酬预算总额

在企业采取的各种薪酬预算方法中，这是最简单、最基本的分析方法之一。在本企业的经营业绩稳定且增长适度的情况下，管理者可以由本企业过去的经营业绩推导出适合本企业的安全的薪酬费用比率，并以此为依据做未来的薪酬费用总额（包括福利）预算；若本企业的经营水平不佳，则应参考行业的一般水平确定合理的薪酬费用比率，并由此推断合理的薪酬费用。薪酬费用比率的计算公式表示如下：

薪酬费用比率＝薪酬费用总额/销售额＝（薪酬费用总额/员工人数）/（销售额/员工人数） (4-1)

（2）根据盈亏平衡点推断适当的薪酬费用比率

盈亏平衡点是指在该点处企业销售产品和服务所获得的收益恰好能够弥补其总成本（含固定成本和可变成本）而没有额外的盈利。也就是说，企业处于不盈不亏但尚可维持的状态。边际盈利点是指销售产品和服务带来的收益不仅能够弥补全部成本支出，而且可以付给股东适当的股息。安全盈利点则是指在确保股息之外，企业还能得到应对未来可能发生的风险或危机的一定盈余。显然，这三个点与企业销售量的大小是密切相关的，而可能实现的销售量的多少又直接关系到薪酬费用水平的高低。

盈亏平衡点、边际盈亏点和安全盈利点所要求的销售额的计算公式分别如下：

盈亏平衡点 = 固定成本 /（1- 变动成本比率） （4-2）

边际盈利点 =（固定成本 + 股息分配）/（1- 变动成本比率） （4-3）

安全盈利点 =（固定成本 + 股息分配 + 企业盈利保留）/（1- 变动成本比率） （4-4）

根据上面三个公式，我们可以推断出企业支付薪酬费用的各种比率：

薪酬支付的最高比率（最高的薪酬费用比率）= 薪酬成本总额 / 盈亏平衡点 （4-5）

薪酬支付的可能限度（可能的薪酬费用比率）= 薪酬成本总额 / 边际盈利点 （4-6）

薪酬支付的安全限度（安全的薪酬费用比率）= 薪酬成本总额 / 安全盈利点 （4-7）

（3）根据劳动分配率推算合适的薪酬费用总额

劳动分配率是指在企业所获得的附加价值中，有多少被用于薪酬开支的费用。其计算公式如下：

$$劳动分配率 = 薪酬费总额 / 附加价值 \quad (4\text{-}8)$$

式中，附加价值是指企业本身创造的价值，在性质上犹如家庭的可支配收入。它是生产价值中扣除从外面购买材料或劳动力的费用之后，附加在企业上的价值。它是企业进行劳动力和资本分配的基础。附加价值的计算方法有两种：一种是扣减法，即从销售额中减去原材料等外购的由其他企业创造的价值；另一种是相加法，即将形成附加价值的各项因素相加而得出。其计算方法分别如下：

附加价值 = 销售额 – 外购部分

= 净销售额 – 当期进货成本 –（直接原材料 + 购入零配件 + 外包加工费 + 间接材料） （4-9）

附加价值 = 利润 + 薪酬费用 + 其他形成附加价值的各项费用

= 利润 + 薪酬费用 + 财务费用 + 租金 + 折旧 + 税收 （4-10）

2. 微观接近法

与宏观接近法相对应，微观接近法指的是先由管理者预测出每一位员工在下一年度里的薪酬水平，再把这些数据汇总在一起，从而得到整个企业的薪酬预算。微观接近法的步骤如图4-14所示。

```
微观接近法     ├── （1）对管理者就薪酬政策和薪酬技术进行培训
的步骤         ├── （2）为管理者提供薪酬预算工具和咨询服务
              ├── （3）审批并批准薪酬预算
              └── （4）监督预算方案的运行情况，并向管理者反馈
```

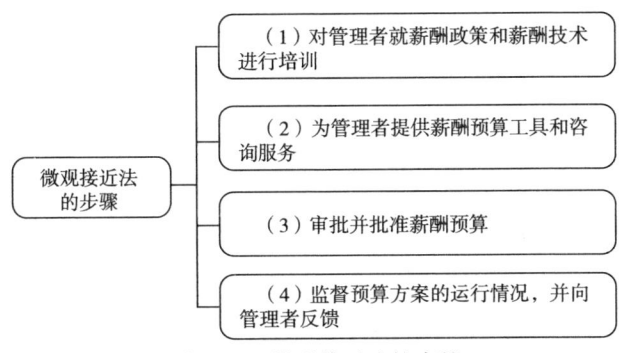

图4-14 微观接近法的步骤

（1）对管理者就薪酬政策和薪酬技术进行培训

在采用微观接近法的情况下，各级管理者是决定企业的薪酬预算能否顺利进行的最重要力量，因此，在实施具体的薪酬预算之前，有必要首先对他们进行培训。培训的主要内容包括公司的薪酬政策、薪酬增长政策线、预算技术以及薪酬等级划分的原则等。同时，就市场上的薪酬数据及其分布情况与这些管理者进行沟通也是十分必要的。

（2）为管理者提供薪酬预算工具和咨询服务

预算工具包括薪酬预算说明书和工作表格。薪酬预算说明书是对薪酬预算需要使用的技术以及这些技术的具体使用方法作出的简要说明，它对管理者起到引导作用，同时也有助于提高管理效率、降低管理成本。而工作表格则主要提供特定员工在薪酬方面的一般性信息，如该员工一贯的绩效表现、过去的加薪情况、过去的加薪时间。这些数据有助于确保管理者针对特定员工所采取的薪酬管理举措具有一致性和连贯性，更好地实现内部公平。另外，为促进组织内部薪酬预算的顺利进行，持续地向管理者提供咨询建议和薪酬信息，提供技术和政策上的支持也是十分重要的。

（3）审批并批准薪酬预算

在管理者就各个部门的薪酬预算形成初步意见之后，需要对这些意见进行进一步的审核和批准。事实上，这一步骤又可细化为若干具体的小步

骤。首先，要对这些预算意见进行初步审核，使它们与组织的薪酬政策和薪酬等级相符合；其次，把组织内部各个部门的薪酬预算意见汇总在一起，进行总体上的调节和控制，确保内部公平性和外部一致性，保证各个部门之间的平衡；最后，管理层进行集体决议，得出最终的预算意见，并确保得到决策层的批准。

（4）监督预算方案的运行情况，并向管理者反馈

薪酬预算方案得到决策层的认可并不意味完结，从某种意义上讲，这一过程才刚刚开始。在预算方案下达到各个具体部门并加以执行的整个过程中，管理者必须对该方案的执行状况进行严密监控，一方面，要保持与员工的畅通交流，了解他们的看法和态度，并对他们的反应作出积极、快速的反馈；另一方面，要从企业的角度出发，做好因时因地对方案进行调整的准备。

案例 4-3　企业本年度的薪酬预算额应是多少？

某企业本年度预算的劳动分配率为 45%，本年度预算的附加价值为 5000 万元，则该企业本年度的薪酬预算额应是多少？

【解析】

本年度薪酬预算额 =5000 万元 ×45%=2250 万元

劳动分配推算方法中的劳动分配率、附加价值等数据的来源可以从财务部获取，应以经审计后的财务报表中的数据为依据。

第五节　薪酬成本控制

一、什么是薪酬成本控制

薪酬预算和薪酬成本控制应该被看作一个不可分割的整体。企业的薪酬预算需要通过薪酬成本控制来实现，薪酬成本控制过程中对薪酬预算的

修改则意味着新一轮的薪酬预算产生。在任何情况下，薪酬预算和薪酬成本控制都不能被简单看作企业一年一度的例行公事，它们是持续不断地贯穿于薪酬管理的整个过程的。

二、薪酬成本的衡量指标体系

薪酬成本管理中，要正确判断组织目前的薪酬水平是否合理、薪酬成本是否在组织承受的范围内及未来可能变化的趋势，必须有一套量化的指标体系以准确地反映组织的薪酬支出状况及其变化趋势。

1. 薪酬成本静态水平的指标

（1）薪酬成本总额

$$薪酬成本总额 = 员工工资总额 + 员工可变薪酬总额 + 员工福利费总额 \quad (4-11)$$

薪酬成本总额指标反映了组织用于雇用员工所投入的总体薪酬规模水平。

（2）人均薪酬成本

$$人均薪酬成本 = 薪酬成本总额 / 员工平均人数 \quad (4-12)$$

人均薪酬成本指标反映了组织使用一名员工所需支出的薪酬费用，也反映出该组织员工的平均薪酬水平和组织在劳动力市场中的竞争力，实质上是劳动力的平均价格。

（3）人均薪酬

$$人均薪酬 = 员工薪酬总额 / 员工平均人数 \quad (4-13)$$

指标反映组织员工的基本收入水平。若与人均薪酬成本相比，还能反映工资占薪酬成本的平均比重，分析薪酬成本结果是否合理。

（4）薪酬平均率

$$薪酬平均率 = 实际平均薪酬 / 某一薪酬等级的中值 \quad (4-14)$$

薪酬平均率指标是薪酬成本管理中十分重要的指标，反映目前薪酬水平的合理程度。薪酬平均率的数值越接近于1，则实际平均薪酬越接近于薪酬幅度的中间数，薪酬水平越理想。当薪酬平均率等于1时，则说明企业所支付的薪酬总额符合平均趋势。当薪酬平均率大于1时，则说明企业支付的薪酬总额过高，因为实际的平均薪酬超过了薪酬幅度的中间数。导致

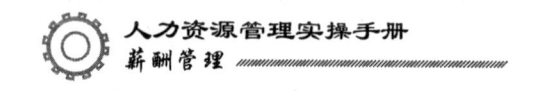

薪酬平均率大于1的原因如图4-15所示。

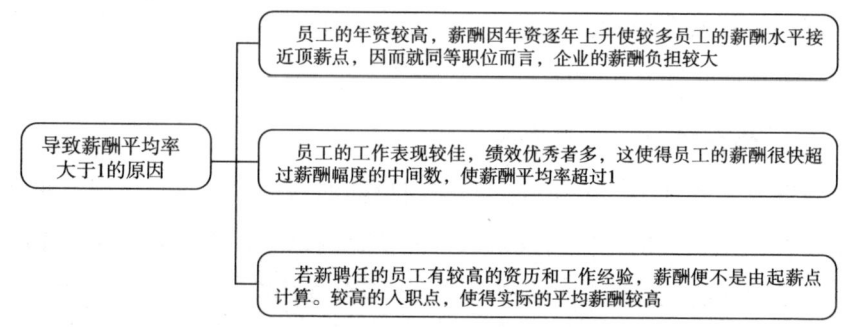

```
导致薪酬平均率      ┌─ 员工的年资较高，薪酬因年资逐年上升使较多员工的薪酬水平接
大于1的原因         │  近顶薪点，因而就同等职位而言，企业的薪酬负担较大
                    │
                    ├─ 员工的工作表现较佳，绩效优秀者多，这使得员工的薪酬很快超
                    │  过薪酬幅度的中间数，使薪酬平均率超过1
                    │
                    └─ 若新聘任的员工有较高的资历和工作经验，薪酬便不是由起薪点
                       计算。较高的入职点，使得实际的平均薪酬较高
```

图4-15　导致薪酬平均率大于1的原因

若薪酬平均率小于1，则说明企业实际支付的薪酬数目较薪酬幅度的中间数要小，大部分职位的薪酬水平是在薪幅中间数以下。导致薪酬平均率小于1的原因如图4-16所示。

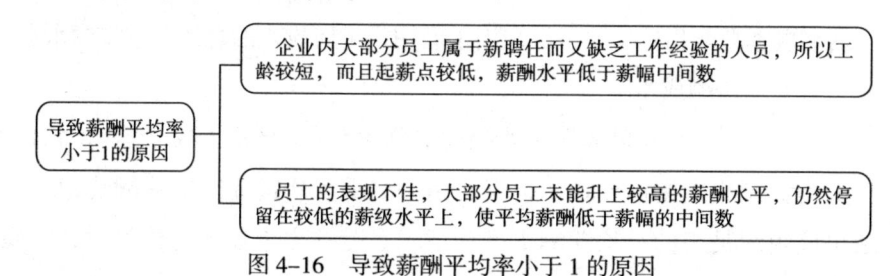

```
导致薪酬平均率      ┌─ 企业内大部分员工属于新聘任而又缺乏工作经验的人员，所以工
小于1的原因         │  龄较短，而且起薪点较低，薪酬水平低于薪幅中间数
                    │
                    └─ 员工的表现不佳，大部分员工未能升上较高的薪酬水平，仍然停
                       留在较低的薪级水平上，使平均薪酬低于薪幅的中间数
```

图4-16　导致薪酬平均率小于1的原因

人力资源部门可以利用薪酬平均率指标衡量企业支付的薪酬标准，从而控制企业的总支出。

2. 薪酬成本动态变化的指标

薪酬成本动态变化的指标如图4-17所示。

```
薪酬成本动态        ┌─（1）薪酬成本总额增长率=本期薪酬成本总额−上期薪酬成本总额÷上
变化的指标          │       期薪酬成本总额×100%
                    │
                    ├─（2）人均薪酬成本增长率=本期人均薪酬成本−上期人均薪酬成本÷上
                    │       期人均薪酬成本×100%
                    │
                    └─（3）增薪幅度=本期平均薪酬水平−上期平均薪酬水平
```

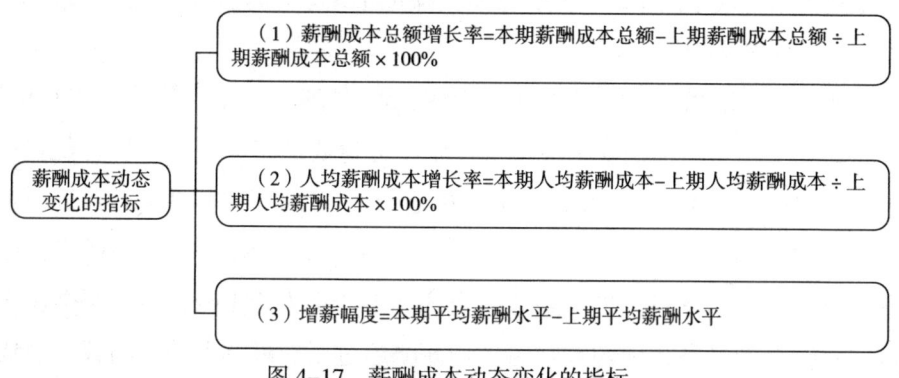

图4-17　薪酬成本动态变化的指标

上述三个指标能动态反映组织薪酬成本的变化趋势，通过对比连续几年的这三个指标参数，能发现组织薪酬成本的变化趋势。

这三个指标数值越大，表明组织总体薪酬成本增长越快，应适当控制。但这三个指标也并非越小越好，因为长期没有增薪，表明组织发展处于停滞状态，不利于吸纳和维持优秀人才，不能有效激励员工。

薪酬成本增长率即增薪率，是相对指标，其数值大小与组织的总体薪酬水平直接相关。原来薪酬基数高，则增薪绝对数额即使很大，增薪率也不一定高，反之亦然。所以，组织应当参考主要竞争对手的增薪率或行业平均增薪率来确定本组织的增薪率。

3.薪酬成本效益的指标

（1）劳动分配率

劳动分配率=（组织薪酬成本总额/组织增加值总额）×100%　（4-15）

式中的增加值总额是组织员工劳动新创造并通过销售所实现的这部分价值加上同期折旧之和。

劳动分配率反映了企业劳动力要素投入为企业新增加财富的能力。劳动分配率越低，表明企业劳动投入产出比越高，职工为企业的盈利能力越强，反之亦然。

（2）薪酬费用率

薪酬费用率=（组织薪酬成本总额/组织销售收入总额）×100%（4-16）

薪酬费用率反映薪酬成本占总销售收入的比重，即薪酬成本占销售收入比率。由于总销售收入中不仅包括企业增加值，而且包括生产经营及销售中的其他物耗成本，薪酬费用率能反映企业劳动力要素投入在企业整体价值生产和价值实现过程中的效率。薪酬费用率越低，表明组织薪酬投入的产出效益越高。

（3）薪酬成本利润率

薪酬成本利润率=（企业利润总额/企业薪酬成本总额）×100%（4-17）

（4）薪酬成本产出系数

$$薪酬成本产出系数=增加值总额/薪酬成本总额 \quad (4-18)$$

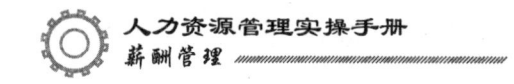

(5) 薪酬成本销售收入系数

薪酬成本销售收入系数 = 销售（营业）收入总额 / 薪酬成本总额　（4-19）

薪酬成本利润率、薪酬成本产出系数和薪酬成本，销售收入系数三个指标能直观地反映薪酬成本投入与利润水平、增加值、销售额之间的函数关系，对分析薪酬成本投入的经济效益和判断薪酬水平是否合理有重要作用。

(6) 薪酬成本占总成本比率

薪酬成本占总成本比率 =（薪酬成本总额 / 总成本）× 100%　　（4-20）

该指标反映了总成本中薪酬成本的含量，该比率过高，说明组织运营的总支出中用于人工的支出过多。通过对该指标的分析，有助于判断组织成本结构的合理性。

三、薪酬成本控制的途径

讨论薪酬成本控制的途径，可以从薪酬成本的构成着手。由于薪酬成本和各项薪酬政策和员工人数等因素有关。因此，企业可以通过控制以下几个方面的因素来控制成本。

1. 通过薪酬政策进行薪酬成本控制

企业的薪酬政策一般包括企业的薪酬分配措施、工资结构线、薪酬等级等内容。例如，企业的基本薪酬、可变薪酬及福利水平标准、企业薪酬水平在市场上是否处于领先地位、企业中最高薪酬水平与最低薪酬水平的差距、企业在多大程度上向高层管理人员和核心技术人员倾斜、发放薪酬的时间、长期薪酬与短期薪酬的比例等。这些因素都会影响企业的薪酬成本。下面笔者从两个方面来给大家做介绍。如图 4-18 所示。

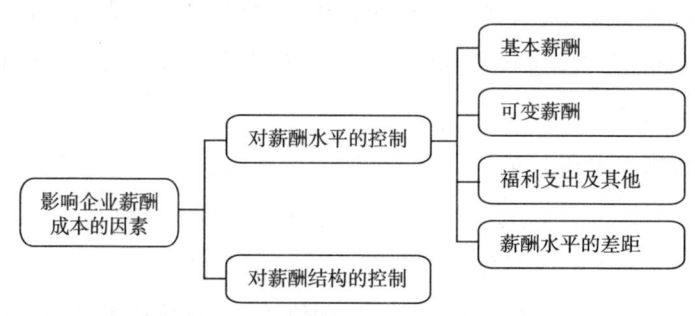

图 4-18　影响企业薪酬成本的因素

（1）对薪酬水平的控制

对薪酬的控制，最主要的是对薪酬水平的控制，即企业的基本薪酬、可变薪酬和福利的水平。各种薪酬组成的水平高低不同和所占的份额大小不同，对企业薪酬成本的影响也是不同的。

①基本薪酬

基本薪酬对于薪酬成本的主要影响体现在加薪方面，加薪一般是基于三方面原因：原有薪酬低于理应得到的水平、根据市场状况进行的调节、根据生活指数的调整。而任何一次加薪为企业带来的成本直接取决于加薪的幅度、加薪的时间以及加薪的员工人数。也就是说，为哪些人加薪、一次加薪到位还是分两次或多次加薪、加多少等，这些因素的不同选择显然会对企业的财务状况产生不同的影响。

②可变薪酬

对可变薪酬的控制与基本薪酬既有相同点，又有不同之处。一方面，可变薪酬为企业带来的成本同样取决于加薪的规模、加薪的时间以及加薪的员工人数；另一方面，由于可变薪酬方案种类多，而且弹性大，很多都跟企业业绩、部门（团队）或员工业绩挂钩，根据企业具体预算进行调整的余地较大。另外，由于可变薪酬通常都是在每个财务年度的年底进行支付，它们对组织成本的影响也只是一次性的，并不会作用于随后的年份。

③福利支出及其他

根据对薪酬预算与控制的作用大小，我们可以把企业的福利支出分为两类：与基本薪酬相联系的福利以及与基本薪酬没有关系的福利。前者多是住房公积金、人寿保险和补充养老保险这样一些法律规定的福利内容，这些福利一般是按照基本工资的某一百分比来提取的，因而会随着基本薪酬的变化而变化。而后者则主要是一些短期福利项目，如健康保险、牙医保险、工伤补偿计划以及员工帮助计划等。由于这些福利项目是企业自主设立的，灵活性较大。企业可以通过控制这部分福利项目的支出来达到控制福利成本的目的。

另外，很多企业通过采取弹性福利计划，实现在相同激励强度下降低

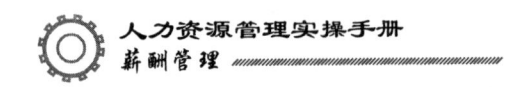

成本。这也不失为福利成本控制的一种措施。

④薪酬水平的差距

企业薪酬水平的差距可以在一定程度上反映企业的分配政策导向，对高级人才或核心人才的重视程度和倾斜程度。薪酬水平的差距包括基本薪酬水平、可变薪酬水平和福利水平的差距。基本薪酬水平的差距可以从工资结构线上看出来（为简便起见，以现行的工资结构线为例），企业如果倾向于拉大员工收入差距，则其工资结构线的斜率就较为陡峭；而斜率较为平缓的企业倾向于实行分配上相对的"平均主义"。因此，从这个角度来说，企业可以通过降低工资结构线的斜率来控制企业的整体薪酬水平。可变薪酬和福利水平的控制也都是通过降低相对较高薪酬水平员工的薪酬来实现的。

（2）对薪酬结构的控制

从薪酬成本构成方面看，可变薪酬相对于基本薪酬所占的比例越高，企业薪酬成本的变化余地就越大，而管理者可以采取的控制预算开支的余地也就越大。另外，在可变薪酬中，通过调整长期薪酬和短期薪酬的比重，也可以在一定程度上达到控制企业薪酬成本的目的。

2. 通过员工人数进行薪酬成本控制

在支付的薪酬水平一定的情况下，企业员工越少，企业的经济压力就越小。因此企业可通过减少员工人数来控制薪酬成本。企业减少员工人数的最直接措施是裁员。

随着企业经济压力的增加，很多企业采取了裁员这种方式。裁员可以使企业在很短时间内迅速降低员工人数，但企业需要一次性支付给被解雇员工一定的补偿金。这在短期内也会加大企业的成本。另外，企业运用不当可能会削弱员工的工作积极性和组织忠诚度，导致核心员工大量流失，直接影响企业的人力资本储备。

现实中，有的企业采取了薪酬业务外包的做法，特别是部分福利保险项目的外包。这往往也是企业通过进行成本—收益分析，认为企业独自承担这部分活动成本太高而作出的决定。

【答疑解惑】

问：HR 如何轻松面对薪酬压力？

【解答】薪酬要发挥应有的作用，薪酬管理应实现三个目标：效率、公平、合法。达成效率和公平目标，就能促使薪酬激励作用的实现，而合法性是薪酬的基本要求，因为合法是公司存在和发展的基础。

（1）效率目标

效率目标包括两个层面，第一个层面，从产出角度来看，薪酬能给组织绩效带来最大价值；第二个层面，从投入角度来看，实现薪酬成本控制。薪酬效率目标的本质是用适当的薪酬成本给组织带来最大的价值。

（2）公平目标

公平目标包括三个层次，即分配公平、过程公平、机会公平。

分配公平是指组织在进行人事决策、决定各种奖励措施时，应符合公平的要求。如果员工认为受到不公平对待，将会产生不满。

员工对于分配公平认知，来自其对于工作的投入与所得进行主观比较而定，在这个过程中还会与过去的工作经验、同事、同行、朋友等进行比对。分配公平分为自我公平、内部公平、外部公平三种。自我公平，即员工获得的薪酬应与其付出成正比；内部公平，即同一企业中，不同职务的员工获得的薪酬应正比于其各自对企业做出的贡献；外部公平，即同一行业、同一地区或同等规模的不同企业中类似职务的薪酬应基本相同。

过程公平是指在决定任何奖惩决策时，组织所依据的决策标准或方法符合公正性原则，程序公平一致、标准明确、过程公开等。

机会公平是指组织赋予所有员工同样的发展机会，包括组织在决策前与员工互相沟通，组织决策考虑员工的意见，主管考虑员工的立场，建立员工申诉机制等。

（3）合法目标

合法目标是企业薪酬管理的最基本前提，要求企业实施的薪酬制度符合国家、省区的法律法规、政策条例要求，如不能违反最低工资制度、法定保险福利、薪酬指导线制度等法律法规。

第六节　薪酬调整

薪酬调整是保持薪酬关系动态平衡、实现组织薪酬目标的重要手段，是薪酬系统运行管理中的一项重要工作。

> **温馨提示**
>
> **薪酬整体调整的实现方式**
>
> 在薪酬管理实践中，薪酬的整体调整是通过调整工资或津贴补贴项目来实现的。
>
> ·如果因为物价上涨等因素增加薪酬，应该采用等额式调整，一般采取增加津贴补贴项目数额的方法。
>
> ·如果因为外部竞争性以及企业效益进行调整，应该采用等比例调整法或综合调整法，一般都是通过调整岗位工资来实现，可以对每个员工岗位工资调整固定的等级，也可以直接调整工资等级数额表。
>
> ·如果因为工龄（司龄）因素进行调整，一般采取等额式调整，对工龄（司龄）工资或津贴进行调整。

一、薪酬调整制度与流程

薪酬分配是一个动态化的过程，为使各种相对静态的薪酬体系能适应组织外部和内部环境因素的变化，需要建立健全的薪酬调整制度。薪酬调整制度是对薪酬进行动态调节，使薪酬管理更紧密地与经济、时代发展的要求以及组织的战略相联系，使分配更加合理的各种规章制度、方式、方法的统称。

建立规范的薪酬调整制度，是完善薪酬制度的关键。目前，我国的国家机关、事业单位薪酬调整仍由国家统一安排，用人单位按国家调整薪酬政策的基本精神贯彻执行。而企业的薪酬调整，主要依据国家的有关法律政策规定和企业自身发展的需要，由企业自主决定。

企业利用薪酬调整制度进行薪酬调整时应该注意以下方面。

（1）参照市场薪酬率的变动状况

脱离市场价格信号去调整薪酬，必然造成薪酬分配不合理，会导致企业出现"该留的留不住，该出的出不去"的悖理情形。

（2）贯彻按劳分配和效率优先、兼顾公平原则

改变薪酬中吃大锅饭、搞平均主义以及对部分员工不合理地过高或过低调整薪酬的做法。这些都会导致企业内部薪酬关系扭曲，出现"花钱买矛盾"的结局，严重削弱企业的凝聚力和团队精神。

（3）结合企业自身的战略发展需要和经济效益状况

企业薪酬调整要根据企业发展战略目标，有一定的针对性，才能最有效地发挥作用。同时必须进行谨慎的财务分析，调整的幅度应与企业效益和承受能力相适应。

（4）建立规范的薪酬调整制度，使薪酬调整有章可循

要避免薪酬调整中因随意性和主观性而产生矛盾纠纷，带来不必要的损失。

（5）选择科学的薪酬调整方式，以期达到最佳效果

如图4-19所示，企业的薪酬调整流程主要包括全面整理基础数据、确定调薪规则、进行调薪试算和调薪反馈四个步骤。

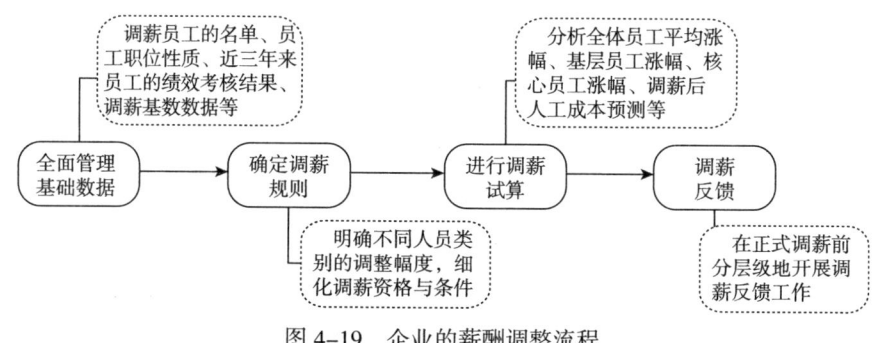

图 4-19 企业的薪酬调整流程

二、薪酬水平调整

薪酬水平调整是企业为了适应企业生产经营发展的需要，更好地促进员工的工作积极性而进行的。

1. 薪酬水平调整的类型

主动型薪酬水平调整。这是组织为了达成一定的目标，主动采取增薪或减薪的行为。主动增薪的动机主要有：一是为了提高与竞争对手争夺人才和留住人才；二是组织的经营业绩有了大幅提高，以加薪来回报和激励员工；三是组织薪酬战略发生变化。而提出减薪通常是组织经营效益和财务支付能力处于严重恶化状态，以减薪来维持组织的生存，以图将来的发展。

被动型薪酬水平调整。这是组织在各种强制因素作用下，不是出于主观意愿而被动采取增薪或减薪（极少出现）的行为。这些强制因素主要有：国家法律和政府干预因素，如最低工资标准的法规、工资指数化的立法、冻结工资或规定最高工资标准的行政命令；严重通货膨胀因素迫使组织提高薪酬水平；工会或员工集体要求增加工资并采取了各种行动产生了强大压力、行业雇主协会对组织施加的压力等。

2. 按照调整的内容划分

按照薪酬水平调整的划分如图 4-20 所示。

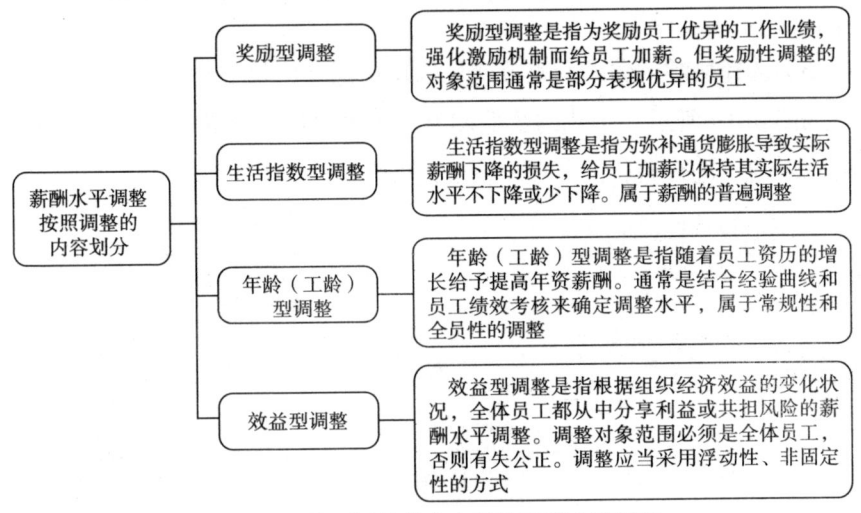

薪酬水平调整按照调整的内容划分	类型	说明
	奖励型调整	奖励型调整是指为奖励员工优异的工作业绩，强化激励机制而给员工加薪。但奖励性调整的对象范围通常是部分表现优异的员工
	生活指数型调整	生活指数型调整是指为弥补通货膨胀导致实际薪酬下降的损失，给员工加薪以保持其实际生活水平不下降或少下降。属于薪酬的普遍调整
	年龄（工龄）型调整	年龄（工龄）型调整是指随着员工资历的增长给予提高年资薪酬。通常是结合经验曲线和员工绩效考核来确定调整水平，属于常规性和全员性的调整
	效益型调整	效益型调整是指根据组织经济效益的变化状况，全体员工都从中分享利益或共担风险的薪酬水平调整。调整对象范围必须是全体员工，否则有失公正。调整应当采用浮动性、非固定性的方式

图 4-20 按照调整的内容划分薪酬水平调整

3. 薪酬水平调整的操作技术

（1）等比调整法

等比调整法是指所有员工以原有薪酬为基数，按照同样的百分比调整。其优点是可以保持组织薪酬结构的相对级差，但不同薪酬等级员工薪酬绝对量变化的差异较大。在加薪时容易引起低薪员工产生"不公平"的逆反心理，在减薪时又会使高层员工产生怨言。

（2）等额调整法

等额调整法是指所有员工都按同样的数额调整薪酬。其优点是在薪酬级差较大组织中有利于缩小过大的级差，缺点是平均主义色彩较浓。

（3）不规则调整法

该方法根据员工的岗位重要性、相对价值贡献大小、员工资历等不同情况，确定不同的调整比例。其优点是针对性、激励性较强，缺点是操作复杂、主观因素影响较大。

（4）经验曲线调整法

经验曲线是波士顿咨询公司开发出来，广泛用于现代管理的分析工具。它是指员工对其从事工作的熟练程度、经验积累会随着工作时间的延续而逐步增加，产生工作效率提高、成本下降的效应。这种经验随着时间的推移和经验积累速度放缓会递减直至停止，而且经验曲线在不同性质工作之间的效应也不同。它与工作的技术含量、劳动的复杂程度成正比，如机械工程师与打字员相比，其经验积累速度慢、持续时间长，但这种经验积累所能提供的效率和创造的价值远大于打字员。

（5）综合调整法

这是综合考虑通货膨胀、员工资历、员工绩效等因素，对薪酬水平进行调整，前提是要有较为可靠的薪酬指数（生活费用调整指数）、准确的经验曲线和较为完整的绩效评估体系。

综合调整法的计算公式为：

$$W=X+Y+Zn \tag{4-21}$$

式中：W为实际薪酬增长率；

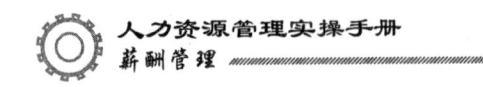

X为薪酬指数；

Y为按职位绩效考核的绩效薪酬增长率；

Z_n为按职位经验曲线确定的年资薪酬增长率（其中n代表不同工作年限，Z_n为该职位上的各个参加调薪的员工工龄相对应的年资薪酬增长率）。

三、薪酬结构调整

薪酬结构调整的目的是适应组织外部和内部环境因素的变化，以保持薪酬的内部公平性，体现组织的薪酬价值导向，更好地发挥薪酬的激励功能。薪酬结构调整常常和薪酬水平调整相结合，尤其在薪酬总量不变时调整薪酬水平，以及采用等比调整法调整薪酬水平，同时必然要求薪酬结构做出相应调整。薪酬结构调整主要包括对薪酬纵向结构、横向结构的调整。

1. 薪酬纵向结构的调整方法

纵向等级结构的调整必须考虑两点：第一，适应企业管理的需要，理顺各岗位和职务薪酬之间的关系；第二，考虑外部市场工资率的变动。换言之，在考虑外部竞争力影响的前提下，设计企业内部的薪酬等级结构。纵向等级结构常用的调整方法如图4-21所示。

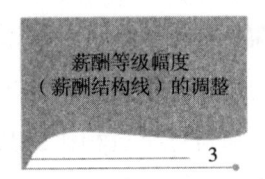

图4-21 纵向等级结构常用的调整方法

（1）增加薪酬等级

增加薪酬等级的主要目的是将岗位之间的差别细化，从而更加明确按岗位付薪的原则。薪酬等级增加的方法很多，关键是选择在哪个层次上或哪类岗位上增加等级。例如，是增加高层次，还是中、低层次的岗位？是增加管理人员的等级层次，还是一般员工层次？增加以后，各层次、各类岗位之间是否还需要重新匹配，是否调整薪酬结构关系等，这些都要慎重考虑。

（2）减少薪酬等级

减少薪酬等级就是将等级结构"矮化"，即合并和压缩等级结构，是薪酬管理的一种流行趋势。目前在一些西方企业中，倾向于将薪酬等级线延长：将薪酬类别减少，由原有的十几个减少至三五个；在每种类别上，包含更多的薪酬等级和薪酬标准；各类别之间薪酬标准交叉。

薪酬等级减少的优点如图4-22所示。

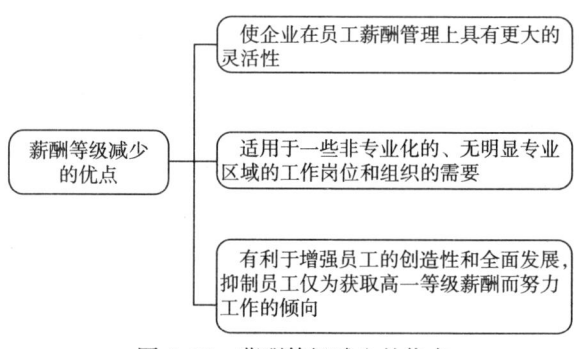

```
                        ┌─ 使企业在员工薪酬管理上具有更大的灵活性
薪酬等级减少 ──────────┼─ 适用于一些非专业化的、无明显专业
   的优点                  区域的工作岗位和组织的需要
                        └─ 有利于增强员工的创造性和全面发展，
                           抑制员工仅为获取高一等级薪酬而努力
                           工作的倾向
```

图4-22　薪酬等级减少的优点

（3）薪酬等级幅度（薪酬结构线）的调整

当某些岗位的工作内容和职责发生变化，或某个工种的操作方式、技术要求发生变化时，就可考虑调整原有的薪酬结构线。通常，当对工作和技术的要求更高时，则薪酬等级增加，可延长薪酬结构线；反之，则缩短薪酬结构线。实现宽带型薪酬制度，必须加大薪酬等级的幅度。

2. 薪酬横向结构的调整

薪酬横向结构的调整方式如图4-23所示。

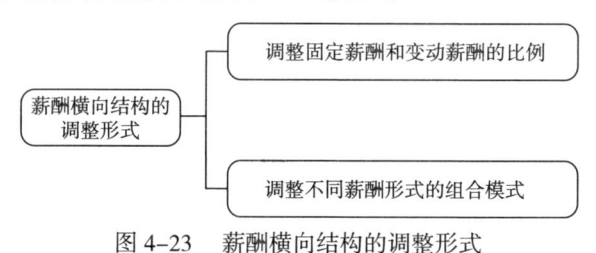

```
薪酬横向结构的 ──┬── 调整固定薪酬和变动薪酬的比例
   调整形式      └── 调整不同薪酬形式的组合模式
```

图4-23　薪酬横向结构的调整形式

（1）调整固定薪酬和变动薪酬的比例

固定薪酬和变动薪酬的特点和功效不同，使两者保持适当的比例有助

于提高绩效。目前的趋势是扩大变动薪酬的比例，以增加薪酬结构的弹性、增强薪酬激励机制、更有效地控制和降低薪酬成本。

（2）调整不同薪酬形式的组合模式

组织应该根据不同薪酬形式的优缺点，合理搭配，扬长避短，使薪酬组合模式与组织的薪酬战略和工作性质的特点相适应。在薪酬组织模式中增加利润分享型和股权激励型薪酬形式，符合现代薪酬理念和薪酬制度发展的要求，有利于形成员工与组织相互合作、共同发展的格局。

薪酬横向结构的调整可以在薪酬水平不变条件下进行，也可以在薪酬水平变动条件下进行。显然，后者更具灵活性，更有利于减少薪酬变化对员工造成的心理冲击。

案例 4-4 销售业绩不好，公司如何对薪酬进行调整？

A 企业是一家贸易公司，销售人员的薪酬水平一直是公司里级别最高的。但是，销售人员的高工资并没有带来好的销售业绩，其他部门员工意见很大。因此，公司决策层提出要对薪酬进行调整，使得薪酬更富有激励性。

如果您是 A 公司的人力资源部经理，承担了调整薪酬体系的重任，那么，如何操作才能够使 A 公司达成薪酬调整的目标？

【解析】

1. 策略

A 企业新的薪酬制度应以提高企业产品市场竞争力，扩大企业产品市场份额为宗旨，要充分体现"以人为本"的企业理念和薪酬分配制度的激励性作用。

2. 具体方案和操作程序

· 基本原则：按劳取酬、效率优先、兼顾公平。收入与贡献挂钩，实行浮动考核、动态管理。

· 为了体现薪酬分配制度对外公平的功能，企业对一线部门员工倡导实施"市场化工资分配制度"。

· 企业对市场部、销售部各职位实行平等竞争、择优上岗。

第四章 竞争薪酬留人才（薪酬水平、调查、预算、控制）

・企业一线部门（市场部、销售部、研发部）人员工资调整后由三部分构成：市场工资＋提成工资＋津贴。

市场部和销售部人员工资构成如图4-24所示。

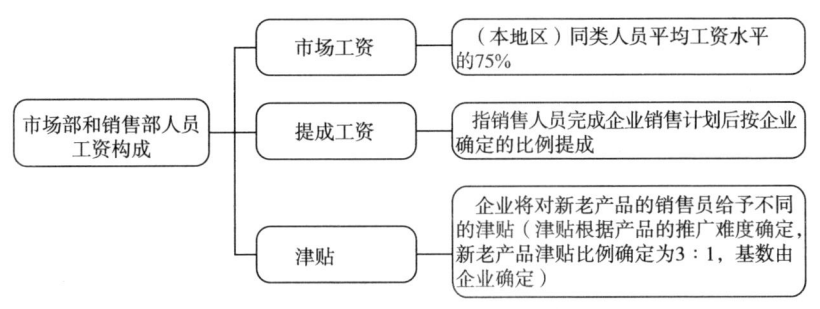

市场部和销售部人员工资构成：
- 市场工资：（本地区）同类人员平均工资水平的75%
- 提成工资：指销售人员完成企业销售计划后按企业确定的比例提成
- 津贴：企业将对新老产品的销售员给予不同的津贴（津贴根据产品的推广难度确定，新老产品津贴比例确定为3：1，基数由企业确定）

图4-24 市场部和销售部人员工资构成

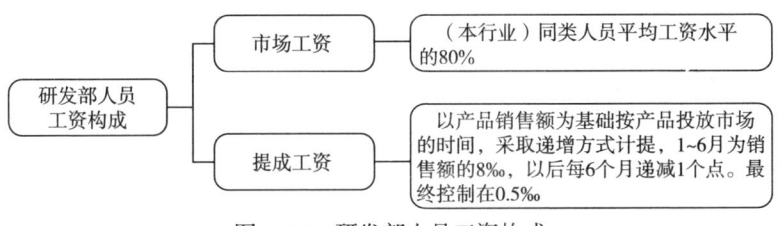

研发部人员工资构成如图4-25所示。

研发部人员工资构成：
- 市场工资：（本行业）同类人员平均工资水平的80%
- 提成工资：以产品销售额为基础按产品投放市场的时间，采取递增方式计提，1~6月为销售额的8‰，以后每6个月递减1个点。最终控制在0.5‰

图4-25 研发部人员工资构成

以上三个部门负责人不参与内部分配，企业对其采取年金分配方式。

3. 可能出现的问题及对策

第一，市场工资不能准确了解，定位不准。方案不能得到广大职工的理解和认可，可采取职工代表大会协商的办法确定。

第二，研发部、市场部、销售部可能就薪酬水平问题相互扯皮，处理不好将事与愿违，破坏内部的凝聚力，这样就会给企业造成极大损失。对策：加强各部门的相互沟通，工资方案设计要灵活、可控，以便根据情况随时调整。

第三，改革后，销售人员间的工资差距拉大，部分工资低的销售人员更喜欢以前"大锅饭"形式的工资，会排斥新的工资形式。首先，应对这类员工进行教育培训，改变他们的观念，使其接受新的工资形式；其次，为销售业绩高的员工与销售业绩低的员工提供交流平台，让他们交流经验，共同提高。

【答疑解惑】

问：调薪时如何与员工沟通？

HR 和员工进行薪酬沟通时，应一视同仁，语气、措辞都要斟酌。对无负面情绪的员工，应本着激励的原则；对有负面情绪的员工，应本着安抚的原则。

薪酬沟通的原则，应做到兼顾透明和保密。薪酬管理上应该透明的部分，HR 应想尽一切办法告知员工；应该保密的部分，即使员工通过各种方式打听和询问，HR 也应保持应有的职业态度。

薪酬管理中应透明的具体内容如图 4-26 所示。

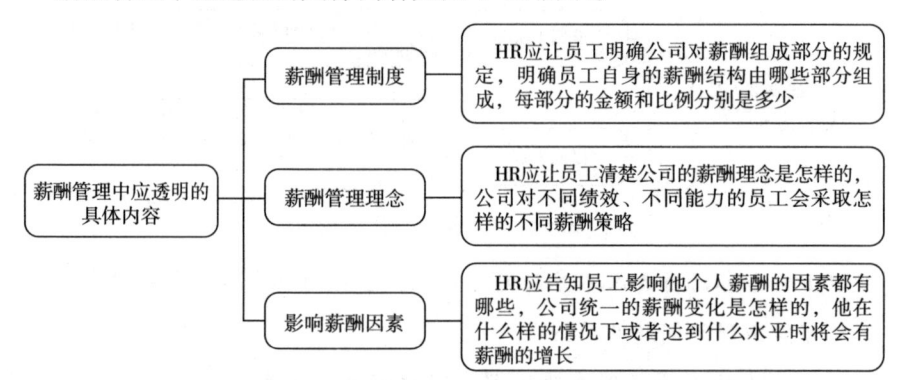

```
                          ┌─ 薪酬管理制度 ── HR应让员工明确公司对薪酬组成部分的规
                          │                   定，明确员工自身的薪酬结构由哪些部分组
                          │                   成，每部分的金额和比例分别是多少
薪酬管理中应透明的         │
具体内容                  ├─ 薪酬管理理念 ── HR应让员工清楚公司的薪酬理念是怎样的，
                          │                   公司对不同绩效、不同能力的员工会采取怎
                          │                   样的不同薪酬策略
                          │
                          └─ 影响薪酬因素 ── HR应告知员工影响他个人薪酬的因素都有
                                              哪些，公司统一的薪酬变化是怎样的，他在
                                              什么样的情况下或者达到什么水平时将会有
                                              薪酬的增长
```

图 4-26　薪酬管理中应透明的具体内容

每个公司需要自行衡量应该保密的部分。对于保密部分的衡量原则，是考虑一旦透明可能会引发哪些事项，引发的可能性有多大；如果保密，可能会引发哪些事项，引发的可能性有多大。两害相权取其轻。做好选择，HR 应对相应事项发生可能性的模拟及应对采取措施。

常见的需要探讨是否该保密或透明的事项如图 4-27 所示。

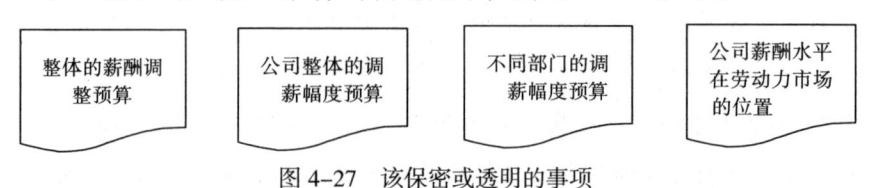

| 整体的薪酬调整预算 | 公司整体的调薪幅度预算 | 不同部门的调薪幅度预算 | 公司薪酬水平在劳动力市场的位置 |

图 4-27　该保密或透明的事项

建议不论是 HR 还是各级管理者,都不要向任何员工谈起其他员工的调薪幅度。这种"透明"不但不会产生激励,反而会激发矛盾。

另外,HR 要协助各部门管理者完善和员工沟通薪酬的技巧和能力,要告知各部门管理者,关于薪酬相关问题哪些话应该说、哪些话不该说。

第五章
如何平衡薪酬外部竞争性和内部一致性
（薪酬结构设计）

第一节　认识薪酬结构

一、什么是薪酬结构

薪酬结构是指同一企业中不同职位或不同技能之间薪酬水平的比例关系，包括不同层次职位之间报酬差异的相对比值和不同层次职位之间报酬差异的绝对水平。

薪酬结构主要反映职位与员工之间基本薪酬的对比关系，它强调的是一个企业内部职位或技能薪酬等级的数量、不同职位或技能等级之间的薪酬差距以及确定这种差距的标准。

一般而言，薪酬结构的构成要素包括：薪酬等级数量、薪酬区间和相邻薪酬等级的交叉与重叠。

1. 薪酬等级数量

薪酬等级是根据职位分析和职位评价的结果，将员工薪酬进行等级划分（不同等级应体现职位价值的差异），把职位价值相同或相近的职位归入同一薪酬等级的一种等级体系。在薪酬结构中，设计数量较多的薪酬等级要求明确区分每个等级员工的工作能力，因此操作难度较大，而薪酬等级数量太少又无法体现工作中有关薪酬的显著差异。因此，企业在设计薪酬等级数量时，一般会考虑三个因素，如图5-1所示。

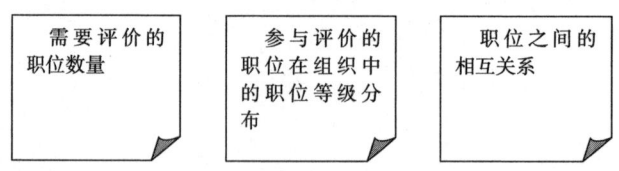

| 需要评价的职位数量 | 参与评价的职位在组织中的职位等级分布 | 职位之间的相互关系 |

图5-1　企业在设计薪酬等级数量时考虑的三个因素

2. 薪酬区间

（1）薪酬区间的概念

薪酬区间，又称为薪酬幅度、薪酬宽带，是指在某一薪酬等级内部薪酬水平变动的范围。

（2）薪酬变动比率

薪酬变动比率，又称为区间变动比率，是衡量薪酬区间的一个指标。一般而言，薪酬区间的各等级薪酬变动比率不同。薪酬等级越高，对相应职位的任职要求就越高，薪酬变动比率就越大。因为员工很难达到要求，因此企业需要通过较大的薪酬变动比率来激励员工提高工作效益。薪酬等级越低，对相应职位的任职要求就越低，此时运用相对稳定的薪酬变动比率，更有利于企业管理和控制成本。

3. 相邻薪酬等级的交叉与重叠

（1）相邻薪酬等级的交叉与重叠

在薪酬结构中，相邻的两个薪酬等级之间会出现交叉与重叠，如图5-2所示。

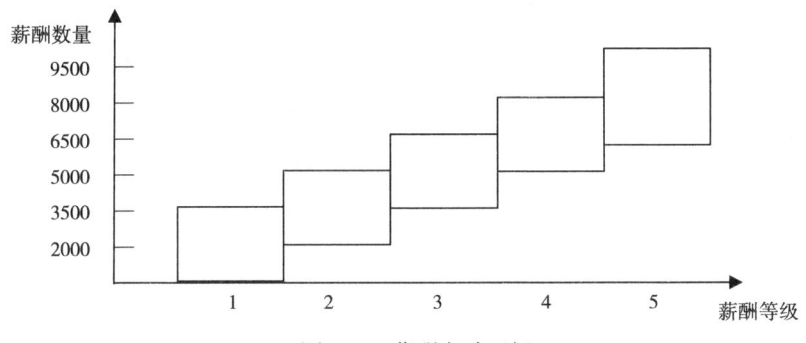

图 5-2　薪酬变动区间

（2）薪酬等级级差

薪酬等级级差，又可称为级差，是指相邻的两个薪酬等级的中值之间的差距。薪酬等级级差又包括中点级差和中值级差。

假设最高薪酬等级的中值和最低薪酬等级的中值保持恒定，各薪酬等级中值之间的级差越大，那么薪酬结构中的等级数量就越少；反之，则越多。假设薪酬等级的区间中值级差越大，同一薪酬区间的薪酬变动比率越小，则薪酬区间的重叠区域就越小；反之，则越大。级差大小与职位类型有关，如表 5-1 所示。

表 5-1　各类职位的薪酬等级级差设置

职位类型	薪酬中间值级差
普通职员	5% ~ 10%
专业人员及经理层	8% ~ 15%
主管及下属之间	15% ~ 25%
高级管理层	30% ~ 35%

级差对薪酬结构有较大的影响，反映了组织特有的文化与价值观。级差越大，整个薪酬结构越陡峭，薪酬等级之间的薪酬差距就越大，这类薪酬结构往往适用于效率导向性的组织。级差越小，薪酬结构就越平缓，薪酬等级间的薪酬差距就越小。

在实际运用中，企业可以根据自身需要设定交叉重叠的薪酬区间或无交叉重叠的薪酬区间。其中，无交叉重叠的薪酬区间可进一步划分为衔接式和非衔接式两种，如图 5-3 和图 5-4 所示。衔接式的薪酬区间，是指相邻两个薪酬等级之间，较低的薪酬等级区间上限与较高的薪酬等级区间下限在同一条水平线上。非衔接式的薪酬区间，是指相邻两个薪酬等级之间，较低的薪酬等级区间上限低于较高的薪酬等级区间下限。

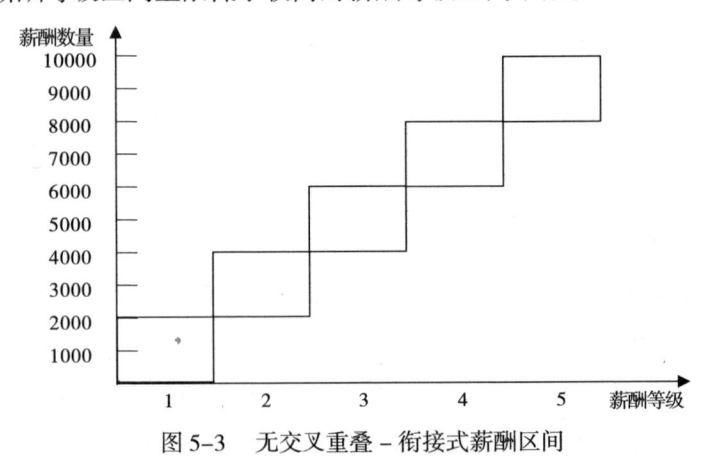

图 5-3　无交叉重叠-衔接式薪酬区间

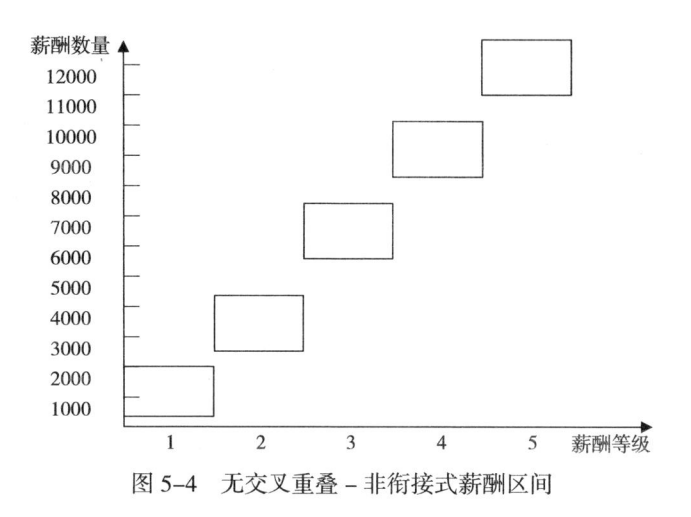

图 5-4　无交叉重叠 – 非衔接式薪酬区间

二、薪酬结构的分类

薪酬制度不同，薪酬结构也会有所不同。将企业的薪酬结构分成四类，分别为以保障为主的薪酬结构、以短期奖励为主的薪酬结构、以效益为主的薪酬结构和以长期激励为主的薪酬结构。虽然目前学界对薪酬结构的分类标准不尽相同，但本书在综合学界对薪酬分类的基础上，进行了尝试性分类，把薪酬结构分成两大类，即传统薪酬结构和创新型薪酬结构。

1. 传统薪酬结构

传统薪酬结构主要包括四种类型。具体如图 5-5 所示。

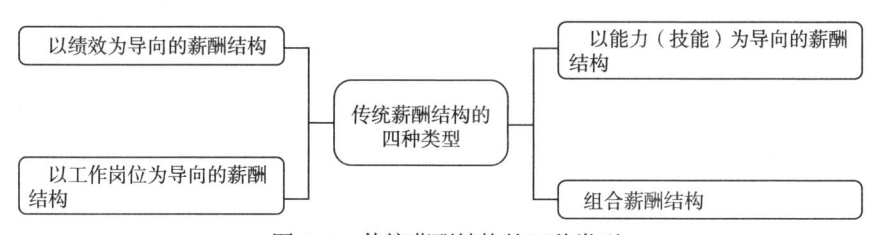

图 5-5　传统薪酬结构的四种类型

（1）以绩效为导向的薪酬结构

以绩效为导向的薪酬结构如表 5-2 所示，是把员工薪酬与员工绩效联系起来，企业根据员工的工作绩效来决定其薪酬的一种薪酬结构。因此，并不是所有职位相同或技能等级相同的员工都能获得相同的薪酬。在实践中，企业应用以绩效为导向的薪酬结构包括计件工资、销售提成工资、效益工资等。

绩效是一个综合的概念，它不仅包括产品数量和质量，还包括员工对企业做出的其他贡献。当绩效工资应用于薪酬区间足够大、各薪酬等级之间差距较大的情况时，其使用效果会比较好。以绩效为导向的薪酬结构一般适用于两类情况：一是期待员工超额完成任务的企业；二是员工通过自身努力可以提高工作绩效的企业。毫无疑问，以绩效为导向的薪酬结构的优点是激励作用显著。但是，该结构也存在不足之处，如员工只顾着实现短期利益而不考虑企业和个人的长期发展；只重视个人工作成果而不愿意与同事配合等。

表 5-2 以绩效为导向的薪酬结构

构成内容	类型	占比
年龄与工资	基本工资	25%
技术与培训水平		
工作岗位价值		
绩效（生产量或销售量）	绩效工资	75%

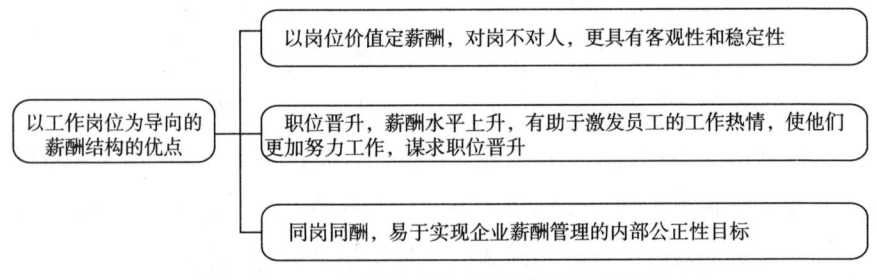

（2）以工作岗位为导向的薪酬结构

以工作岗位为导向的薪酬结构，是把员工薪酬与其工作岗位联系起来，企业根据员工所在岗位的价值、技术高低、责任大小以及工作环境对员工的影响等因素来决定其薪酬的一种薪酬结构。因此，在以工作岗位为导向的薪酬结构下，员工的薪酬会随着工作岗位的变化而变化，员工薪酬的变动主要依靠职位的升迁。在实践中，岗位工资制（岗位薪点工资、岗位等级工资）、职务工资制等内含的薪酬结构都属于这种薪酬结构。

以工作岗位为导向的薪酬结构的优点如图 5-6 所示。

以工作岗位为导向的薪酬结构的优点：
- 以岗位价值定薪酬，对岗不对人，更具有客观性和稳定性
- 职位晋升，薪酬水平上升，有助于激发员工的工作热情，使他们更加努力工作，谋求职位晋升
- 同岗同酬，易于实现企业薪酬管理的内部公正性目标

图 5-6 以工作岗位为导向的薪酬结构的优点

第五章　如何平衡薪酬外部竞争性和内部一致性（薪酬结构设计）

以工作岗位为导向的薪酬结构的缺点如图 5-7 所示。

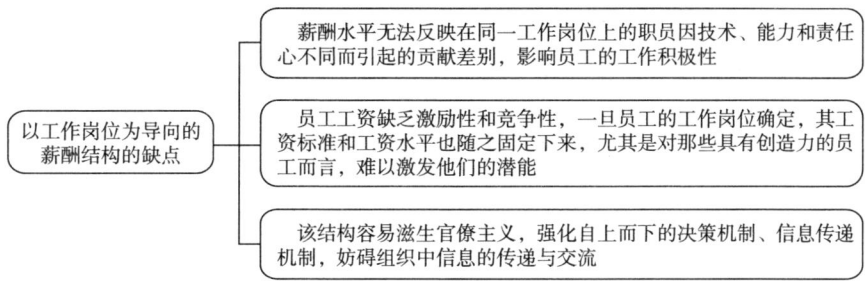

```
以工作岗位为导向的      ┌─ 薪酬水平无法反映在同一工作岗位上的职员因技术、能力和责任
薪酬结构的缺点        ─┤   心不同而引起的贡献差别，影响员工的工作积极性
                      │
                      ├─ 员工工资缺乏激励性和竞争性，一旦员工的工作岗位确定，其工
                      │   资标准和工资水平也随之固定下来，尤其是对那些具有创造力的员
                      │   工而言，难以激发他们的潜能
                      │
                      └─ 该结构容易滋生官僚主义，强化自上而下的决策机制、信息传递
                          机制，妨碍组织中信息的传递与交流
```

图 5-7　以工作岗位为导向的薪酬结构的缺点

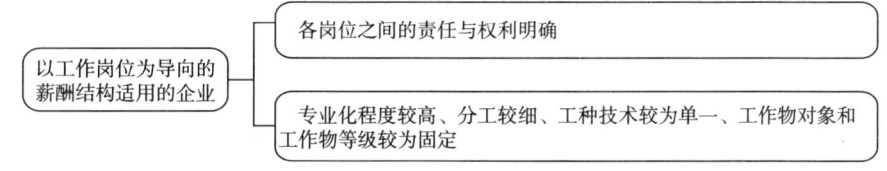

以工作岗位为导向的薪酬结构适用的企业如图 5-8 所示。

```
以工作岗位为导向的      ┌─ 各岗位之间的责任与权利明确
薪酬结构适用的企业    ─┤
                      └─ 专业化程度较高、分工较细、工种技术较为单一、工作物对象和
                          工作物等级较为固定
```

图 5-8　以工作岗位为导向的薪酬结构适用的企业

表 5-3 所示的就是一个以工作岗位为导向的薪酬结构。

表 5-3　以工作岗位为导向的薪酬结构

构成内容	类型	占比
年龄与工资	工龄工资	12%
技术与培训水平	职务津贴	80%
工作岗位价值		
绩效（生产量或销售量）	能力工资	8%

（3）以能力（技能）为导向的薪酬结构

以能力（技能）为导向的薪酬结构，是指员工的薪酬是以员工所具备的工作技能、能力与发展潜力作为标准来确定。其中，以能力（技能）为导向的薪酬结构分为两种形式：以知识深度为基础的薪酬结构和以技能广度为基础的薪酬结构。在实践中，职能工资、技术等级工资等内含的薪酬结构都属于这类薪酬结构。

以能力（技能）为导向的薪酬结构在实施过程中具有灵活性。该结构既可以在整个企业中实施，也可以在企业内部的某些员工中实施。例如，

在大中型制造企业中,通常都设有技术中心或研究院等研发机构,它们培养了大批技术人员。一些企业专门为从事技术和产品开发的部门设立了相应的技能工资制度,以使技术人员可以得到公正客观的评价。

以能力(技能)为导向的薪酬结构的优点是能够激励员工不断提升自身工作技能。然而,它的不足之处在于:一是容易忽视员工绩效和能力的实际运用情况等因素。二是企业的薪酬成本比较高。三是适用范围比较狭窄,一般适用于规模小、技术人才比较集中的企业,如高科技企业;或技术密集型、知识密集型企业;或处在艰难期,亟须提高核心竞争力的企业。表5-4所示的就是一个以能力(技能)为导向的薪酬结构。

表5-4 以能力(技能)为导向的薪酬结构

构成内容	类型	占比
年龄与工资	技术等级工资	84%
技术与培训水平		9%
工作岗位价值	职务津贴	
绩效(生产量或销售量等)	生产津贴	7%

(4)组合薪酬结构

组合薪酬结构,是指企业将薪酬分解成几个部分,分别依据工作绩效、技能水平、工作岗位、年龄和工龄等因素确定员工薪酬的一种薪酬结构。组合薪酬结构的优点是全面考虑了员工对企业的付出,使员工全部的投入都有其对应的报酬。换言之,员工在某方面胜于其他员工的事实会通过员工间的薪酬差别具体体现出来。在实践中,岗位技能工资、薪点工资制、岗位效益工资等内含的薪酬结构都属于这种薪酬结构。

在实际的企业薪酬管理中,单一采用以绩效为导向的薪酬结构、以工作岗位为导向的薪酬结构,或者以能力(技能)为导向的薪酬结构的情况并不多见。大多数情况下,企业把这几种薪酬结构结合使用,且有所侧重,扬长避短。组合薪酬结构适用于所有企业。表5-5所示的就是一个典型的组合薪酬结构。

表 5-5 组合薪酬结构

构成内容	类型	占比
年龄与工资	工龄工资	13%
技术与培训水平	基础工资	35%
工作岗位价值	岗位工资	27%
绩效（生产量或销售量）	奖金	25%

2.创新型薪酬结构

目前，创新型薪酬结构主要分为两大类：一是长期激励薪酬结构，二是宽带型薪酬结构。

（1）长期激励薪酬结构

不同于传统的薪酬结构，长期激励薪酬结构除了包括固定薪酬部分和绩效奖金等短期激励薪酬部分以外，还包括股票期权、股票增值权、虚拟股票等长期激励薪酬部分。股票期权、长期福利计划及经营者年薪制等是该薪酬结构类型的主要构成要素。为了更好地激励员工，尤其是那些高级管理人员和企业骨干人员，越来越多的企业建立了将短期激励与长期激励相结合的薪酬结构。在高级管理人员的薪酬结构中，长期激励薪酬部分所占比重较大；而在中级管理人员的薪酬结构中，长期激励薪酬部分所占比重较小。

（2）宽带型薪酬结构

宽带型薪酬结构，是指企业将原来相对较多的薪酬等级数量减少至几个等级，同时拉大每个薪酬等级内部的薪酬浮动范围的一种薪酬结构。在宽带型薪酬结构中，员工不是沿着企业唯一的薪酬等级制度垂直晋升，而是一直处于同一薪酬宽带中。随着能力的提高和贡献的增多，员工可以进行横向流动或晋升。员工只要在工作岗位上不断提升自己的工作技能，提高工作效益，就能够获得更高的薪酬。即使员工被安排到较低等级的职位上工作，同样有机会获得较高的薪酬。

三、薪酬结构的影响因素

企业薪酬结构的影响因素主要分为外部因素与内部因素，如图 5-9 所示。其中，外部因素包括经济政策、法律法规、经济社会环境、外部利益相关者和文化习俗。内部因素包括组织战略、企业的生命周期、内部工作

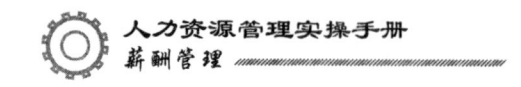

设计、企业人力资本、企业人力资源政策以及员工的认可程度。

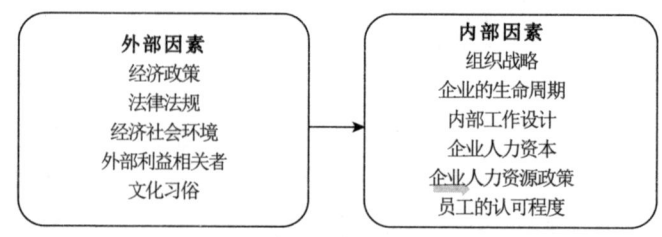

```
┌─────────────────┐      ┌─────────────────┐
│    外部因素      │      │    内部因素      │
│    经济政策      │      │    组织战略      │
│    法律法规      │─────▶│   企业的生命周期  │
│   经济社会环境    │      │   内部工作设计   │
│   外部利益相关者  │      │   企业人力资本   │
│    文化习俗      │      │  企业人力资源政策 │
│                 │      │   员工的认可程度  │
└─────────────────┘      └─────────────────┘
```

图 5-9　薪酬结构的影响因素

【答疑解惑】

问：薪酬结构不合理，起不到激励作用怎么办？

【解答】

第一，使薪酬结构符合人力资源管理的思维模式。人力资源管理思维模式，即提升人力资源价值链，指的是通过价值链的循环来不断增长组织与员工个人的价值。薪酬结构是人力资源开发管理的重要组成部分，不能离开这一体系而独立存在。薪酬结构需要与企业组织架构、岗位配置、职位体系、工作流程设计以及职位分析和岗位测评相适应，为确定薪酬体系等搭建良好平台。与此同时，注意其他人力资源制度的建设，使之与新的薪酬体系配套。

第二，建立等级薪酬宽带制度，使薪酬结构符合企业的薪酬政策。所谓的等级薪酬宽带制度，即在组织内用少数跨度较大的工资范围来代替原有数量较多的工资级别的跨度范围，将原来十几甚至二十几、三十几个薪酬等级压缩成几个级别，取消原来狭窄的工资级别带来的工作间明显的等级差别。但同时将每一个薪酬级别所对应的薪酬浮动范围拉大，从而形成一种新的薪酬管理系统及操作流程，促进员工技能和能力的提高，适应企业战略动态调整需要。

第三，完善绩效薪酬设计，使薪酬结构与员工绩效挂钩。其主要特点有：同一岗位，基本工资一致；不同的人担任同一岗位所取得绩效不一致时，绩效工资不同；同一岗位的任职条件一致；不同资格的人担任同一岗位工资标准可以调整。由此通过激励个人提高绩效促进组织的绩效，即通过绩效薪酬传达企业绩效预期的信息，刺激企业中所有员工来达到它的目的；使企业更关注结果或独具特色的文化与价值观；促进高绩效员工获得高期望薪酬；保证薪酬因员工绩效而不同。

除此之外，为了激励员工竭尽全力地为公司做贡献，可以将精神激励与薪酬结构相结合。知识经济时代，精神激励在与物质激励的较量中权重越来越重，此时单纯地依靠物质激励已经无法真正调动人才的创造力。可以通过鼓励员工参与管理的方式，使员工将自身利益与企业利益密切联系起来，从而调动其积极性。还可以对员工进行不定期培训，使其适应市场的发展，提升其专业素质，达到激励员工以及减少人才流失的目的。

薪酬是激励员工创造更大价值的原动力。合理的薪酬结构为员工提供有竞争力的薪酬，使员工竭尽全力地付出，珍惜来之不易的工作机会。一个结构合理、管理良好的薪酬制度，能留住优秀的员工，淘汰表现较差的员工，提高企业的整体竞争力，提高企业经济效益。因而，我们说薪酬结构是否合理是企业能否长足发展的试金石。

第二节 宽带型薪酬结构

一、宽带型薪酬结构的特点及作用

与传统的薪酬结构相比，宽带型薪酬的特征和作用如图 5-10 所示。

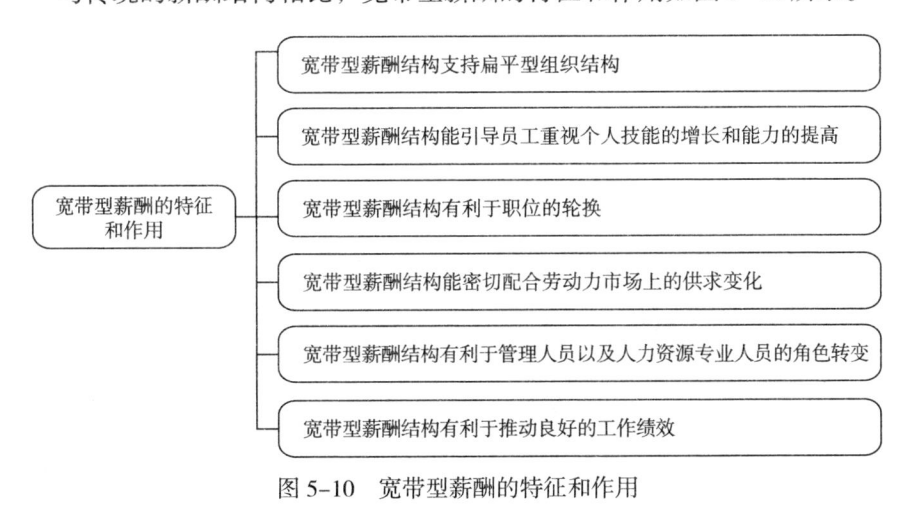

```
                ┌─ 宽带型薪酬结构支持扁平型组织结构
                ├─ 宽带型薪酬结构能引导员工重视个人技能的增长和能力的提高
宽带型薪酬的特征 ─┼─ 宽带型薪酬结构有利于职位的轮换
和作用          ├─ 宽带型薪酬结构能密切配合劳动力市场上的供求变化
                ├─ 宽带型薪酬结构有利于管理人员以及人力资源专业人员的角色转变
                └─ 宽带型薪酬结构有利于推动良好的工作绩效
```

图 5-10 宽带型薪酬的特征和作用

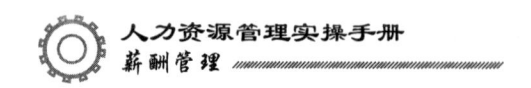

1. 宽带型薪酬结构支持扁平型组织结构

在传统组织结构以及与之相配合的薪酬结构下，一个企业中有很多级别，员工们具有严格的等级观念，一个来自基层的信息通过层层汇报、审批才能传达负责该信息处理的部门或人员。企业内部很容易出现层层拖拉，相互推卸责任的官僚作风。正因为如此，20世纪90年代以后，企业界兴起了一场以扁平型组织取代官僚层级型组织的运动，而宽带型薪酬结构可以说正是为配合扁平型组织结构而量身定做的。它的最大特点就是打破了传统薪酬结构所维护和强化的严格等级制，有利于企业提高效率以及创造参与型和学习型企业文化，同时对于企业保持自身组织结构的灵活性以及迎接外部竞争有积极的意义。

2. 宽带型薪酬结构能引导员工重视个人技能的增长和能力的提高

在传统薪酬结构下，员工的薪酬增长往往取决于员工本人在企业中的身份（地位）变化而不是能力提高，因为即使能力达到了较高的水平，但是在企业中没有出现高级职位的空缺，员工仍然无法获得较高的薪酬。而在宽带型薪酬结构设计下，即使在同一个薪酬宽带内，企业为员工所提供的薪酬变动范围也可能比员工在原来的五个甚至更多薪酬等级中获得的薪酬范围还要大。这样，员工就不需要为了薪酬的增长而斤斤计较职位晋升等方面的问题，只要关注发展企业所需要的那些技术和能力，以及公司着重强调的那些有价值的事情（比如满足客户需要、以市场为导向、注重效率等）即可。

3. 宽带型薪酬结构有利于职位的轮换

在传统薪酬结构中，员工的薪酬水平是与其所担任的职位严格挂钩的，因此，从理论上讲，职位变动必然导致员工薪酬的变动。如果调动到更高级别的职位上，那么这种职位的变动没有什么障碍。但是如果从上一级职位向下一级职位调动，则会被其他员工看成是"被贬"。由于宽带型薪酬结构减少了薪酬等级数量，将过去处于不同薪酬等级中的大量职位纳入现在的同一薪酬等级中，甚至上级监督者和他们的下属也常常会被放到同一个薪酬宽带中，这样，在对员工进行横向甚至向下调动时所遇到的阻力就小很多。企业还因此减少了过去因员工职位的细微变动而必须做的大量行政工作，如职务称呼变动、相应的薪酬调整、更新系统、调整社会保险投保基数、更新档案等。

4. 宽带型薪酬结构能密切配合劳动力市场上的供求变化

宽带型薪酬结构是以市场为导向，它使员工从注重内部公平转向更为注重个人发展以及自身在外部劳动力市场上的价值。在宽带型薪酬结构中，薪酬水平是以市场薪酬调查的数据以及企业的薪酬定位为基础确定的，因此，薪酬水平的定期审查与调整将使企业把握其在市场上的竞争力，同时有利于企业相应地做好薪酬成本的控制工作。

5. 宽带型薪酬结构有利于管理人员以及人力资源专业人员的角色转变

传统薪酬结构的官僚性质导致薪酬决策的弹性很小，基本上是机械套用薪酬级别，因此，其他职能部门以及业务部门经理参与薪酬决策的机会非常少。而在宽带型薪酬结构设计下，即使在同一薪酬宽带中，由于薪酬区间的最高值和最低值之间的变动比率至少有100%，因此，对员工薪酬水平的界定就留有很大的空间。在这种情况下，部门经理在薪酬决策方面拥有更多的权力和责任，可以对下属的薪酬定位给予更多的意见和建议。这种做法不仅充分体现了人力资源管理的思想，有利于促使直线部门的经理人员切实承担起自己的人力资源管理职责同时有利于人力资源专业人员脱身于一些附加价值不高的事务性工作，更加专注对企业更有价值的其他高级管理活动以及扮演好直线部门的战略伙伴和咨询顾问角色。

6. 宽带型薪酬结构有利于推动良好的工作绩效

宽带型薪酬结构尽管存在对员工的晋升激励下降的问题，但是它通过将薪酬与员工的能力和绩效表现紧密结合来更灵活地对员工进行激励。在宽带型薪酬结构中，上级对有稳定突出业绩表现的下级员工拥有较大的加薪影响力，而不像在传统的薪酬体制下，直线管理人员即使知道哪些员工能力强、业绩好，也无法为这些员工提供薪酬方面的激励，因为那时的加薪主要是通过晋升来实现的，而晋升的机会和实践却没那么灵活。此外，宽带型薪酬结构不仅通过弱化头衔、等级、过于具体的职位描述以及单一的向上流动方式向员工传递一种个人绩效文化,还通过弱化员工之间的晋升竞争更多地强调员工之间的合作和知识共享、共同进步来帮助企业培育积极的团队绩效文化,而这对于企业整体业绩的提升无疑是非常重要的力量。

> **温馨提示**
>
> **宽带型薪酬结构需注意的几个问题**

与传统的窄带薪酬模式相比,宽带型薪酬结构更注重员工个体之间的差异,这是对个人能力和绩效评定结果的充分尊重。强调员工个人能力和绩效的宽带型薪酬结构模式,与以岗定薪的传统薪酬模式并不相互矛盾。事实上,这两种模式是互为补充的关系,它们各从不同的方面反映和强调了薪酬设计中的公平性原则。

实施宽带型薪酬之前,以下几点事项需要注意。

1. 明确战略

实施宽带型薪酬结构之前,要明确企业的战略、人力资源管理战略以及薪酬战略。明确这些,是实施宽带型薪酬结构的前提。如果不明确战略就实施宽带型薪酬结构,就好像还不知道自己要去哪儿就开车出门,结果将因为方向不明确而浪费时间。

2. 认清形势

HR 一定要清楚,不是所有的企业都适用宽带型薪酬结构。不要因为宽带型薪酬结构的理念好或者公司希望使用薪酬模式就盲目追随。要认清企业自身特点、行业特点和竞争对手的情况。

HR 在设计薪酬制度时必须使其能够体现企业个性化的特征,根据组织结构以及不同层次人员需求的多样化来设计符合企业特点和需求的薪酬方案,而不能简单地用宽带或窄带来定义或作为企业的薪酬制度。

3. 结合组织机构

宽带型薪酬结构与组织机构的联系非常紧密,二者之间是相互促进、相互补充的关系。在实施宽带型薪酬前,应当审视组织机构层面的变化,与企业管理方式的变化、组织层级结构的优化或者组织机构的变革相结合。

4. 注意方法

实施宽带型薪酬应合理划分薪酬的带宽和上下限,并根据不同的类别层级特点设计薪酬方案。同时要做好任职资格和薪酬等级的评定标准等基础工作。

5. 征求意见

宽带型薪酬结构政策出台前,要广泛征求公司各方的意见,汲取各方意见中有价值的部分及时做出调整。对于没有被采纳的意见,也应在宣导时做出关于为何不采纳该意见的必要解释。作为过渡,要设计薪酬政策的试行期,以免大面积铺开造成的混乱与不适应。在过渡期内,同样应广泛征求各方的意见并及时修正。

二、宽带型薪酬结构的局限

并不是每个企业都适合采用宽带型薪酬结构,因为宽带型薪酬结构也存在自身的局限,如图5-11所示。

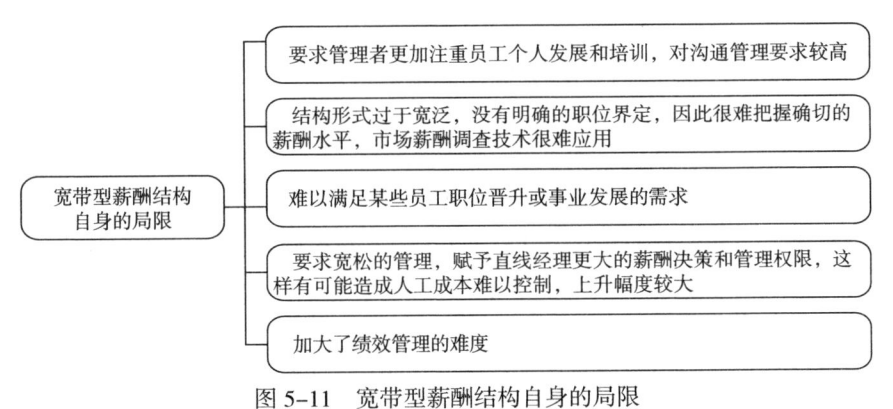

宽带型薪酬结构自身的局限:
- 要求管理者更加注重员工个人发展和培训,对沟通管理要求较高
- 结构形式过于宽泛,没有明确的职位界定,因此很难把握确切的薪酬水平,市场薪酬调查技术很难应用
- 难以满足某些员工职位晋升或事业发展的需求
- 要求宽松的管理,赋予直线经理更大的薪酬决策和管理权限,这样有可能造成人工成本难以控制,上升幅度较大
- 加大了绩效管理的难度

图 5-11 宽带型薪酬结构自身的局限

三、宽带型薪酬结构的设计要素与流程

宽带型薪酬结构设计是以企业内部的职位分类为基础,设置几个不同的薪酬区间,将原来的多个薪酬等级整合后统一纳入已设置的薪酬区间,同时加大每个岗位对应薪酬等级的浮动范围,最终建立的一种新的薪酬

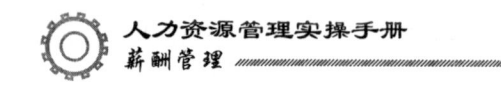

管理体系。在进行宽带型薪酬设计时要注意一些要素的确定并遵循相应的流程。

1.宽带型薪酬结构的设计要素

（1）宽带数量与宽带内薪酬浮动范围

宽带型薪酬结构。宽带数量是划分企业有多少岗位价值等级层次的特征量。大多数企业设计4~8个薪酬宽带，有的企业设计10~15个薪酬宽带。事实上，宽带的数量并无统一的标准，企业在决策时应考虑的是能够带来附加价值的不同员工的贡献等级应该有多少比较合适。在实践中，企业一般根据岗位评估结果形成的自然级别作为设计企业确定宽带级别的基础。

宽带内薪酬浮动范围。企业应根据薪酬调查的数据及职位评价结果来确定每一个宽带内的薪酬浮动范围以及级差。同时，在每一个工资宽带中每个职能部门根据市场薪酬情况和职位评价结果确定不同的薪酬等级和水平。一种做法是，企业将宽带内最低工资等级的最低薪资水平作为薪资浮动的下限，将宽带内最高等级的最高薪资水平作为薪资浮动的上限，每级的工资差别一般超过100%。

（2）宽带的定价与宽带型薪酬中的员工定位

宽带的定价。与传统等级薪酬结构不同的是，宽带型薪酬在同一宽带中不仅存在技能或能力之间薪酬水平的差异，还存在职能工作之间薪酬水平的差异。因此，宽带型薪酬设计的难点是如何向处于同一宽带但职能各异的员工支付薪酬。由于不同职能部门的人员承担的职责和任职资格等重要薪酬要素不同，他们虽处于同一薪酬宽带内，但不可能获得完全相同的工资。比如，同样是专员级别，财务部门专员的薪酬水平可能高于行政部门专员，但是到底高多少，在确定时可以依据两个标准：一是不同职能部门对企业战略的贡献度，贡献度越大，薪酬水平越高；二是不同职能人员的市场价值高低，市场价值越高，则薪酬水平越高。这样才能够对员工产生激励作用，减少员工的不满，从而提高员工的工作效率。

宽带型薪酬中的员工定位。在宽带型薪酬结构建立以后，接下来需要解决的问题就是确定不同的员工在宽带型薪酬结构中的位置。在薪酬宽带结构中，不同岗位、不同级别的位置有很多，将员工放在适合他们的薪酬宽带的位置上，会对企业工作的顺利进行产生有利影响。但是由于不同的企业所注重的因素不同，则确定员工在薪酬宽带中的位置时所采用的方法也不同。例如，着重强调员工绩效的企业，可以采用绩效曲线法，即根据员工个人的绩效来确定其在薪酬宽带中的位置；重视员工技能的企业，则可以严格按照员工的新技能获得情况来确定他们在薪酬宽带中的位置。

（3）员工任职资格及薪酬评级

在宽带型薪酬结构下，薪酬成本上升的速度要比传统的薪酬结构快。因此，为了严格控制人工成本总水平上涨的幅度，有效地控制人力成本，抑制宽带型薪酬的缺点，在建立宽带型薪酬体结构的同时，企业必须构建相应的员工任职资格体系，明确员工的工资评级标准和办法，营造一种以绩效和能力为导向的企业文化氛围。

（4）跨级别的薪酬调整以及宽带内部的薪酬调整

在宽带型薪酬结构内，员工职业生涯的大部分或者所有时间都可能处在同一薪酬宽带中，即在同一级别的宽带内部流动，而不是在不同的薪酬宽带之间流动，这时的情况比较简单，因为在薪酬宽带内部的薪酬变动与同一薪酬区间内的薪酬变动的原理基本上是相同的。但是，也会出现员工在不同等级的薪酬宽带之间流动的现象。这时，如何确定这种员工的薪酬变动标准就变得尤为重要。宽带型薪酬强调员工自身能力的提高和绩效的改善，要求企业在设计宽带型薪酬结构时，必须建立、健全对员工的技能或能力的评价体系和员工绩效管理系统，并将此作为跨级别员工的薪酬变动标准。只有这样，才能确保这种跨级别员工薪酬变动的依据是客观公平的，这也是企业实施宽带型薪酬的一个前提条件。

2.宽带型薪酬结构的设计流程

宽带型薪酬的设计流程如图5-12所示。

```
                    ┌─ 明确公司的薪酬管理战略
                    │
                    ├─ 岗位分析
                    │
宽带型薪酬的 ───────┼─ 岗位评价                    ┌─ 设计薪酬层级
设计流程            │                              │
                    ├─ 薪酬调查                    ├─ 确定薪点系数
                    │                              │
                    ├─ 确立宽带型薪酬结构 ─────────┼─ 科学合理地设计固浮比
                    │                              │
                    └─ 宽带型薪酬实施后的控制和调整 └─ 确立薪酬幅度及薪点区间
```

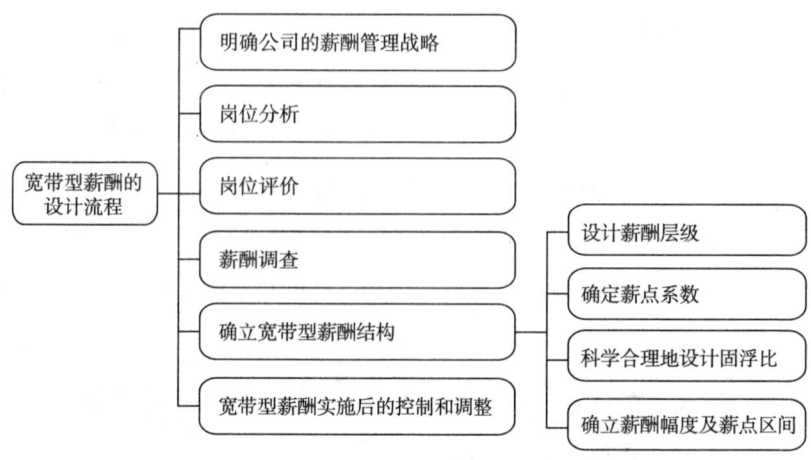

图 5-12　宽带型薪酬的设计流程

（1）明确公司的薪酬管理战略

公司在进行员工宽带型薪酬设计时，首先要明确自身的薪酬管理战略，但是薪酬管理战略必须以公司的经营战略为基础，服务于公司的经营战略，因此，公司薪酬管理战略的制定一定要与公司的经营战略保持一致。

（2）岗位分析

岗位分析是人力资源管理最基础的工作之一。通过岗位分析，能够明确每一岗位的职责和工作内容以及所要达成的工作目标，岗位说明书就是对各岗位进行分析后的结果。岗位说明书对岗位权限、职责、胜任条件、工作量等都作了定性和定量的规定与要求，不仅为员工招聘和员工培训提供了标准，还有助于选拔和任用合格人员，设计员工开发计划，为岗位评估、绩效管理、薪酬激励和其他人力资源管理工作提供了科学的依据。

（3）岗位评价

岗位分析仅仅反映了企业对各个岗位和各项工作的期望与要求，无法揭示各项工作间、各岗位间的相对价值大小，因此，需要对各岗位进行全面分析和比较，对岗位价值进行评价，确定各工作岗位对企业的相对价值。岗位价值评价有很多方法，常用的有因素比较法、岗位参照法、市场定位法、分类法、配对比较法等。其中，因素比较法又称为要素计点法，是目前大多数国家最常采用的岗位评价方法。

第五章 如何平衡薪酬外部竞争性和内部一致性（薪酬结构设计）

（4）薪酬调查

薪酬调查旨在提高企业的市场竞争力和吸引力，满足外部竞争性。因此，在进行宽带型薪酬设计时，实施薪酬调查是极其重要的一步。薪酬调查应重点围绕行业内本地区其他企业的薪酬水平以及内部薪酬体系的梳理等内容展开，具体内容见本书第四章第三节，此处不再赘述。

（5）确立宽带型薪酬结构

确立宽带型薪酬结构如图5-13所示。

设计薪酬层级。 薪酬层级设计是根据职位价值评价结果、职位工作性质以及任职资格要求等因素，确定有几个薪酬层级、每个层级包括几个梯级的过程。薪酬层级设计的首要问题就是确立宽带的数量。每个层级对应不同的薪酬职位带，即把不同的职位划分到相同的级别中，而在同级别中又进行几个等次的划分。

确定薪点系数。 薪点系数即岗位价值系数，是表示企业中各岗位薪酬价值大小的系数。前几个步骤的完成，仅仅确定了各职位在薪酬体系中的具体位置，而要确定每档的员工具体能够获得多少薪酬，就需要确立各岗位的薪点系数。其中，判断薪点系数设置是否合理的方法是将各职位层级薪点系数的最大值、中值与最小值放入坐标图中，若随着职位层级的提升，薪酬的级差越来越大，且各职位层级的薪点系数随着职位的提升而更加陡峭，则说明合理。

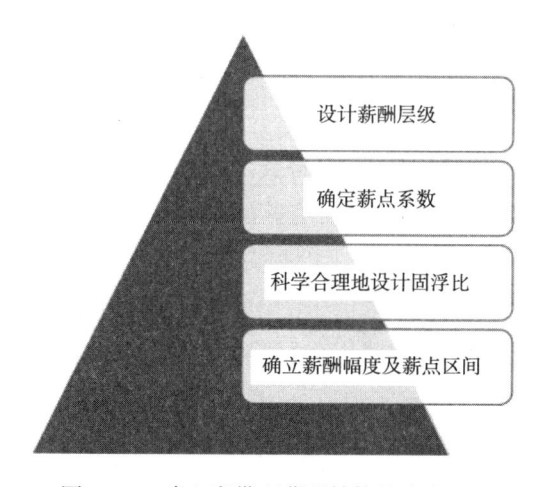

图5-13 确立宽带型薪酬结构的流程

科学合理地设计固浮比。不同薪酬区间内的固浮比各不相同，同时也要考虑现阶段运行的绩效体系，若绩效考评力度相对较大，则建议固定部分应大于浮动部分，若绩效考评力度相对较小，则建议浮动部分大于固定部分，从而通过绩效考评手段提高员工的积极性和主动性。

确立薪酬幅度及薪点区间。在宽带型薪酬中，相邻薪酬层级的区间之间具有一定比例的重叠，因而重叠度也成为宽带型薪酬的重要特征。企业在设定不同层级间的重叠度时，应当注意三点：一是考虑到员工对传统薪酬体系的观念根深蒂固，不能过快地拉开企业中层高管和基层员工的薪酬差距；二是若基层员工数量远远高于其他岗位员工，考虑到晋升的机会有限，应在中低薪酬等级间适当地设计出较大的重叠度，以转移员工对"晋升加薪"的关注；三是在设计重叠度时，应当避免出现重叠度过大甚至重合的现象，否则，就会失去晋升带来的激励性。

根据岗位评价的结果及内外部调研数据确定薪酬中位数和等级差；根据起点薪、顶点薪的计算公式，计算每个薪酬等级的起点薪和顶点薪，就得到了薪酬区间，以此确定宽带型薪酬结构。

（6）宽带型薪酬结构实施后的控制和调整

灵活性的宽带型薪酬结构同时隐藏着一些随意性，一旦出现问题会给企业带来严重的打击，因此，做好细节管理问题并重视有关反馈信息是实施宽带型薪酬结构时不可忽视的一项重要工作。做好细小环节管理具体是指注重全方位收集、分析各类信息，包括行业方面、市场方面、员工方面等，从信息的变化中分析潜在的问题并及时采取有效措施进行控制和调整，实现化解危机的可能。

四、实施宽带型薪酬结构需要注意的问题

宽带型薪酬结构不是解决所有薪酬管理问题的万用灵药，运用这种薪酬结构设计的企业中有成功者，也有失败者。

薪酬管理人员对宽带型薪酬结构的看法也是不同的：有的管理者认为宽带型薪酬结构管理起来可能比较容易，因为在调整职位之间的薪酬差异方面所花的时间有所减少；但有的管理人员却认为，花在对职位进行评价上的时间减少的同时，花在对人进行评价上的时间有所增加。

宽带型薪酬结构也并不适用于所有企业。它在那种新型的"无边界"企业以及强调低专业化程度、多职能工作、跨部门流程、更多技能以及个人或团队权威的团队型企业中非常有用。因为这种企业强调的并非只是一种行为或者价值观，它们不仅要适应变革，而且要保持生产率并且通过变革来保持高度的竞争力。因此它们希望能够建立起一种更具有综合性的方法来将薪酬与新技能的掌握、能力的成长、更为宽泛角色的承担以及最终的绩效联系在一起，同时还要有利于员工的成长和多种职业轨道的开发，而宽带型薪酬结构的设计思路恰恰与这种企业的上述需求相吻合。

案例5-1　宽带型薪酬结构能替代现有的薪酬结构吗？

A新能源汽车公司是一个从传统国有企业发展起来的集研发、生产、销售为一体的大型企业集团。随着生产规模的不断扩大，集团公司以下属子公司的形式成立了产品设计中心、生产中心、销售中心。由于各种原因，集团总部及各下属中心的薪酬体系均保持了原来国有企业岗位技能工资的模式，整个薪酬体系存在26个级别，员工如果想要获得较高水平的收入，只能通过职位晋升来实现。今年，公司计划借助外部咨询公司的力量，对整个薪酬结构进行大胆改革，拟采用宽带型薪酬结构替代现有的薪酬结构。

请结合本案例回答以下问题：

· 宽带型薪酬结构的设计，包括哪些基本步骤？
· 构建宽带型薪酬结构的工作要点有哪些？

【解析】

宽带型薪酬结构的设计主要包括：理解企业战略；整合岗位评价；完善薪酬调查；构建薪酬结构；加强控制调整。

企业根据内部岗位评价和外部薪酬调查的结果可以确定每一级薪酬的"带宽"，并设定每一级的上限和下限，即企业愿意支付的最高薪酬和最低薪酬。这需要注意两个指标，即每一级薪酬的浮动幅度和中点。中点由市场的薪酬水平和企业的薪酬策略决定，反映受到良好培训的员工在其工作达到规定标准时应得到的薪酬。

构建宽带型薪酬结构工作要点，如图5-14所示。

确定宽带的数量 → 确定宽带内的薪酬浮动范围 → 宽带内横向岗位轮换 → 做好任职资格及薪酬评级工作

图 5-14　构建宽带型薪酬结构的步骤

【答疑解惑】

问：宽带型薪酬结构如何设计？

【解答】宽带型薪酬结构就是在组织内用少数跨度较大的工资范围来代替原有数量较多的工资级别的跨度范围，将原来多个薪酬等级压缩成几个级别，取消原来狭窄的工资级别带来的工作间明显的等级差别。但同时将每一个薪酬级别所对应的薪酬浮动范围拉大，从而形成一种新的薪酬结构及操作流程。宽带中的"带"是指工资级别，宽带则指工资浮动范围比较大。与之对应的则是窄带薪酬管理模式，即工资浮动范围小，级别较多。

例如一位 HR 主管，原窄带薪酬可能是固定工资，上下调动的范围很小，而宽带型薪酬结构则是将此主管薪资定在某一职级（主管职级），该职级内工资又分 10 档，HR 主管现处在 4 档，而其他部门主管因岗位职责的不同可能在 6 档，且在未来根据公司内部规章制度进行相关考评还可以上下调整。

第三节　薪酬结构的设计与管理

一、薪酬结构的设计

企业薪酬结构的设计除了要考虑企业内部的因素以外，还要考虑外部薪酬市场上的各种情况，遵循内部一致性和外部竞争性相结合的原则。一般来说，职位等级越高，对外部市场的关注越多。通过对薪酬结构的设计，可将企业内所有职位的评价分数按统一的原则转换为组织中各个职位的职位工资。分析和设计薪酬结构的参考流程，使得企业管理者和 HR 能够根据流程，正确合理地选择和设计本企业的薪酬结构，并根据企业内外部环境的变化及时合理地调整薪酬结构，以便企业充分发挥自身优势，保持和增强企业的竞争性。

1. 薪酬结构的设计原理与方法

（1）薪酬结构的设计原理

企业薪酬结构的设计要遵循内部一致性与外部竞争性相结合的原则。首先要解决薪酬的内部一致性问题。内部一致性，又称为内部公平性，是指单个组织内部不同职位、技能之间的相对价值的比较。这种相对价值的比较可以是横向的，也可以是纵向的；可以是同一职位族内部的比较，也可以是同一部门内部的比较。保持薪酬的内部一致性有利于支持组织战略，激发员工的工作积极性。

企业薪酬的外部竞争性，是指一家企业的薪酬水平高低以及由此产生的企业在劳动力市场上的竞争能力大小。虽然企业薪酬结构的设计强调同一组织内部的一致性问题，但它不是一个脱离企业外部环境而独立的决策过程。事实上，企业的薪酬结构是权衡了内部一致性和外部竞争性之后确定的结果，如图 5-15 所示。

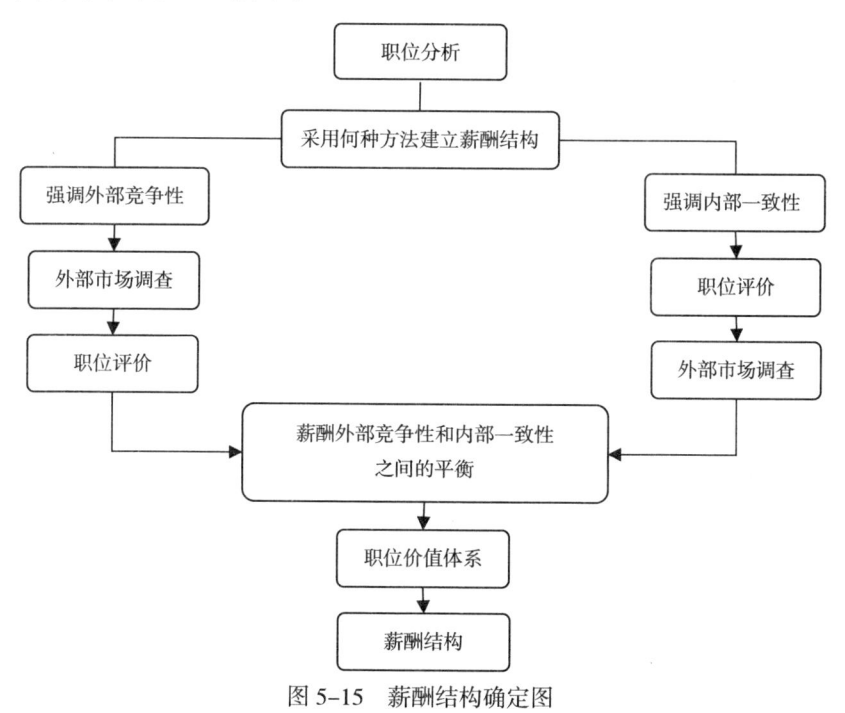

图 5-15 薪酬结构确定图

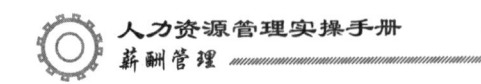

（2）薪酬结构的设计方法

关于薪酬结构的设计方法的探讨，当前学界大多认为可以分为两大类，接下来笔者会对这两种设计方法进行详细阐述。如图 5-16 所示。

```
                    ┌─── 工作评价法 ──┬── 基准职位定价法
薪酬结构的                          └── 设定工资调整法
设计方法 ────┤
                    └── 非工作评价法 ─┬── 直接定价法
                                     └── 当前工资调整法
```

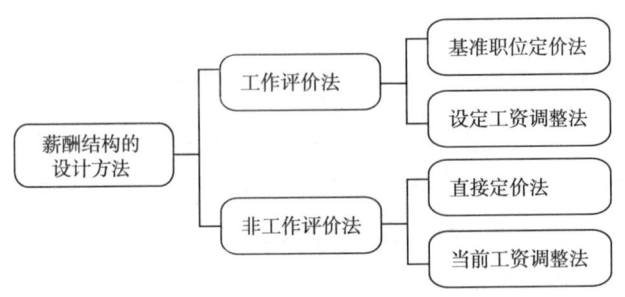

图 5-16　薪酬结构的设计方法

工作评价法

它包括基准职位定价法和设定工资调整法。基准职位定价法，是指通过市场薪酬调查来获得基准职位的市场薪酬水平的相关信息，并且根据基准职位的工作评价结果建立薪酬政策线，进而确定薪酬结构。该方法能够很好地兼顾薪酬的外部竞争性和内部一致性，在比较规范的、与市场相关性强的企业中应用得比较广泛。设定工资调整法，是指企业可以根据经营状况自行设定基准职位的薪酬标准，然后根据工作评价结果设计薪酬结构。通常，企业设定薪酬水平的典型做法是，首先设定最高与最低的薪酬水平，其次以此为标杆，酌情设定其他职位的薪酬水平。这种薪酬结构的设计方法比较重视内部一致性，但忽略了外部竞争性，一般适用于与劳动力市场接轨程度低的企业。

非工作评价法

它包括直接定价法和当前工资调整法。直接定价法，是指企业内部所有职位的薪酬完全由外部市场决定，根据外部市场各职位的薪酬水平直接建立企业内部的薪酬结构。这种完全以市场为导向的薪酬结构设计方法，体现了外部竞争性，但忽略了内部一致性，一般适用于市场驱动型企业，因为其员工招聘及薪酬水平的确定直接与市场挂钩。当前工资调整法，是在当前工资的基础上对原企业的薪酬结构进行调整或再设计。企业薪酬结构的调整本质上是对员工利益的再分配，因而这种调整要服从于企业内部

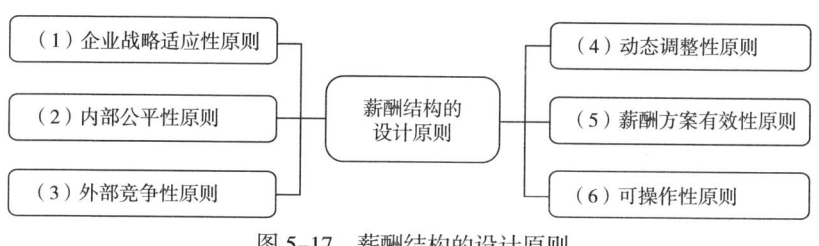

管理的需要。

2. 薪酬结构的设计原则

薪酬结构的设计原则如图 5-17 所示。

图 5-17 薪酬结构的设计原则

（1）企业战略适应性原则

企业战略适应性原则，是指将企业的薪酬结构设计与企业的发展战略进行有机结合，使企业的薪酬结构能够成为实现企业发展战略的一个重要杠杆。因此，企业在进行薪酬结构设计的时候，一方面，要时刻关注企业的战略需求变化，通过薪酬结构的设计反映企业的战略；另一方面，需要把企业的战略转化成对员工的期望与要求，然后把对员工的期望与要求转化成对员工的薪酬激励，并通过企业的薪酬结构设计充分体现出来。

（2）内部公平性原则

内部公平性原则，是指企业薪酬等级的确立应当符合企业的实际情况，薪酬等级数量应当与企业内部的职位相符，所有员工都能获得与其对企业贡献成相应比例的报酬。企业若想实现薪酬公平，则薪酬结构设计的过程与结果都必须公正。一方面，企业在进行薪酬结构设计的过程中，要强调薪酬结构设计与管理的民主和科学，让员工参与到设计薪酬结构的过程中，同时制定对薪酬不满的申诉程序；另一方面，为了确保薪酬结构设计的结果公正，企业还需要注重维持员工薪酬实际差异的合理性。因此，薪酬结构的设计应当以员工从事职位所需的技能为基础。当企业的薪酬结构设计做到了过程公正和结果公正时，便可认为该设计具有公平性，符合内部公平性原则。

（3）外部竞争性原则

高薪对于优秀人才来说具有极大的吸引力，因此企业为了吸纳人才，就会提供较高的薪酬待遇。但是，企业的薪酬水平在市场上应处于什么样的位置，要视企业的财力、人力等具体情况而定。比如，高级管理人员与专业技术骨干，这种人才相对较少，反映在薪酬方面，他们就会有较高的货币性需求以及非货币性需求。因此，企业在进行薪酬结构设计的时候，要充分考虑各种人才的属性。

（4）动态调整性原则

企业薪酬结构的设计以及调整，应该使处于每一等级的员工因为等级内的薪酬调整而产生更多动力，促使他们更加努力地工作。因此，每一薪酬等级的中位值和相邻等级的中位值之间要有适当的差距，以此来体现不同等级的员工对公司做出的不同贡献。此外，薪酬变动范围和薪酬变动比率的设计以及调整，应该反映同一等级内员工的努力程度以及工作实际的变化，兼顾相邻等级之间的薪酬差别。

（5）薪酬方案有效性原则

薪酬方案有效性原则就是在薪酬决定因素中应包含减少绩效测度误差的指标，并且要赋予这些指标恰当的权数，同时增加排除绩效测度误差的指标。此外，要充分考虑员工工作努力的边际回报率、行为绩效评价的准确性、员工行为对激励薪酬因素反应的敏感度和员工风险承担程度四个变量。工作努力的边际回报率提高，员工只要努力就可以得到更多薪酬；行为绩效评价的准确程度提高，薪酬就能准确地"补偿"员工的付出；员工行为对激励薪酬因素的反应敏感度提高，激励性薪酬因素影响员工行为的效果就会增强；而员工的风险承担程度影响的是激励性薪酬的作用效果，若要增强薪酬的激励强度就要使方案能够减少员工的风险厌恶程度。

（6）可操作性原则

薪酬结构的可操作性原则包括两个方面：一方面，由于国家有关薪酬的法律法规、政策对企业的薪酬结构设计具有引导与制约的作用，企业的薪酬结构设计要遵循国家法律、法规及政策的规定；另一方面，企业的薪酬结构设计应当尽量简明、准确、可量化，便于实施、考核和调整。若企业的薪酬结构设计过于复杂，则会导致员工难以理解和认同，会对企业薪

第五章 如何平衡薪酬外部竞争性和内部一致性（薪酬结构设计）

酬结构的公平性以及可靠性产生怀疑。若企业的薪酬结构设计不便于量化，则将增加薪酬给付的主观因素，很可能对公平性造成一定的破坏。

3. 薪酬结构设计的实施

在对薪酬结构的原则及相关概念进行分析之后，接下来我们要解决的就是如何有效地利用薪酬调查和职位评价的数据，合理设计薪酬结构，以满足内部公平性和外部竞争性相结合的要求。前文提到，薪酬结构有很多种类型，但在进行薪酬结构设计时，大多数企业都会选择以工作岗位为导向的薪酬结构。因此，本文涉及的薪酬结构的设计方法与步骤，是以工作岗位为导向的薪酬结构为例来讨论的。

（1）根据薪酬结构设计的目的，进行薪酬调查

薪酬调查是指通过搜集信息来了解企业薪酬现状和相关企业薪酬状况及薪酬管理的发展变化过程。薪酬调查的内容在第四章已详细介绍，在此不进行赘述。

（2）进行岗位价值评估

首先，结合企业经营目标，在确定员工类别、完成工作分析和人员分析的基础上，明确部门职能和岗位关系。其次，进行岗位职责调查分析。最后，由岗位员工和人力资源管理部门共同完成职位说明书的编写。

结合薪酬调查与工作分析的结果，确定企业内部职位的相对重要性，得出职位等级序列。一般来说，企业首先对每一薪酬类别内员工进行纵向分析，再对不同类别的员工进行横向比较，从而得到企业的职位等级序列。例如，技术人员和营销人员分别属于不同的员工类别，当对技术人员和营销人员分别进行职位评价后再进行横向比较，即技术人员的某一级别与营销人员的某一级别对应。假设利用要素比较法，确定技术人员 X 级与营销人员的 Y 级相对，那么 X 级的技术人员应该与 Y 级的营销人员位于同一薪酬等级。

（3）基于企业战略目标，确定薪酬等级序列

根据企业文化的特点、企业所属行业、企业规模、企业发展阶段以及企业组织结构并结合薪酬调查的数据，确定薪酬等级序列。

确定薪酬等级数量和薪酬区间。薪酬等级数量的确定取决于最高与最低职位等级之间的薪酬差，确定最高与最低薪酬之间的差值需参考外部劳动力市场、相关劳动法、工资标准以及组织未来薪酬发展趋势等因素。明确最高与最低薪酬之间的差值为薪酬等级数量的确定奠定了基础。在最高薪酬与最低薪酬之间，综合薪酬等级数量的影响因素，最终确定薪酬等级数量。一般来说，级差越大，薪酬等级数量越少；级差越小，薪酬等级数量越多。如果一个企业鼓励员工创新、团队合作，那么其在人力资源管理上的政策应当是：鼓励员工掌握更多技能、推动员工勇于承担责任，促进员工之间的跨部门、跨职能合作，使整个企业充满灵活性、富有创造性，因此，该企业会结合薪酬调查的结果，选择较少的等级，以适应其灵活性的要求；反之，当企业强调平稳发展、员工之间良性竞争时，其在人力资源管理上的政策倾向于要求员工干好本职工作，因而此类企业会结合薪酬调查的结果，选择较多的等级，以维护等级秩序，以适应其稳定性的要求。

确定薪酬区间中值线。根据企业的薪酬政策和薪酬调查的结果，利用百分位法，确定企业每一薪酬等级的区间中值。薪酬等级的区间中值代表了该区间的薪酬平均水平。将各区间的中值相连，可以得到组织的薪酬区间中值线。一般来说，企业中大多数员工的薪酬应该在这条中值线的附近，因而，中值线的确定关系到企业众多员工的利益，是薪酬结构设计中很重要的环节。

（4）设计薪酬结构模型

薪酬结构是对企业内部的不同职位或技能之间的薪酬安排，反映了企业所强调的职位或技能等级的数量、不同职位或技能等级的差距以及确定这种差距的标准。企业在考虑薪酬结构时，应在薪酬调查的基础上，既要考虑同一职位族薪酬的内部一致性，又要注意同一薪酬等级上不同职位族之间的一致性。此外，还应结合企业战略、企业的价值观和企业的支付能力进行人工成本分析；在确定了薪酬区间中值线的基础上，设计每一薪酬区间的变动比率。

需要注意的是，由于薪酬关系到每一位员工的切身利益，在企业完成薪酬结构设计后，应先在小范围内试行，考察员工的认可程度并进行相应调整，力图使薪酬结构可以为大多数员工所接受。在薪酬结构的设计方法与步骤中，我们是从企业整体的角度进行分析，但在企业具体设计时，同一企业也可以根据各个部门工作性质的不同、与劳动力市场的密切程度而采取多种薪酬结构。薪酬结构设计合理与否的标准就是薪酬结构是否符合企业发展的需要，是否有利于企业人力资源政策的执行。

二、薪酬结构的管理

通常来说，企业薪酬结构的管理包含两个维度。横向结构是员工的个人因素在不同薪酬要素上的表现，而纵向结构则是职位本身的价值差异在员工薪酬上的一种反映。如图5-18所示。

1. 薪酬结构的横向结构维度

横向结构维度，又称为要素结构维度，是指在某位员工的薪酬总额中不同薪酬形式的组合以及组合中各要素所占的比例关系，是员工个人因素在不同薪酬要素上的体现。薪酬形式的组合包括：薪酬类别间的组合，如基本薪酬、可变薪酬以及间接薪酬的组合；各类别薪酬内部要素的组合以及比例，如基本薪酬内部的职务薪酬、能力薪酬与技能薪酬的组合以及比例，可变薪酬中的短期可变薪酬与长期可变薪酬的组合及比例等。

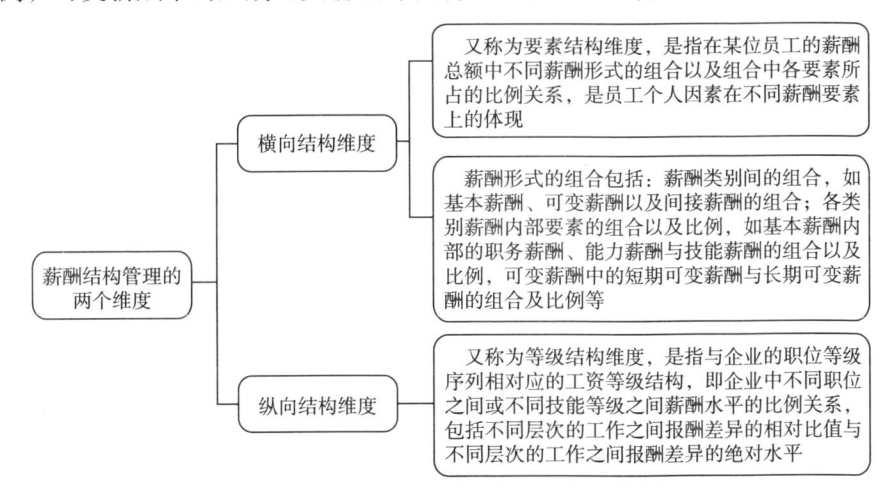

图 5-18　薪酬结构管理的两个维度

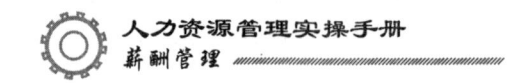

2. 薪酬结构的纵向结构维度

纵向结构维度，又称为等级结构维度，是指与企业的职位等级序列相对应的工资等级结构，即企业中不同职位之间或不同技能等级之间薪酬水平的比例关系，包括不同层次的工作之间报酬差异的相对比值与不同层次的工作之间报酬差异的绝对水平。

完整的薪酬纵向结构维度包括：薪酬的等级数量、同一个薪酬等级内薪酬变动的范围（最高值、中间值以及最低值）、相邻薪酬等级间的交叉与重叠关系。与横向结构维度不同的是，纵向结构维度将职位之间的相对价值关系反映在任职者的工资上。

第六章
提高员工忠诚度
（员工福利管理）

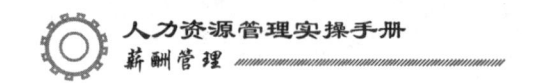

第一节　认识员工福利

一、什么是福利

福利（包括退休福利、健康福利、带薪休假、实物发放、员工服务等）有别于根据员工的工作时间计算的薪酬形式。基本薪酬采取的往往是货币支付和现期支付的方式，而福利则通常采取实物支付或者延期支付的方式。被称为间接薪酬的福利作为企业总薪酬的一个重要组成部分，在企业的薪酬系统中发挥着自己独特的作用。

> **温馨提示**
>
> **福利与工资的关系**
>
> 工资和福利共同构成了薪酬体系，这两者既有区别又有联系。
>
> 两者的联系体现在：首先，工资与福利两者均具有经济保障功能；其次，两者都要在一定程度上受到政府法律法规的约束；最后，两者均具有一些弹性项目，可以依据企业经济条件的变化而做出调整，以满足不同的员工需求。
>
> 两者的区别主要有：一是产生的效用不同。工资对于员工的生活水平起决定性作用；而福利则在此基础上起到一种保障和提高的作用。二是支付依据不同。工资是按劳付酬，或按能力、业绩支付，不同岗位的员工以及同一岗位不同员工之间均存在工资差别；而福利则在很大程度上是按需支付。三是支付形式不同。工资具有即期现金支付的特点；而福利则多以实物和延期支付为主。四是费用来源不同。工资来源于直接的劳动再生产费用；而福利则来源于间接的劳动生产费用。五是列支渠道不同。工资从

成本中列支；而有些福利项目从利润中支付，不计入成本，享有税收优惠。此外，工资具有个别性、稳定性；而福利则具有集体性和随机性。

二、福利对企业和员工的影响

1. 福利对企业的影响

大多数国家对于劳动者在就业过程中以及退出劳动力市场之后应当享受的福利都有强制性规定，其中最为集中地体现在有关社会保障的法律法规方面。劳动者是一个国家公民群体中相当大的组成部分，企业员工的基本福利状况不仅对一个国家的社会福利水平有重大影响，而且对一个国家的社会稳定程度起很大的作用。一般情况下，法律规定企业必须提供给员工的福利项目包括养老保险、失业保险、工伤保险、带薪休假、法定节假日休息等各种形式。

福利是一种很好的吸引和保留员工的工具。有吸引力的员工福利计划既能帮助组织招聘到高素质员工，同时又能保证已经被雇用的高素质员工能够继续留在组织中工作。福利计划有助于营造和谐的企业文化，强化员工的忠诚度。组织通过福利的形式，为员工提供各种照顾，会让员工感觉到企业和员工之间不仅仅是一种单纯的经济契约关系，从而在雇佣关系中增加一种类似家庭关系的感情成分，提高员工的工作满意度，或者减少员工的不满情绪。

2. 员工福利对员工的影响

（1）集体购买的优惠或规模经济效应

员工福利中的许多内容是员工工作或生活所必需的，即员工福利具有其自身的实际价值。即使企业不为员工提供这些福利，员工自己也要花钱去购买。而在许多商品和服务的购买方面，集体购买显然比个人购买更具有价格方面的优势。代表较大员工群体的企业可以因规模经济而以较低的费率购买保险，企业在代表员工与保险服务提供商或者医疗服务提供商进行谈判时，其谈判力量显然比单个员工更强。此外，企业还可以以较低的成本为员工提供某些项目的服务，因为它可以将固定成本分散到较多员工身上，从而降低每名员工所承担的成本。如果每名员工自己去购买某种福

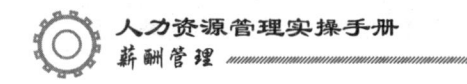

利，则福利的成本可能会很高。

（2）员工的偏好

从经济学的角度来说，大多数劳动者都是风险规避型的，他们在收入方面会追求收入稳定性，不希望收入存在风险波动。与基本薪酬和浮动薪酬相比，福利的稳定性无疑更大。这样，那些追求稳定和安全感的员工会对福利比较感兴趣。即使对同一个人来说，在其职业生涯的不同阶段，他们对福利的偏好也是不同的。对于有孩子的中年人以及接近退休的老人来说，福利的吸引力通常比较大。

（3）平等和归属的需要

员工在一个企业中工作的时候并不只有经济方面的需要，他们还产生心理方面的需要，比如受到尊重和公平对待以及有归属感的需要等。直接薪酬更为偏重员工的能力和业绩，而福利则可以满足员工在平等和归属等其他方面的一些需要。事实上，福利水平的高低会直接影响一家企业内部的雇佣关系到底是一种什么样的性质。在力图培养企业和员工之间的长期雇佣关系的企业中，福利的项目往往比较多，福利水平相对来说也比较高。

三、员工福利存在的普遍问题

员工福利存在的普遍问题如图6-1所示。

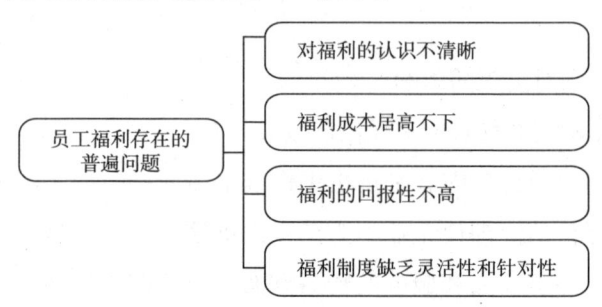

图6-1 员工福利存在的普遍问题

- 对福利的认识不清晰
- 福利成本居高不下
- 福利的回报性不高
- 福利制度缺乏灵活性和针对性

1. 对福利的认识不清晰

在实践中，到底企业应当提供何种福利，员工应当享受何种福利，大家的认识都很模糊。从企业的角度来说，什么样的福利能够满足员工的需求？员工的哪些福利应当由企业来满足？哪些应当由社会保障系统、其他系统或员工自己来满足？如何保持企业福利制度的连续性？企业应当在福利项目中承担多大的成本？这些问题始终困扰着企业。很多时候，企业只是在被动地制定福利方案，对于这些福利方案存在的合理性及其实施效果并不是很清楚。从员工的角度来说，他们只知道自己对某些福利存在需求，但并不清楚企业是否应当满足自己这方面的需求。大多数员工对企业所提供的福利的种类、期限以及适用范围是模棱两可、一知半解的。

2. 福利成本居高不下

福利的成本几乎是每一家企业都会遇到的问题。福利开支对企业的人工成本影响非常大，许多企业都在千方百计地压缩福利成本和预算。一方面，存在福利总成本过高的问题；另一方面，存在企业的福利成本增长过快的问题。一种情况是企业在实施福利初期，没有预料到福利发展到一定阶段之后，给企业带来的成本可能是非常高的。由于在福利设计初期没有考虑到未来的风险，以致后来企业越来越不堪重负。另一种情况是由于外界环境变化所致。

3. 福利的回报性不高

许多企业明显感到自己在福利方面付出了很大的代价，但是没有得到相应的回报。一方面，员工将享受福利看成是自己的一种既定权利或正当利益，对企业提供的福利越来越不满足；另一方面，企业看到自己的经济负担越来越重，管理方面的麻烦越来越多，但是并没有什么明显的收益。造成这种情况的一个重要原因是企业的福利缺少计划性。

4. 福利制度缺乏灵活性和针对性

传统的福利制度大多是针对传统的工作方式和家庭模式的，随着劳动力队伍构成的变化，不同文化层次、不同收入层次的员工对福利的需求产生了较大的差异。而传统的福利制度则相对固定和死板，对有些人会产生重复保险的问题，对另一些人则会产生保险不足的问题，并且很难满足多样化和人性化的福利需求；企业一旦制订了某种福利计划，这种福利计划就会对所有员工开放。这样，一方面会出现企业花了很多钱实行某种福利，但是这种福利对于一些员工来说没有价值的情况；另一方面又会出现企业

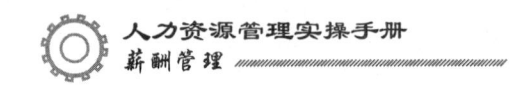

由于担心福利成本增加而放弃某种福利，结果导致对某种福利具有很高需求的员工无法享受这种福利的情况。

【答疑解惑】

问：如何区分福利和津贴？

【解答】部分 HR 常常把员工福利和岗位津贴混为一谈。实际上，这两者的含义和形式是有本质不同的，其不同点主要体现在以下 2 个方面。

1. 目的作用不同

岗位津贴是企业补偿员工在某种工作环境、工作条件下的身体、物质或生活费用的消耗而额外增加的一种现金工资的补充形式。员工福利是企业对员工的一种照顾和激励，提供了除基本工资、岗位津贴、绩效工资、提成奖金之外的待遇，是一种对劳动者的间接回报。

2. 实施方式不同

岗位津贴和员工福利都有法律和法规规定的强制性部分，也有企业自主规定的个性化部分。岗位津贴通常以现金形式发放，发放的规则具有一定的固定性，而且最终必然体现在财务成本中。例如，薪酬专员每月将岗位津贴加总在工资中，随工资一起发放。员工福利除了现金形式之外，更多是以非现金的形式出现的，具有一定的灵活性。员工福利并不一定体现在财务成本中。例如，企业为员工提供的弹性工作时间、弹性工作地点，这类福利则不直接体现在企业的财务成本上。

第二节　员工福利的类别

福利自身包含的项目较多，从不同的角度可以对福利进行多种分类。通常依据福利项目的提供是否具有法律强制力，可以分为法定福利和企业补充福利。法定福利主要包括基本养老保险、基本医疗保险、工伤保险、失业保险、生育保险和住房公积金。企业补充福利是在国家强制之外由企业提供的福利项目，种类繁多，包括补充养老和医疗保险、住房福利、带薪休假以及其他各种服务项目。

一、法定保险福利

所谓法定福利，是由国家相关法律和法规规定的福利内容。国家法定福利具有强制性，任何企业都必须执行。《中华人民共和国劳动法》第七十六条明确规定："用人单位应当创造条件，改善集体福利，提高劳动者的福利待遇。"我国目前的法定福利主要包括社会保险和法定休假。

1. 基本养老保险

养老保险是国家和社会根据一定的法律和法规，为劳动者或全体社会成员建立的老年收入保障制度，是在劳动者达到国家规定的解除劳动义务的劳动年龄或因年老丧失劳动能力退出劳动岗位后，为解决其基本生活保障问题所做的一项强制性的制度安排。1997年，国务院颁布了《国务院关于建立统一的企业职工基本养老保险制度的决定》（以下简称《决定》）。

2. 基本医疗保险

医疗保险是指由国家立法规定并强制实施的，为了分担疾病风险给员工带来经济损失而设立的一项社会保险制度，由国家、用人单位和个人集资（缴保险费）建立医疗保险基金，在个人生病或受到伤害后，由社会医疗保险机构给予一定的物质帮助。1998年，国务院颁布的《国务院关于建立城镇职工基本医疗保险制度的决定》，奠定了新时期职工医疗保险制度的框架。

3. 失业保险

失业保险是指国家通过立法强制实行，集中建立失业保险基金，对因失业而暂时中断生活来源的劳动者提供物质帮助，维持基本生活的社会保障制度。1999年，国务院颁布了《失业保险条例》，这是我国目前执行的失业保险制度的法律依据。

4. 工伤保险

工伤保险是国家依法建立的，对在生产、工作等经济活动中遭受事故伤害和从事有损健康的工作从而患职业性疾病的劳动者及其家属提供医疗救治、生活保障、经济补偿、医疗和职业康复等物质帮助的一种社会保障制度。

5. 生育保险

生育保险是国家通过立法筹集保险基金，对怀孕、分娩、生育子女期间暂时丧失劳动能力的职工给予一定的经济补偿、医疗服务和生育休假福利的一项社会保险制度。

6. 住房公积金

我国从 2003 年开始住房商品化改革，经过住房制度改革，取消福利分房后，购买商品房成为城镇居民解决住房问题的重要途径。在住房商品化与市场化改革过程中，为了保证职工具有购买住房的支付能力，国家通过立法规定强制企业实施住房公积金制度。1999 年 4 月，国务院颁布的《住房公积金管理条例》对公积金的建立、运作、管理、使用与实施均作出了详细规定。

二、员工补充保险福利

员工补充保险福利主要包括企业年金和补充医疗保险项目。

1. 企业年金

企业年金也称企业补充养老保险、私人养老金、职业年金计划等，是企业及其职工在依法参加国家基本养老保险的基础上，在国家的相关法律法规框架内，根据本企业特点自愿建立的补充养老保险计划，是员工福利制度的重要组成部分。企业年金作为老年收入（主要是社会养老保险金）的一个补充来源，已经成为养老保险体系中的一个重要支柱。而对于企业来说，它已经成为人力资源管理战略福利体系的一个重要组成部分，是延期支付的工资收入。

（1）企业年金的分类

依据不同的标准，企业年金可以划分为不同的类型。如图 6-2 所示。

企业年金的分类		
	根据创立主体不同	可分为由单个企业创立的企业年金计划与由多个企业创立的企业年金计划
	根据供款主体不同	可分为个人单方缴费年金计划、企业单方缴费年金计划、个人与企业联合缴费年金计划
	根据筹资方式不同	可分为现收现付制、积累制及部分积累制
	根据缴费和受益关系的不同	可分为待遇确定型、缴费确定型及混合型年金计划

图 6-2　企业年金的分类

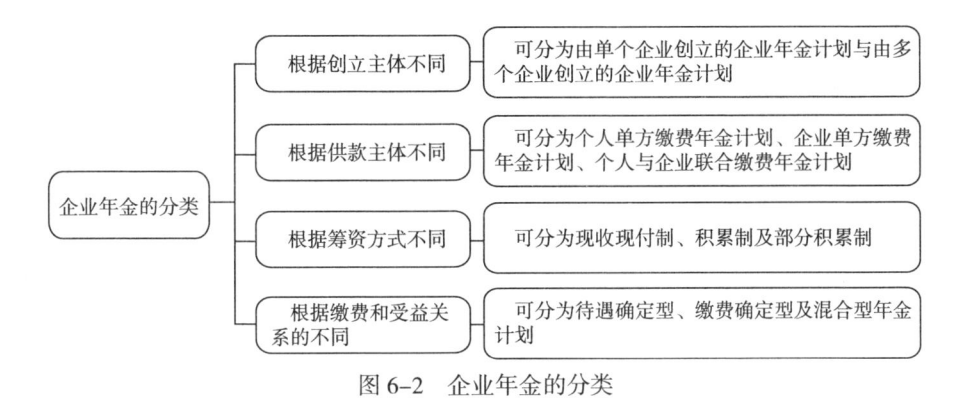

（2）我国企业年金计划的框架

企业年金计划包括的内容：参加人员范围、资金筹集方式、职工企业年金个人账户管理方式、基金管理方式、计发办法和支付方式、支付企业年金待遇的条件、组织管理和监督方式、中止缴费的条件、双方约定的其他事项。企业年金方案适用于企业试用期满的职工。

根据 2018 年 2 月 1 日开始实施的《企业年金办法》规定，企业和职工建立企业年金，应当依法参加基本养老保险并履行缴费义务，企业具有相应的经济负担能力。建立企业年金，企业应当与职工一方通过集体协商确定，并制定企业年金方案。企业年金方案应当提交职工代表大会或者全体职工讨论通过。

我国企业年金计划属于缴费确定型，实行完全积累，为每个参加企业年金的职工建立个人账户。职工在达到国家规定的退休年龄或者完全丧失劳动能力时，可以从本人企业年金个人账户中按月、分次或者一次性领取企业年金，也可以将本人企业年金个人账户资金全部或者部分购买商业养老保险产品，依据保险合同领取待遇并享受相应的继承权。企业缴费、企业与职工缴费有上限约束，企业缴费每年不超过本企业职工工资总额的 8%。企业和职工个人缴费合计不超过本企业职工工资总额的 12%。具体所需费用，由企业和职工一方协商确定。我国企业年金由下列各项组成：企业缴费、职工个人缴费、企业年金基金投资运营收益。企业年金基金采用信托模式管理，管理的治理结构主要确定两种法律关系：一是委托人与受托人之间建立的信托关系，企业及其职工作为委托人，将基金财产委托给受托人管理。委托之后企业和职工拥有基金管理的决策权和知情权,受托人承担基金财产的实际管理职责。二是受托人与账户管理人、托管人和投资管理人等专业机构之间建立的委托合同关系,各管理机构按合同和受托人要求提供账户管理、基金托管或投资管理服务。

2. 团体人寿保险

团体人寿保险是由企业为员工提供的集体保险福利项目,是市场经济国家比较常见的一种企业福利形式。团体人寿保险的特点如图 6-3 所示。

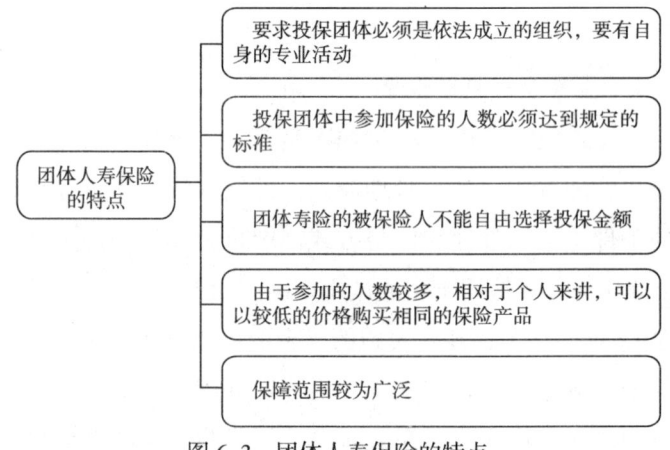

团体人寿保险的特点:
- 要求投保团体必须是依法成立的组织,要有自身的专业活动
- 投保团体中参加保险的人数必须达到规定的标准
- 团体寿险的被保险人不能自由选择投保金额
- 由于参加的人数较多,相对于个人来讲,可以以较低的价格购买相同的保险产品
- 保障范围较为广泛

图 6-3 团体人寿保险的特点

3. 补充医疗保险计划

由于国家的基本医疗保险只能满足参保人的基本医疗需求,超过基本医疗保险范围的医疗需求可以通过其他形式的医疗保险予以满足。补充医疗保险是我国建立多层次医疗保障的重要组成部分。与基本医疗保险不同,补充医疗保险不是通过国家立法强制实施的,而是由用人单位和个人自愿参加的。

(1)补充医疗保险的意义

补充医疗保险的意义如图 6-4 所示。

(2)我国补充医疗保险的模式

目前我国补充医疗保险主要有三种模式:社会保险机构经办的职工补充医疗保险、商业保险公司经办的职工补充医疗保险以及工会组织开展的职工补充医疗保险。

第六章 提高员工忠诚度（员工福利管理）

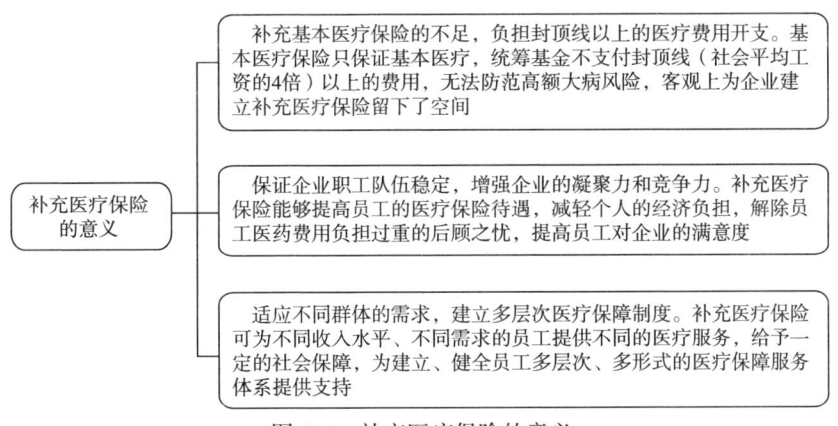

补充医疗保险的意义：
- 补充基本医疗保险的不足，负担封顶线以上的医疗费用开支。基本医疗保险只保证基本医疗，统筹基金不支付封顶线（社会平均工资的4倍）以上的费用，无法防范高额大病风险，客观上为企业建立补充医疗保险留下了空间
- 保证企业职工队伍稳定，增强企业的凝聚力和竞争力。补充医疗保险能够提高员工的医疗保险待遇，减轻个人的经济负担，解除员工医药费用负担过重的后顾之忧，提高员工对企业的满意度
- 适应不同群体的需求，建立多层次医疗保障制度。补充医疗保险可为不同收入水平、不同需求的员工提供不同的医疗服务，给予一定的社会保障，为建立、健全员工多层次、多形式的医疗保障服务体系提供支持

图 6-4 补充医疗保险的意义

三、非工作日福利

1. 公休假日和法定假日

目前我国实行每周休息两天的公休日制度。

2013 年 12 月公布《国务院关于修改〈全国年节及纪念日放假办法〉的决定》，并于 2014 年 1 月 1 日起施行。修订后的全体公民放假的节日。在公休日和法定假日加班的员工，应享受相当于基本工资双倍和三倍的津贴补助。

2. 带薪休假

带薪休假是指员工工作满一定的时期后，可以带薪休假一定的时间。《中华人民共和国劳动法》第四十五条规定："劳动者连续工作一年以上的，享受带薪年休假。"

3. 病假

员工因为身体疾病不能正常工作时，应当享有病假。通常情况下，员工请病假要出示医院的诊断证明。大多数企业的病假政策是：员工在规定的病假期内能够享受正常的薪资待遇。

【答疑解惑】

问：对于公司的发展，好的福利政策和高薪哪个更重要？

【解答】深得人心的福利比高薪更能有效地激励员工。一旦员工在某种程度上拥有对自己福利形式的发言权，则工作满意度和对公司的忠诚度都会得到提升。公司的福利政策应该是公司整体竞争战略的一个有机组成部分。吸引人才，激励人才，为员工提供一个自我发展、自我实现的优良环境，是公司福利的目的。同时，各类人才，尤其是高科技领域的人才，在专业和管理的知识和技能方面，自我更新和自我提升的需求日涨月高，这也是很自然的事。

第三节　认识弹性福利计划

一、什么是弹性福利计划

弹性福利计划，是指在一定的额度限制内或福利项目范围内，企业提供的包含多元化员工福利项目的平台，是员工福利运营管理模式的一种。为了达到企业福利的最大化，允许员工根据自己的喜好、需求来选择保障水平和福利项目。

> **温馨提示**
>
> **弹性福利制度设计需要考虑因素**
>
> ·利弊分析：采用弹性福利制有一定的益处，但是也有一定的弊端，并不是每一个企业都能适用，应根据企业自身的特点灵活运用。因此，应认真检查其福利制度的激励作用，从正面和负面加以分析。
>
> ·员工真正需求：不同企业、不同岗位性质、不同员工结构，员工需求也不尽相同；可以通过问卷调查或团体焦点访谈的方式来了解员工想法，以设计真正满足员工需求的福利制度。
>
> ·行政与人力成本的投入：许多公司在提供弹性福利制度时，所困扰的是，需花许多人工审核与处理员工申请补助的单据，也需花很多时间与合作机构议价。
>
> ·全员沟通与文化塑造：好的福利制度，必须让员工明白公司"为何"

提供；若员工不能了解公司美意，认为只是换汤不换药，可能导致使用率不高。更何况，弹性福利员工的角色从被动接受者转为拥有选择权，员工需担负关注与规划自己需求的责任，这些文化与制度的转变，在导入初期，全面且持续沟通是必要的。

随着社会经济的不断发展，员工的需求日益多样化。若企业仍沿用传统的固定式福利制度，很难满足企业员工的多样化福利需求，因此，弹性福利制度的出现顺应了时代的潮流。在弹性福利制度下，员工福利管理的模式拥有人性化特点，因此，大多数企业可以根据自身的情况来灵活运用弹性福利制度。在具体的实践发展中，弹性福利逐渐演变为五种具有代表性的模式，如图 6-5 所示。

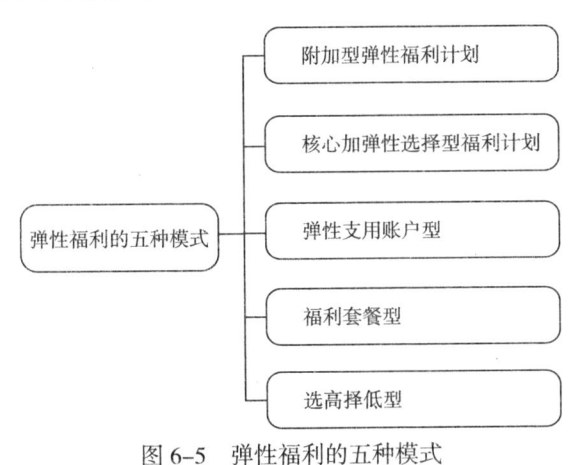

图 6-5　弹性福利的五种模式

1. 附加型弹性福利计划

附加型弹性福利计划是现有弹性福利制度中最普遍的一种弹性福利制，其本质是在已有福利的基础上额外增加福利项目，并给予员工多种选择项目，有的公司还让员工参与福利项目的制定，使其能够选择自己需要的福利内容。例如，企业原本的员工福利包括弹性考勤、用餐补贴、交通补贴、通信补贴、带薪假、年假等，当企业要增加额外附加型弹性福利时，以上福利可以全部保留作为基础福利。在调研完员工的福利需求后，再补充提供一些福利内容，如住房补贴、人寿险、补充医疗险等。员工可以根据自身情况，如在公司的工龄、职务级别、绩效成绩等，去选择自己需要的额外附加型福利。

附加型弹性福利计划的优点在于：能够在保持员工原有薪酬福利的基础上，提供额外的福利供员工选择，既保证了员工的既有利益，又扩大了员工的选择范畴，满足员工的个性化和真实性需求，使员工能够享受到心仪的福利。但其缺点也比较明显，每位员工的需求和境遇都不同，而为了满足员工的个性化需求将会给组织带来许多繁杂的负担，导致企业成本增加。

2. 核心加弹性选择型福利计划

这种福利计划由核心基础福利和弹性可选择福利组合而成。核心基础福利是组织中所有员工都可以均等享有的基本福利，不可自由选择福利项目，而可选择的福利项目则全部归入弹性可选择福利中。弹性可选择福利是员工在既定的某种福利额度内根据自己的需求或偏好可以选择的福利内容，每一个可选择项目都附有成本费用供员工自主选择。

核心加弹性选择型福利计划与附加型福利弹性计划相似程度较高，对每一个企业员工来说，核心基础福利是固定的、不可变动的福利，在核心基础福利之外再满足自己的福利需求。而核心加弹性选择型福利计划和附加型福利弹性计划的最大不同点是核心福利部分。附加型弹性福利的核心基础福利是企业原来就有的福利内容，其完全取自原有的福利项目，附加的可选择福利项目则是新增的，着重强调额外附加的特性。而核心弹性选择型福利，实际是重新规划的福利解决方案，等于重新设计一套福利制度。如果公司原本就有正在执行的员工福利制度的话，那么在新的福利制度中原有的福利项目将全部被评估调整，决定存废、增减及被放在核心基础福利或弹性选择福利的范围内。

3. 弹性支用账户型

这种福利制度的本质是员工每一年可从其税前总收入中选择一定数额的资金作为自己的"福利支用账户"，并以此账户去选择购买雇主所提供的各种福利措施，这一方式对员工具有很强的吸引力。同时，这项计划的缺点是非常明显的，如行政管理手续会变得十分烦琐，企业必须为每个员工的支用账户随时开通系统并录入基本资料，实时更新账户的数据情况，操作的手续和流程较为繁杂，在一定程度上增加了管理成本。

4. 福利套餐型

这是一种由企业同时推出不同的"福利组合套餐"的福利模式，在规划此种弹性福利制时，由公司的人力资源部门展开员工福利调研，企业可依据员工群体的背景，如婚姻状况、年龄、有无眷属、住宅需求等来设计，推出若干种不同的套餐，每一个套餐组合所包含的福利项目或优惠水准都不一样，员工只能选择其中一个固定内容的"套餐组合"的弹性福利制。例如，餐厅提供的优惠套餐，推出 A、B、C 三款，每款搭配不同的主食和饮品，消费者只可选择这三款中的一款，并且不可更换套餐中的内容。

此款福利套餐的优点在于行政作业比较简单，可以降低人力资源部门行政类工作量，进而降低企业的管理成本。而其缺点在于灵活性较差，员工不能对套餐里面的福利项目灵活变更，而福利项目又不可能适合所有员工的需求，选择弹性空间相对较小。

5. 选高择低型

选高择低型与福利套餐型十分相似，都是通过人力资源部门对福利项目进行组合，提供给员工各种福利套餐供选择。但不同之处在于，福利套餐型各类套餐总额基本相同，选高择低型则更倾向于提供给员工有差价的套餐组合，即套餐中的福利有些比原有固定福利价值高一些，有的则低一些。如果员工选择较高价值的福利组合，那么较高价值福利套餐与固定福利之间的差额，需从员工薪资中扣除一定的金额来补足；如果员工选择价值较低的福利组合，那么差额部分可以在当月工资中以其他补助的形式发放，但是必须缴纳个人所得税。

与福利套餐型相比，选高择低型弹性福利选择的弹性空间相对较大，至少有三种项目可供选择，分别是高于固定福利的套餐、固定福利套餐和低于固定福利的套餐。对于薪资较高、有较多福利需求的员工，可以适当考虑选高择低型福利，其优点是高于固定福利的部分可以从税前工资中扣

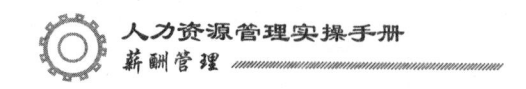

减,对员工较为有利;其缺点是因为弹性空间相对较大,行政作业程序将大大增加,人力资源部门的行政工作量有所增加。

企业在实施弹性福利制度时应注意的问题如图6-6所示。

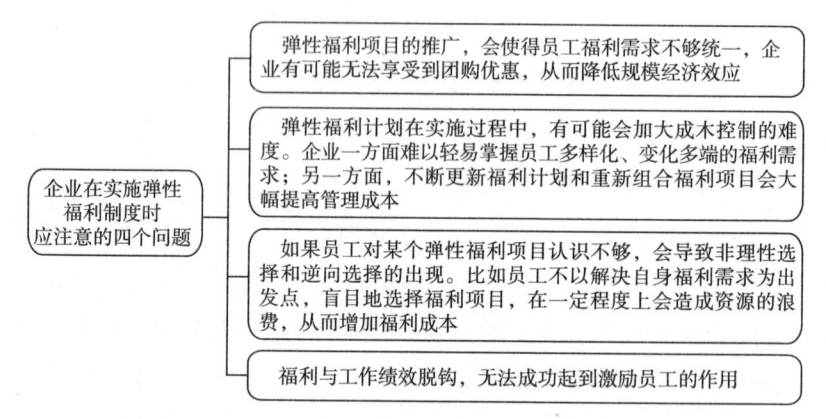

企业在实施弹性福利制度时应注意的四个问题:
- 弹性福利项目的推广,会使得员工福利需求不够统一,企业有可能无法享受到团购优惠,从而降低规模经济效应
- 弹性福利计划在实施过程中,有可能会加大成本控制的难度。企业一方面难以轻易掌握员工多样化、变化多端的福利需求;另一方面,不断更新福利计划和重新组合福利项目会大幅提高管理成本
- 如果员工对某个弹性福利项目认识不够,会导致非理性选择和逆向选择的出现。比如员工不以解决自身福利需求为出发点,盲目地选择福利项目,在一定程度上会造成资源的浪费,从而增加福利成本
- 福利与工作绩效脱钩,无法成功起到激励员工的作用

图6-6 企业在实施弹性福利制度时应注意的四个问题

二、弹性福利计划的设计原则

弹性福利计划的设计原则如图6-7所示。

设计要符合企业的支付能力 → 做好充分的需求调查,调动员工参与的积极性 → 清晰界定不同项目之间的关系

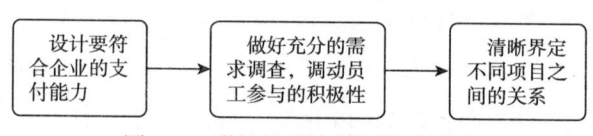

图6-7 弹性福利计划的设计原则

1. 设计要符合企业的支付能力

弹性福利计划在设计的初始阶段,要通盘考虑企业的整体支付能力,弹性福利在增加员工选择权的同时,也增加了企业对福利成本的控制难度。因此,实施弹性福利计划要根据企业的实际情况,确定弹性福利的方案,保障计划的顺利运转。

2. 做好充分的需求调查,调动员工参与的积极性

弹性福利计划设计的出发点是满足员工的多样化需求,因此在福利项目组合的设计上,要最大限度地征求员工的意见,根据员工的需求变化不断调整和更新福利内容,形成一种良性互动,提高员工对福利设计的关注度,最大限度地发挥福利的作用。

3. 清晰界定不同项目之间的关系

要弄清楚一笔奖金和一天的额外休假或者一定量的实物之间的换算关系，而且这种估算要当作企业的管理成本来计算，在估值的时候要客观反映福利项目的价值，否则，很多福利项目就会无人选择，造成设计上的浪费。

三、弹性福利计划的制订

不同企业应根据自身的战略与业务目标、赢利状况以及人力资源战略与理念，制定符合本企业的福利制度。弹性福利计划的具体制订方法如图 6-8 所示。

```
                    ┌─ 首先了解员工的需求。通常采用调查问卷的方式对员工进行调查，
                    │  从而掌握员工的具体需要。调查对于把握员工的需求，设计出有针对性
                    │  的福利计划是很有帮助的。由于调查出来的需求可能会是各种各样的，企
弹性福利计划的 ─────┤  业就需要选择切实可行的措施作为员工的可选福利，如员工进修补助、
具体制订方法        │  教育训练、子女教育补助、托儿补助、伙食津贴、住宿津贴、购房利
                    │  息补助、交通补助、购车利息补助、旅游补助、团体保险、健康检查、
                    │  生日礼金、节日贺礼、结婚礼金、生育补助、带薪休假等
                    │
                    ├─ 对所有的福利项目进行明码标价。不同的福利项目或者福利项目的
                    │  不同级别其价格是不同的，应明确以货币的形式标记出来，以便于计
                    │  算和选择。也可以用点数的形式来标记
                    │
                    └─ 除了政府规定的必须设立的福利项目(如养老保险、医疗保险等)之外，
                       其他福利项目并非无限度供给，而应依据员工的职等制定每个人福利
                       费用的预算，职等越高，福利越高。员工根据自己的额度，在可选福
                       利项目中自由组合，选择自己所需要的福利项目。有些公司会为某些
                       福利项目设定一定的条件；有些公司也会将员工业绩与福利联系起来
                       等。企业通过弹性福利计划，能够使高昂的福利投入获得应有的回报
```

图 6-8 弹性福利计划的具体制订方法

弹性福利计划的基本思想是让员工对自己的福利组合计划进行选择，在制订企业的福利计划时，不仅要考虑现在市场上流行什么样的福利计划，更要对自己的组织进行深入的分析，知道组织的价值观是什么、组织的目标是什么、组织的员工队伍是如何构成的，以及未来组织要经历什么样的变革等。具体分析的内容包括：

1. 提供什么样的福利

在考虑到底制订什么样的福利计划时，企业应着重从以下几个方面入手进行分析：了解国家立法；开展福利调查；做好企业的福利规划与分析；

对企业的财务状况进行分析；了解集体谈判对员工福利的影响。

2. 为谁提供福利

如果组织仅仅希望保留某些特定的员工群体，而对其他员工群体的去留并不十分关心，那么，不同的员工群体就有可能得到不同的福利组合。这是成本/福利问题的延伸——福利支出和组织的其他支出一样，应该为组织创造价值。大多数企业都有两种以上的福利组合，一种适用于管理人员，另一种适用于其他普通员工。很多组织对普通员工也进行分门别类的对待，如对销售类员工和技术类员工的福利待遇作出区别对待。出于对福利成本的考虑，很多企业还有雇用非全日制员工来代替雇用全日制员工的做法。

四、弹性福利计划的实施

在弹性福利计划的实施过程中，企业应当加强福利的沟通与监控。

1. 福利沟通

定期向员工公布有关福利的信息，包括福利计划的适用范围、福利水平以及这些福利计划对每个员工的价值是什么和组织提供这些福利的成本。编写福利手册，解释企业提供给员工的各项福利计划。在小规模的员工群体中作福利报告。建立网络化的福利管理系统，在公司组建的内部局域网上发布福利信息，也可以开辟专门的福利板块，与员工进行有关福利问题的双向交流，从而减少因沟通不畅导致的种种福利待遇纠纷或不满。

2. 福利监控

有关福利的法律经常会发生变化，企业需要关注这些法律规定，检查自己是否适合某些法律法规的规定。

员工的需求和偏好也会随着员工队伍构成的不断变化以及员工自身职业生涯的发展阶段而处于不断变化中。

与对外部市场的直接薪酬状况变化类似，对其他企业的福利实践的了解，也是企业在劳动力市场上竞争的一种重要手段。

对企业而言，最复杂的问题在于由外部组织提供的福利的成本所发生的变化。

案例6-1 年终，企业该如何发放福利？

年终，某公司提供给员工两种备选的福利方式：方案一是每人发放500元过节费，随工资一起汇入员工的工资卡中；方案二是每人可以选择5种价值300元的不同物品之一，这5种物品都是耐用品，如电饭锅、微波炉、刀具组合、榨汁机、床品四件套。那么，选择哪种福利发放方式更优呢？

【解析】

从价值上看，方案一的财务成本虽然比方案二的财务成本高，但方案一给员工的感受太弱，很容易忘记公司曾发过年终福利。到了年底，员工置办年货、走亲访友，有大量的消费需求，在一波购置之后，很少有员工会想到这里面哪一件是用公司的年终福利购置的。尤其是在网络购物和电子支付如此发达的时代，消费越来越少使用现金，银行卡里的钱对于人们来说更多感受到的只是数字的变化。

而方案二，对于员工来说，感受会更深刻，具体原因如下。

1. 面临着选择

有选择就意味着员工可以选择对个体来说最缺的或者最有价值的选项。有选择同样意味着有纠结，而这种纠结并不是坏事。员工越纠结，想得就越多，想得越多，印象就越深刻，感受也越深刻。

2. 时刻被提醒

可选的都是耐用品，这类商品的使用期限至少为五年，如果平时用得少，则使用期限更长。这类物品摆在家里，员工使用的时候会想到这是公司曾经发的福利；不用的时候，无意中瞥见了，也会想起自己曾经是经过一番思考和沟通之后选择的公司福利，这进一步增强员工的感受。

3. 感觉被尊重

通过这种选择的过程，员工会感受到公司是理解自己的，同时给了自己选择的机会。与方案一的被动接受不同，员工在整个过程中是积极主动参与的，会感受到自己的决定能够换来感官上的直接反馈。

因此，方案二比方案一节省了一半费用，达到的效果却比方案一好很多，这正是组织在发放福利时需要考虑的方式。

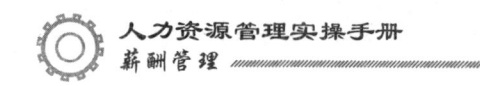

【答疑解惑】

问：实施弹性福利对关键员工有什么作用？

【解答】弹性福利技术为当前时代发展背景下营运而生的一种能够迎合时代发展步伐的企业福利管理模式，弹性福利的产生以及发展可以做到与时俱进，并且能够有效符合企业管理客观规律。弹性福利自身具备较强的优势，对于一个企业来说，弹性福利的实施可以提高企业员工对企业的满意程度，使员工对企业有一种较强的归属感，从而更加愿意留在企业，有利于员工在企业日常工作开展过程中作用的发挥。并且，弹性计划也能够被当作一项制度存在于企业的日常管理工作中，在一定程度上激发员工在工作中的热情，表现更加积极的态度。因此，企业弹性福利的有效实施能够发挥保留关键员工的效果。

从企业关键员工的角度来说，企业所实施的弹性福利可以更好地满足自身的具体需求，企业关键员工能够结合自身的具体情况开展福利的合理化组合，这样便能有效地促进企业为关键员工所带来的成就感和满足感。并且对于当前时代发展背景下的企业员工来说，其自身的需求越来越多元化，基于此，企业要想更好地满足关键员工的实际需求，以此来达到对关键员工保留的目的，就需要结合具体情况制订具有针对性以及多元化的弹性福利计划，从多方位满足企业关键员工的具体需要，使其更好地开展企业的各项工作，在留存企业的基础上，使自身的作用能够在企业发展过程中充分地发挥出来。

第四节　员工福利的管理与规划

一、员工福利管理

1.员工福利管理的含义

员工福利管理是指为了保证员工福利按照预期的轨迹合理有序地运转，

综合各种管理举措和管理手段对员工的福利发展状况和路径进行控制或调整，使其达到预期效果的活动。

员工福利管理有广义和狭义之分。从广义来看，员工福利管理是企业对内部员工福利的整个过程进行全方位管理，包括福利的产生、福利的发展、福利的应用等各个阶段。从狭义来看，员工福利管理是指对内部员工进行实际福利管理的具体措施和方法，是为了保证员工的生活质量，增强对企业的忠诚度，除为员工提供相对稳定的工资报酬之外，也为其本人及家庭提供辅助性的实物、货币、服务等间接报酬。它是现代企业员工总体薪酬的三大支柱之一。

2. 员工福利管理的原则

员工福利管理的原则如图 6-9 所示。

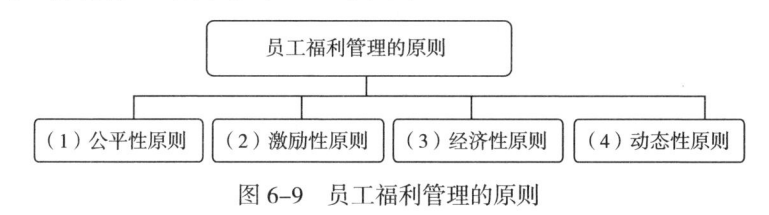

图 6-9　员工福利管理的原则

（1）公平性原则

员工福利管理的公平性原则主要有两方面含义：一是强调所有内部员工都应享有员工福利；二是福利管理工作应遵循公平性原则，确保在标准、程序、结果等方面都能做到公平，以提高员工的公平感和满意度，从而调动员工的积极性。

（2）激励性原则

根据人际关系学中的"社会人"假设，员工不仅有物质需要，还有社会需要。物质需要可以通过提高工资水平、奖金等途径实现，而社会需要则通过关心员工的生活、重视员工之间关系的调节，使他们从社会关系中寻找乐趣，以满足他们在工作中安全、尊重和归属感的需要。因此，在员工福利管理的过程中，要设置符合员工需要的福利项目，不断改进福利管理的方法，增强福利管理的效果，充分发挥员工福利管理的激励性功能。

（3）经济性原则

企业作为以营利为主要目的的组织，随着社会的发展，福利越来越成为全面薪酬的一部分，面对福利成本的不断上涨，要将企业成本和员工的需要充分结合起来，在直接薪酬和间接薪酬的福利之间取得平衡。在强调员工福利激励性的同时，也应该重视经济性，不断降低员工福利管理中的成本，提高员工福利管理效率。

（4）动态性原则

福利领域的变化紧跟时代趋势，企业必须根据组织内外部环境的变化，不断地对员工福利进行动态管理。首先，有关福利管理的法律会不断进行调整，企业应该密切关注法律的变化，不断检查其福利管理是否符合法律的规定；其次，员工的需求和偏好也会随其自身职业生涯发展阶段的不同以及外部经济环境的变化而不断变化。因此，员工福利管理是一项持续性、动态性的工作，应不断地调整福利政策来满足企业发展对福利管理的需要。

3. 员工福利管理的必要性

（1）员工福利目标的实现需要有效的管理

要想充分实现员工福利的理想效果，就必须借助有效的管理，制定相应的规章制度，对员工福利进行管理，以充分实现员工福利的各项目标。

（2）企业的发展需要专业化的福利管理

专业化的福利管理能够调动员工的积极性，并且充分发挥福利的激励作用，同时也是提高企业管理效率的关键，有助于企业战略目标的实现。由于员工福利是一个复杂的系统，涉及全体员工、福利项目众多、各项福利项目的设计水平均不相同。因此，需要专业化的福利管理来维持企业中员工福利系统的正常运转。

（3）福利管理的经济性需要有效的管理

长期以来，作为一个以营利为主要目标的组织，企业运营所追求的是利润和经济效益最大化。福利作为企业全面薪酬的重要组成部分，其成本日益呈现上升的趋势，如果不加以控制，成本的增加必然会给企业带来巨大的支付压力。因此，企业在满足员工合理的福利需求时，也应将经济性原则纳入考虑范围。首先,需要厘清员工福利项目之间的关系;其次,需对其实行奏效的管理,只有这样才能更好地提高员工福利管理的有效性。

4.员工福利管理的内容

员工福利管理虽然不能直接生产出转化为企业盈利的产品,但对其管理和一般管理工作一样,具有一些共同的特性。所有福利项目都需要人、财、物的支持,因此员工福利的管理要关注三个内容。如图6-10所示。

在了解了员工福利需要关注的三个大方向以后,我们还需要进一步厘清员工福利管理具体细节方面的管理内容是什么。总的来说,员工福利管理的具体内容如图6-11所示。

员工福利管理要关注的三个内容：

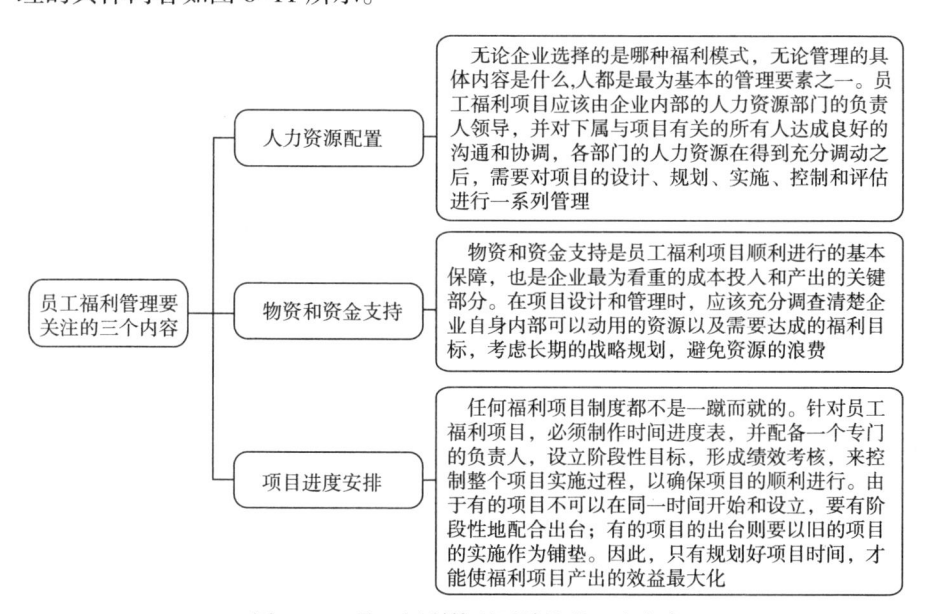

- 人力资源配置：无论企业选择的是哪种福利模式,无论管理的具体内容是什么,人都是最为基本的管理要素之一。员工福利项目应该由企业内部的人力资源部门的负责人领导,并对下属与项目有关的所有人达成良好的沟通和协调,各部门的人力资源在得到充分调动之后,需要对项目的设计、规划、实施、控制和评估进行一系列管理

- 物资和资金支持：物资和资金支持是员工福利项目顺利进行的基本保障,也是企业最为看重的成本投入和产出的关键部分。在项目设计和管理时,应该充分调查清楚企业自身内部可以动用的资源以及需要达成的福利目标,考虑长期的战略规划,避免资源的浪费

- 项目进度安排：任何福利项目制度都不是一蹴而就的。针对员工福利项目,必须制作时间进度表,并配备一个专门的负责人,设立阶段性目标,形成绩效考核,来控制整个项目实施过程,以确保项目的顺利进行。由于有的项目不可以在同一时间开始和设立,要有阶段性地配合出台;有的项目的出台则要以旧的项目的实施作为铺垫。因此,只有规划好项目时间,才能使福利项目产出的效益最大化

图6-10 员工福利管理要关注的三个内容

员工福利管理的具体内容：
（1）方案制定
（2）财务预算
（3）管理机构
（4）人员配备和运用
（5）调整控制
（6）效果评估

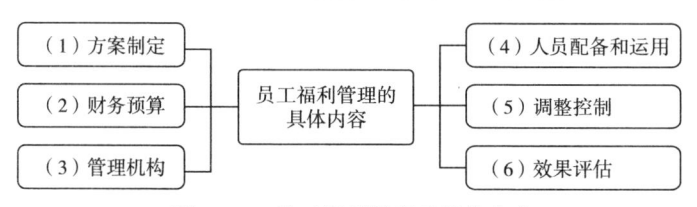

图6-11 员工福利管理的具体内容

（1）方案制定

方案制定是一项计划开始的根基,它结合了计划职能和组织职能,使

得所参与项目的人都能有清晰的认识，明确计划的目标，清楚自己在项目中所处的岗位、责任和权利。

（2）财务预算

财务预算是事前控制的一种体现，实行财务预算有利于公司提前对福利项目有所了解，权衡组织的支付能力和收获，以此确定是否需要产生此项目。在做财务预算的时候应该考虑未来市场的变化、劳动力成本等因素。

（3）管理机构

组织可以视自身情况而定，是建立专职的管理机构或者由人力资源部门牵头组成非专职的管理机构，它由组织所选择的福利提供模式来确定的。一旦定下了组织管理机构，则意味着确认了该机构的工作职责、分工和权力等因素。

（4）人员配备和运用

人员的配备和运用是员工福利项目管理的必要环节。它包括计划的制订、物资的准备、程序的确定、福利内容的规划等，这些过程都需要有专门的人员来管理。即使选择将福利提供项目部分外包出去，最核心的项目牵头人员也必须是熟悉公司内部情况的内部人员。

（5）调整控制

调整控制存在于整个项目计划的全过程，从产生福利计划的念头开始，直到福利计划项目的终结，调整控制都贯穿其中。由于市场环境在不断地变化，员工的需求也在不断地变化，如果组织的计划一直按照一开始设定的来执行，一段时间后若不加以调整，就会与员工的需求产生偏差，从而出现花钱又不讨好的现象。因此，员工福利的管理应该是一个动态的系统，随着环境和人的变化而变化，不断调整和控制。

（6）效果评估

效果评估是对福利计划项目进行调整和改进的基础和依据，可以采用员工满意度调查表或座谈会等方式去调查员工对福利项目的满意程度。即使企业投入再多的资本，若员工不满意，那么打造得再好的福利项目也将是一场失败的投资。

二、员工福利规划

企业对员工福利进行科学的规划,既能够避免泛福利带来的资源浪费,又可以使企业有的放矢,有针对性地设置福利项目,提高资源配置效率。同时,也能够帮助企业形成具有自身特色的福利文化,提高企业吸引和留住优秀人才的能力。

1. 员工福利规划的影响因素

企业作为员工福利最重要的决策者和直接供给者,对员工福利的制定起着决定性作用。

企业在进行员工福利规划时不仅要遵守国家法律法规等硬性规定,还要了解企业的自身情况,根据不同情况和阶段下的员工福利需求确定福利规划,这样,员工福利规划才能达到最佳效果。具体来说,影响员工福利规划的因素如图6-12所示。

```
                    ┌── 外部因素 ──┬── 国家政策法规
                    │              └── 行业特点
                    │
影响员工福利 ───────┤              ┌── 企业战略
规划的因素          ├── 企业因素 ──┼── 企业的薪酬策略
                    │              ├── 企业的文化价值和管理理念
                    │              └── 工会的态度和力量
                    │
                    │              ┌── 员工对公平的感受
                    └── 员工个人 ──┼── 员工的工作压力
                        因素       ├── 员工的工作绩效
                                   └── 员工的工作年限
```

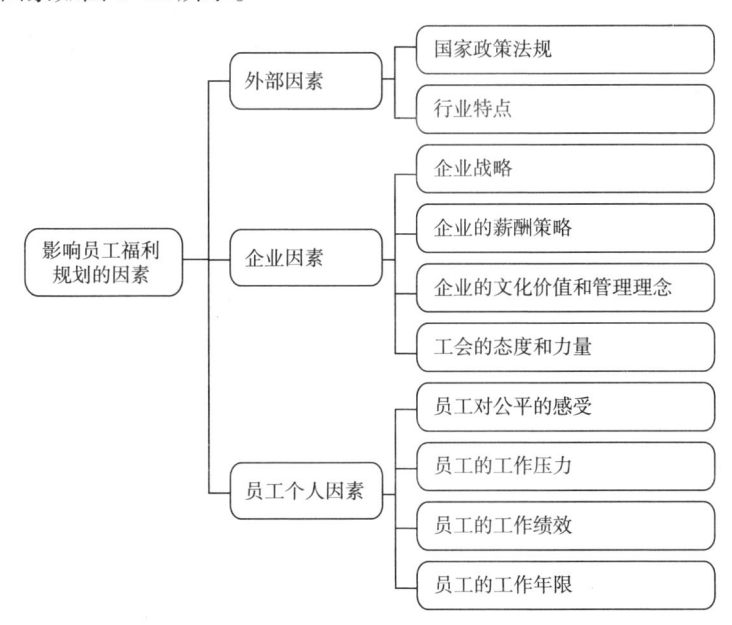

图 6-12 影响员工福利规划的因素

(1)外部因素

国家政策法规。国家关于法定福利的政策法规,直接影响着企业为员工提供的法定福利的支付水平、项目及采用的模式,如相关的社会保险制度、劳动保护制度、工时制度、住房公积金制度、特殊劳动保护制度等，规定了企业相应类型法定福利必须采用全员普惠式，以及相应福利应该提供的水平。因此，国家关于职工法定福利方面的政策法规是影响企业员工福利规划和实施的重要因素。

行业特点。任何一个企业均是所处行业的一员，该行业的员工福利水平、员工福利项目结构的变化都会直接影响企业薪酬方案、福利方案的设计。企业要保持整体薪酬在行业内具有外部竞争力，就要根据行业的整体变动，或是根据该行业内处于领导型地位的企业员工福利进行及时的调整，以吸引人才和留住核心员工。

（2）企业因素

企业战略。首先，员工福利项目设置的最终目的是为企业经营发展战略服务。因此，企业在进行员工福利规划时，必须根据企业的经营发展战略来考虑福利内容。其次，由于员工福利项目的设置本身属于企业人力资源战略的重要组成部分，因此，企业在进行员工福利规划时也必须考虑到企业自身的人力资源战略。

企业的薪酬策略。由于员工福利属于企业薪酬的范畴，企业的薪酬策略必然会影响员工福利水平。而企业的薪酬策略又由薪酬水平策略和薪酬横向结构策略两部分组成，它们共同决定了企业愿意为员工支付福利水平的高低。其中，前者主要决定了企业愿意提供薪酬的总支出，同时，也部分影响了薪酬内部板块的结构以及不同人员的薪酬水平；后者则主要决定了福利开支在总体薪酬中所占的比例。

企业的文化价值和管理理念。企业的文化价值和管理理念往往决定了员工福利计划的定位和制定原则，进而影响员工福利的水平和福利项目设计等。现代企业管理理念的重要特征是"以人为本"，即企业在人力资源管理实践中不仅重视员工生产率的提升和员工离职率的降低，还注重员工满意度的提高。同时，大多数企业将员工看作企业的财富和未来，甚至是企业的生命线。因此，感情留人、事业留人、待遇留人，理解员工、善待员工、共创辉煌，成为很多企业人力资源管理的主导思想。上述理念在具体实践中就表现为企业的员工福利计划完善周到。在常规福利项目之外，一些特色福利项目更是直接传达了企业对员工的关爱，让员工在真切感受到企业的尊重和爱护的同时，企业也获得了员工的忠诚。

工会的态度和力量。在西方国家，某一地区或某一行业员工的福利待遇，往往是工会与资方谈判的结果。工会代表会员与企业雇主集体谈判决定工资，是西方国家通行的工资决定制度。集体谈判涉及的内容相当广泛，包括员工福利计划、就业保障等。可以说，工会是员工福利发展的重要推动因素。在我国，尤其是在国有企业，工会是员工福利发展的重要实施力量和法定福利的具体监督者。工会与人力资源部门和企业决策者一起，举办各类文娱活动，如运动会、文艺表演等，购买和发放节日礼品等丰富员工的业余文化和物质生活，因而，工会的态度和力量也影响着员工福利规划。

（3）员工个人因素

员工对公平的感受。在员工福利需要的产生过程中，对比效应往往会发挥作用，员工对于福利的需求有一部分来自通过将自身与外部企业，或者企业内部其他员工所享受到的福利对比后，感受到的公平或者不公平。因此，企业在进行员工福利规划的时候，福利的对比效应和员工的公平感是必须考虑的因素。

员工的工作压力。员工的工作压力越大就越紧张，相应地，就越需要福利来缓解压力，而压力缓解的有效性与工作压力的大小成正比。由于工作生活的节奏越来越快，员工为了能够快速释放压力，会更加关注生活质量的提高，想要得到更好的生活服务，自然地，对完善周到的福利项目的需求也会随之增加。

员工的工作绩效。企业为了提高员工福利实施的效果，在一定程度上会把员工福利与员工个人的工作绩效挂钩。目前，越来越多的企业采取了这种做法。一般情况下，员工个人的工作绩效对所能享受到的福利计划的影响主要表现在两个方面：一是当期福利水平的高低或项目的多少；二是福利计划层次的晋升。

员工的工作年限。员工的工作年限是指员工为企业服务的时间。根据组织社会化理论，提高员工的福利水平，有助于促进老员工提高工作积极性，更好地服务于企业，从而创造更高的个人效益和企业效益。因此，一般企业为留住员工，会依据工作年限逐步提高相应的个人福利水平。

2. 员工福利规划的原则

员工福利规划是对员工福利未来的发展进行的规范和计划，用来指导员工具体福利项目的开展。科学合理的员工福利规划是员工福利管理活动成功的"一半"。为制定全面、规范且系统的员工福利规划，应遵循的原则如图6-13所示。

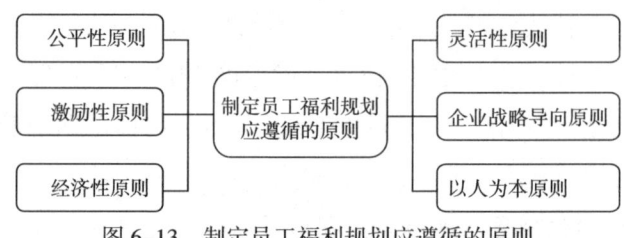

图6-13 制定员工福利规划应遵循的原则

（1）公平性原则

员工福利制度制定的首要原则是公平性原则，既要确保外部公平性，即企业提供的福利水平不能落后于处于竞争关系的同行业或整个社会的福利水平，又要保证内部公平性，即在企业内部，同一级别、不同岗位和相同贡献度的员工享受的福利待遇应该一致。同时，员工能够公平地选择各种福利项目。只有这样，才能提高企业的凝聚力，有利于企业以强有力的竞争实力吸引和保留核心人才。

（2）激励性原则

在坚持公平性原则下，企业应以增强福利的激励性为导向，通过多样性的福利项目激发员工的工作积极性。同时，以提高企业员工福利的市场竞争力和对人才的吸引力为导向，让员工能享受的福利水平和福利内容与个人能力和业绩挂钩，鼓励员工积极努力工作，从而获得享受更加优厚福利内容和更高福利水平的机会。

（3）经济性原则

随着经济的发展，员工越来越喜欢对各行各业的福利优势进行比较。

为了满足员工多元化的福利需求，企业在预算范围内不仅要合理控制福利成本，也要尽可能地提供经济价值高的福利项目。

（4）灵活性原则

一方面，员工福利在初始设计时要满足不同员工的个性化需求；另一方面，员工福利项目要根据企业的财务承受能力及员工的需求变化进行及时调整，从而保证员工在不同时期、不同条件下，选择能够满足自己需要的福利项目，充分发挥员工福利的作用。

（5）企业战略导向原则

员工福利规划应与企业的业务发展战略目标相一致，要符合企业的战略、规模、经济实力与需求，要能发挥福利对实现企业发展战略目标的支持保障作用。随着企业业务发展战略目标的调整，员工福利规划也应做相应的调整。

（6）以人为本原则

员工福利体系从设计到实施都要以人为本，让员工参与到设计过程中，认真对待员工的意见，从而确保员工福利体系能够真正满足员工实际需求。

3.员工福利规划的流程

在现代企业的人力资源管理中，无论是从政府法律政策的角度出发，还是从企业内部的人文关怀，或是企业为了提高自身吸引力的角度出发，员工福利已经成为企业发展不可忽视的组成部分之一。员工福利虽然不能为公司直接带来效益和产出，但近年来，大多数企业对这部分内容的投入日益增加，为了节省成本，使福利效益最大化，员工福利规划逐渐受到重视。

企业在制定员工福利流程的规划策略时，应该考虑的因素如图6-14所示。

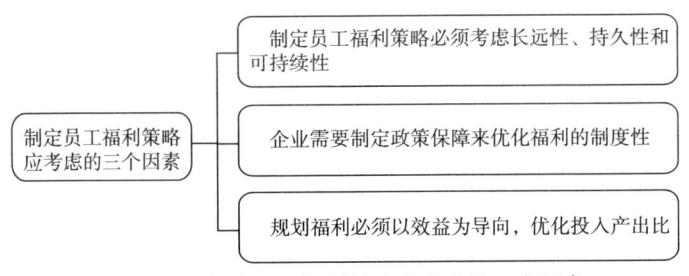

图6-14 制定员工福利策略应考虑的三个因素

制定员工福利策略应考虑的三个因素：
- 制定员工福利策略必须考虑长远性、持久性和可持续性
- 企业需要制定政策保障来优化福利的制度性
- 规划福利必须以效益为导向，优化投入产出比

（1）确定员工福利策略必须考虑长远性、持久性和可持续性

现代企业组织的战略规划一般以五年为一个周期，员工福利规划也可以按照这个周期进行规划。人力资源部门专员必须根据公司的战略目标和具体情况来制定策略。在长期计划制订好以后，还要相应地制订中期和短期计划，把员工福利规划细分为小的计划来配合和支撑长期计划。

（2）企业需要制定政策保障来优化福利的制度性

由于员工福利项目并不会直接为公司产生可视化的经济效益，也不会直接在公司的账面上反映出来，在传统的观念中，员工福利依然是一项企业不想做却不得不做的"花钱不讨好"的项目。因此，在制定策略的时候，就要将优化福利作为一个基本要求，在企业职能部门中加以明确，并对需要的资源及流程进行确认和设计，形成完善的制度流程，并落实到各相关部门及人员，在各相关部门通力合作的基础上，要保持与管理层的顺畅沟通，保证员工福利项目能够顺利制定和执行。

（3）规划福利必须以效益为导向，优化投入产出比

虽然福利作为类似公益性质的项目，是为了使得员工获得更好的生活而存在，但是实际上福利作为一项企业的战略投资而言，企业必须考虑支出资本的效益最大化。因此，在设计福利时，要让员工实实在在地感受到福利的存在，以及给他们生活带来的好处，同时要加强福利的宣传力度，增加员工的获得感。

案例 6-2　如何打理才能让员工对公司福利满意？

某汽车配件生产企业，虽然规模不大，但生产的产品质量很高，一年的销售额不少，利润率也不低。新领导上任后要求 HR 将公司的福利疏理一下，原因是公司"花了很多钱，但讨不到员工欢心"。公司实行驾车补贴，但是没车的员工怨声载道；公司实行幼儿免费入托，可是没有孩子或孩子不上幼儿园的员工又颇有微词；逢年过节，公司统一给员工送的礼物也引起不少员工的不满，认为不如"红包、奖金"实惠。福利"众口难调"，如何打理才能让员工对公司福利满意呢？

【解析】

由案例我们可以看出，造成员工怨声载道的根本原因是"这个福利不是我想要的"。具体可以采取以下办法：

·提升福利支出的透明度并大力宣传，可以在年底给出每个员工的福利报告总结，让员工对公司在他身上花了多少钱一目了然。

·强化和改善预防性健康福利和保健福利，因为除了带薪休假和"五险一金"之外，健康类福利是员工最关心的福利。

·引入弹性福利机制。弹性福利的核心在于赋予员工对福利的选择权和决定权，员工有决定参加或不参加某项福利项目的权利；在特定的福利项目中，员工有福利品选择的权利，比如中秋节福利中员工可以有多种选择，不是只有月饼；员工有在企业给予福利的基础上自费升级的权利，比如体检时可以自费升级检查项目更多的套餐。

【答疑解惑】

问：员工福利的制定过程中应注意什么问题？

【解答】

·恰当：企业的福利水平对外要具有竞争性，不落后于同行业或同类型的其他企业；对内则需符合本企业的战略要求、规模和实力。

·合理：符合国家的相关法律法规并符合本公司的企业文化。

·适用：能够满足企业、员工的需求，是员工真正需要的。

·可支付：由于福利能升不能降的特点，需根据企业的经营状况和财务能力使福利制度的各个项目均应在企业可支付的范围内。

·普惠：对于基础性的福利项目，企业所有员工都应有权享有，而与能力、职位、绩效无关。（企业同时也设置一些福利，有针对性地对管理人员和核心人才倾斜——不属于员工福利项目）

第七章
如何设定不同的薪酬方案
（特殊人员的薪酬管理）

第一节 管理人员的薪酬管理

一、管理层的构成

成为一名管理人员是很多人满足个人成就感的一条重要途径，这是由管理本身所具有的挑战性、丰富的工作内容所决定的。从广义上来讲，管理人员（Manager）既是一种内部角色，又是一种外部角色。在组织内部，管理人员要作为领导来引导和监控整个组织的运行，尽量满足员工个人的合理需要；在组织外部，管理人员还要与各种机构、人员等打交道，以实现组织成员的共同目标。

通常情况下，规模达到一定水平的企业都有若干个管理层级。这些层级可以简单地划分为三个，如图7-1所示。

```
                    ┌─ 高层管理人员 ── 高层管理人员位于组织结构的最高层
                    │
企业管理层级 ───────┼─ 中层管理人员 ── 中层管理人员在组织中的位置恰好介于高层管
   的划分           │                  理人员和基层管理人员之间，在很大程度上扮演
                    │                  了二者之间的信息传递者的角色
                    │
                    └─ 基层管理人员 ── 基层管理人员，又称为一线管理人员，在组织
                                       结构中与高层管理人员处于遥遥相对的另一端
```

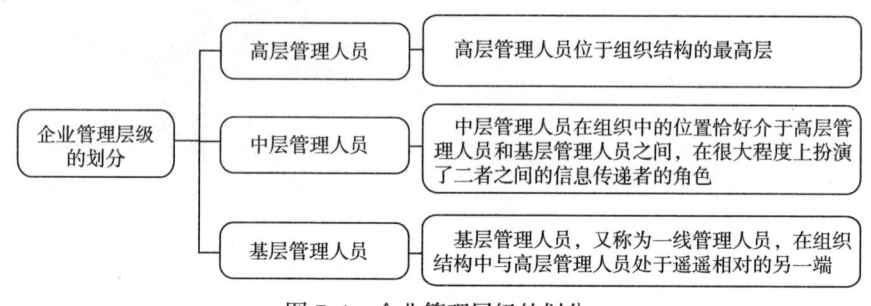

图7-1 企业管理层级的划分

1. 高层管理人员

高层管理人员位于组织结构的最高层，往往只占员工总数的1%。他们的主要职责在于密切关注企业的外部经营环境，为确保组织高效运转制定总体上的战略目标，同时为组织的成长和发展获取各种必要的外部资源。高层管理人员需要对组织的整体经营状况、主要部门的日常运作以及其他一些重要职能负责，因此，根据组织整体的经营绩效来衡量高层管理人员

的工作业绩，是一般企业都会采取的做法。

2. 中层管理人员

中层管理人员在组织中的位置恰好介于高层管理人员和基层管理人员之间，在很大程度上扮演了二者之间的信息传递者的角色。就其工作内容而言，中层管理人员主要负责组织中某一特定职能（比如销售或人力资源管理职能）的正常运行，并且在横向上与其他部门进行大量的沟通和协调。

3. 基层管理人员

基层管理人员，又称为一线管理人员，在经营实践中，基层管理人员的工作更多地集中于企业内部，尤其是带领员工完成具体的工作任务，他们主要负责对一线员工的工作进行监督，并为他们提供直接的指导和帮助。从时间取向来说，基层管理人员的工作更侧重于短期任务，对其绩效考核与评价主要基于一些短期的绩效指标。基层管理人员往往有较大的晋升空间。

二、管理人员的特殊性及工作特征

1. 管理人员的特殊性

明茨伯格在针对管理人员工作进行的一项经典研究中发现，很多管理人员会陷入大量变化的、无一定模式的、短期的活动中，几乎很少有时间静下心来思考，同时半数以上的管理活动持续时间小于9分钟。在这个研究的基础上，他认为管理人员应当扮演三个方面的角色，如图7-2所示。而这三大方面又可以进一步细化为10种不同却又高度相关的角色：挂名首脑、领导者、联络者、监听者、传播者、发言人、企业家、混乱驾驭者、资源分配者和谈判者。

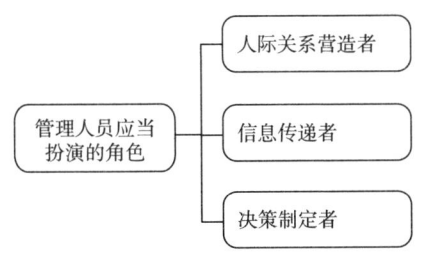

图7-2 明茨伯格认为管理人员应当扮演三个方面的角色

随着管理层级的不同，管理人员扮演的角色也存在一定的差异。高层管理人员更多的时间要扮演传播者、挂名首脑、谈判者、联络者和发言人的角色；而领导者角色对于基层管理人员则要比对于中高层管理人员更为重要。常识告诉我们，管理层级不同，管理人员所扮演的角色、不同的角色所占的时间比重会存在很大差异。

从心理学角度来说，管理层还会表现出相同或相近的心理特征，它们亦会对组织的薪酬体系设计产生相当大的影响。管理层大多会表现出三个方面的共性，即对组织的承诺、行为取向和对权力的需求。对组织的高度承诺使得管理层时时刻刻把自己与组织联系在一起，并把大部分时间花在工作上，这种高投入同时要求组织为其提供高回报。行为取向是指管理层倾向于快速采取行动，并根据直觉作出判断，组织则根据管理层的行为表现和结果来向其支付报酬。行为取向还认为，销售人员一般具有很强的成就动机，与之相区别，管理层在对权力的需求方面会表现得甚为明显，乐于控制事态发展并对结果产生影响，这种心理上的需求要求通过组织的薪酬设计加以满足。

2.管理人员的工作特征

基于上文提到的研究，明茨伯格进一步指出，管理人员的工作活动一般都会表现出三个方面的基本特征：短暂性、变动性以及不连续性。通常情况下，管理人员每天都要处理大量的事务，有时甚至达上百件，这就注定了他能够投入每一件具体事情上的时间是相当有限的；同时，由于这些事务的覆盖范围十分广泛，它们彼此之间存在很大的差距，因此管理人员的工作表现出相当明显的变动性和不连续性。与其他工作不同，管理人员不可能在干完一件工作以后再去干另一件，他们会从一种活动直接跨越到另一种活动。此外，由于不同的管理职位所从事的活动存在很大区别，它们表现出来的特征也不尽相同。例如，销售和营销方面的管理职位在短暂性和不连续性方面表现得比其他职位更明显。

三、管理人员的薪酬管理

与其他员工群体相比，管理人员是企业在进行薪酬管理时需要重点关注的：管理人员受激励水平的高低会直接作用于组织的经营绩效和员工的工作满意度，进而影响企业的竞争力。管理人员不仅会直接影响企业的经营方向和营销策略，其工作作风和领导风格也会对企业员工的工作氛围、人际关系等产生影响。

同时，管理人员的薪酬管理又是一个甚为敏感的问题，毕竟组织里的各种决策，都是由管理层一手作出的，他们必须让员工相信自己没有以权谋私。此外，虽然管理层在数量上只占组织中员工总数的很小一部分，但企业对他们的薪酬支付却占企业薪酬总额的相当大部分。由于以上种种原因，为管理人员制定合适的薪酬方案就成了一件至关重要的事情。与其他职位类似，管理人员的薪酬体系构成如图7-3所示。

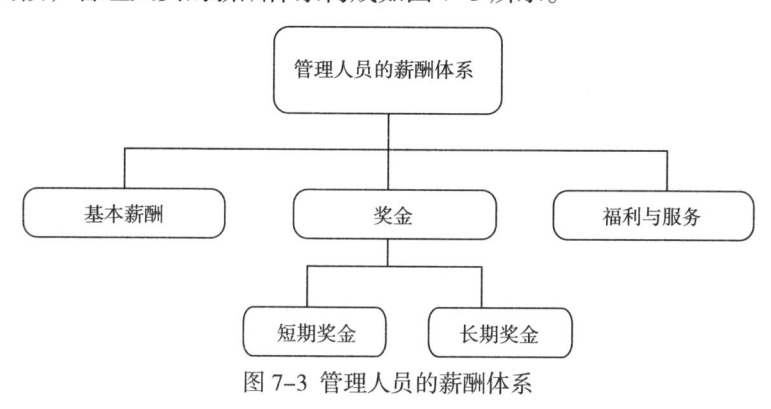

图7-3 管理人员的薪酬体系

1. 基本薪酬

在确定管理层基本薪酬水平的时候，组织往往会考虑多种因素，比如企业规模、组织盈利水平、销售状况、所占市场份额、组织的层级结构、其他员工群体的薪酬水平等。当然，不同的管理层级所侧重的因素有所不同。高层管理人员的基本薪酬水平主要受组织规模的影响，中层管理人员的基本薪酬水平往往会受企业层级结构的制约，而基层管理人员的基本薪酬水平则更多地与其监管的普通员工的人员类型、数量以及他们的薪酬水平有关。

总体来说，绝大多数企业都会选择使管理层的基本薪酬水平超过或至少相当于市场平均水平。这样做是出于多方面的考虑：管理人员的工作对于企业至关重要；管理人员往往都有很长的工作年限和丰富的工作经验；

管理层相对于员工总数而言人数甚少；管理人员和外部市场打交道比较多，因此有很强的追求外部公平性的意识；由于企业对管理层的要求比较高，而劳动力市场上的供给又相对较为紧张，企业管理人员的薪酬水平需要具有一定的市场竞争力。当然，管理人员的薪酬水平在很大程度上还取决于其实际的管理能力和绩效水平高低。

2. 短期奖金

企业向管理人员支付短期奖金，意在对其在特定时间段里（通常是一年）为组织绩效做出的贡献进行奖励。通常意义上的短期奖金都是以组织的总体经营绩效为基础的。由于管理人员对于企业总体经营绩效的实现情况有比普通员工更大的影响力，管理人员的短期奖金与企业总体经营绩效之间的关系更为紧密。在具体计算方面，管理人员的短期奖金往往以管理人员的基本薪酬为依据，其具体数额取决于管理人员对经营结果的实际贡献大小。当然，上年度企业的利润水平、组织的生产率高低、具体管理行为的成本节约情况、资本和资产的回报率等因素也会对短期奖金的数量产生影响。

在对管理人员的短期绩效进行衡量时，企业既可使用总体盈利水平等单一指标，亦可使用对于企业成功而言同等重要的多重指标。在后一种情况下，企业必须把握好不同指标之间的权重。比如，在某公司的短期奖金方案中，管理人员的短期奖金取决于四个方面的测量结果：每股收益率、权益收益率、资本收益率、资产收益率。

在这种短期奖金方案中，企业会预先在每个公司绩效维度上都设立组织希望达成的预期目标。一旦这些目标得以实现或被超额完成，管理人员就能够得到一定比例的短期奖金。在笔者提到的这家公司里，企业希望能够保持10%的资产收益率。如果企业能够实现这一目标，管理人员就能够得到相当于其基本薪酬20%的奖金，资产收益率在10%的基础上每增加5%，管理人员的奖金水平会随之上升5%。

3. 长期奖金

短期奖金大多是在一年时间到期的时候以现金的方式向管理人员支付

第七章　如何设定不同的薪酬方案（特殊人员的薪酬管理）

的，长期奖金通常是延期支付的，它与组织的长期经营绩效具有紧密的联系。长期奖金的主要目的在于通过经济上的利益关系促使管理层和企业的经营目标保持一致，从而激励管理人员关注企业的长期发展以及持续达到更高的绩效水平。

短期奖金比长期奖金的适用范围更大。短期奖金适用于各个管理层级，而长期奖金更多的是针对高层管理人员，这在很大程度上是因为高层管理人员的管理行为与组织的长期绩效之间的联系更为直接和紧密。此外，对高层管理人员的工作进行有效监管和激励的难度也更大。近年来，长期奖励方案越来越受到欢迎。这是因为，一方面，高层管理人员的绩效表现对组织经营状况的重要性日益凸显，而长期奖金是对其进行有效激励的最佳途径之一；另一方面，以各种股票计划为内容的长期奖励制度对于吸引和保留管理人员尤其是中高层管理人员所起的作用越来越大，中高层管理人员持股计划被很多人称为"金手铐"。

4. 福利与服务

管理人员，尤其是高层管理人员，通常都能得到名目繁多的福利和服务。它们中的一部分是针对企业所有员工的，还有一部分是专门针对管理人员的（后者往往被称为补贴）。企业之所以选择这种做法，很大程度上是因为保留管理人员对于组织而言至关重要，而特定内容的福利和服务在吸引和保留这些核心员工方面有不可低估的作用。

【答疑解惑】

问：如何设计好管理人员的薪酬内容？

【解答】

第一，对岗位相关职责进行确定。对于行政序列、技术序列和生产序列等的岗位确定要建立在明确的职务等级序列之上，同时还要规范各个岗位的相关设置，把岗位设置和规范的职务序列相结合，在岗位上体现职务等级，这样就可以对相关岗位进行全面的工作分析。

第二，在岗位职责明确的基础上，企业要对每个管理岗位进行工作分析，以组织内管理岗位的特点为研究对象，进行工作职责、任务、要求、环境等信息的收集和整理。

第三，人力资源部门要进行薪酬市场的调查和确定。对于企业管理人员，要对相关类型企业和相关岗位进行研究和分析，确定他们的流向，这样的调查和研究不仅包括薪酬增长情况的分析和薪酬结构对比等因素，还要对薪酬数据、奖金和福利等情况有所掌握。

第四，对管理人员还要提供培训、拓展、进修等机会，这些作为隐性福利会深受管理者的喜爱，同时还满足了他们实现自我价值的需要。这样一来，企业和员工实现共赢，企业的管理人员流动程度将会降低，给企业发展带来内动力。

第二节　销售人员的薪酬管理

一、销售工作的特征

销售人员是企业从事销售业务的人员，有别于职业管理阶层，也有别于专业制造生产人员，有明显的群体特点。销售队伍是企业和客户之间联系的纽带，充当了决定企业成长和盈利的核心要素，设计有效的销售人员薪酬方案对整个组织的成长是非常重要的。

销售人员的工作有一定的特殊性，与薪酬相关的主要表现如图7-4所示。

销售人员的工作与薪酬相关的主要表现：
- 工作时间自由，多为单独行动
- 工作受季节性、生产性和地域性等外在因素的影响较大
- 工作绩效可由具体成果显示出来
- 工作业绩的不稳定性

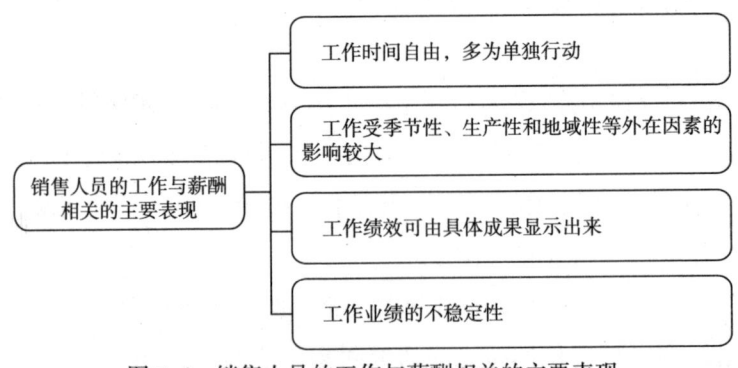

图7-4　销售人员的工作与薪酬相关的主要表现

（1）工作时间自由，单独行动多

对于管理人员和制造工人，主管可以对他们进行严格的考勤，而对于销售人员则不能，他们晚上可能陪客户到很晚，也可能早上九点还在休息。因此对他们的管理要指标化、间接化。

（2）工作受季节性、生产性和地域性等外在因素的影响较大

销售人员个人的能力、技术和努力程度对销售的结果有很大影响。除此之外，他们的工作成果还受诸多外在因素的影响，如产品销售的季节性、整个经济的景气与萧条、产品本身的品质性能、替代产品的出现及竞争的激烈程度等，这些因素往往不是销售人员所能把握的。

（3）工作绩效可由具体成果显示出来

每日、每月或每季度、每年的销售量、销售额、售后服务以及新客户开发等工作成果容易统计，整个业绩很明显。

（4）工作业绩的不稳定性

销售业绩的参差不齐或者大起大落的波动都是不足为奇的。

鉴于销售工作本身的这些特点，企业在为销售人员设计薪酬时，应考虑其工作的特殊性，科学合理地给予销售人员回报，达到补偿和激励他们的目的。

二、销售人员的薪酬方案类型

具体来讲，销售人员的计薪方法很多，大体上可以设定这样一个波段，一端是纯底薪制，另一端是纯佣金制，中间是各种不同形式的底薪+佣金合并制度。重点放在佣金上还是薪水上主要取决于公司服务原则、产品性质和完成一项销售工作所需的时间等各种因素。下面列举的是各种计算销售人员薪酬的计划，包括纯薪金制、纯佣金制、基本薪酬+佣金制、基本薪酬+奖金制、基本薪酬+佣金+奖金制。

1.纯薪金制

纯薪金模式（纯工资制）指的是对销售人员实行固定的工资制度，而不管当期销售完成与否。纯薪金基本模式为：个人收入=固定工资。

纯薪金模式适用于的情形有：一是当销售员对荣誉、地位、能力提升等非金钱因素产生强烈需求时，纯薪金模式比单纯采取提成刺激的薪酬方

式会收到更好的激励效果；二是销售业绩的取得需要团队共同努力时，纯薪金模式可以起到促进团队合作的作用；三是在销售队伍中，知识型销售人员占较大比重时，纯薪金模式可以满足这部分人的多方面需求；四是实行终身雇佣制的企业。

纯薪金模式的优点和缺点如图7-5所示。

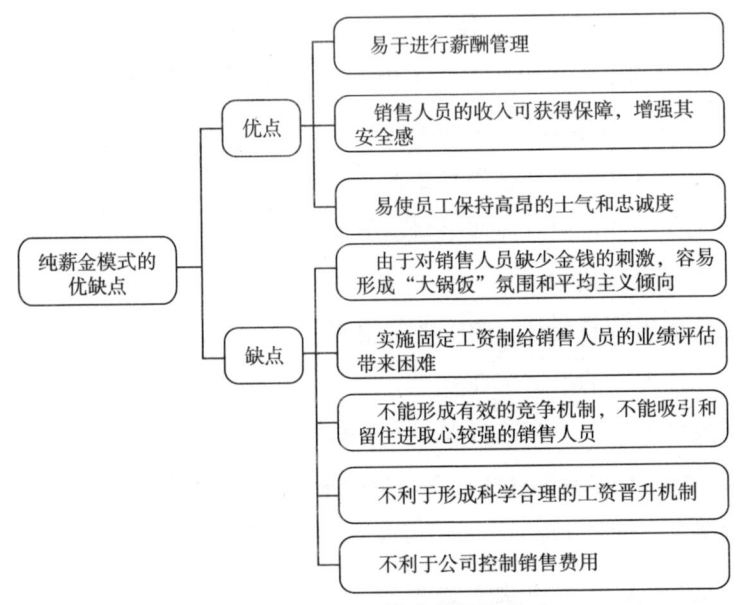

```
                          ┌── 易于进行薪酬管理
                          │
                  ┌─优点──┼── 销售人员的收入可获得保障，增强其安全感
                  │       │
                  │       └── 易使员工保持高昂的士气和忠诚度
  纯薪金模式的    │
     优缺点───────┤       ┌── 由于对销售人员缺少金钱的刺激，容易形成"大锅饭"氛围和平均主义倾向
                  │       │
                  │       ├── 实施固定工资制给销售人员的业绩评估带来困难
                  │       │
                  └─缺点──┼── 不能形成有效的竞争机制，不能吸引和留住进取心较强的销售人员
                          │
                          ├── 不利于形成科学合理的工资晋升机制
                          │
                          └── 不利于公司控制销售费用
```

图7-5 纯薪金模式的优缺点

2. 纯佣金制

纯佣金制（销售提成制）是指销售人员的薪酬中没有基本薪酬部分，其全部薪酬收入直接按销售额的一定比例确定，即只根据销售结果确定薪酬。

纯佣金制的关键在于确定提成的比例即佣金的比率。佣金比率的高低取决于产品的价格、销售量以及产品销售的难易程度等。通常情况下，每个行业的销售人员佣金比率具有一个经验值。例如，在房地产销售中，销售人员的提成比例一般在3‰左右。支付佣金的比率可以是固定的，即第1个单位的佣金比率与第80个单位的佣金比率一样。这个比率也可以是累进的，即销售量（或利润贡献等基准）越高，其佣金比率越高。比率也可以是递减的，即销售量越高，其比率越低，主要根据销售情况及企业销售方针政策来选择。

表7-1列举了一个纯佣金制销售人员的薪酬计划。由此可以看出,销售人员的佣金比率有两个,在没有达到销售定额之前和超过销售定额后的佣金比率是不同的。这个计划的意图在于鼓励销售人员取得更高的销售业绩。

表7-1 销售人员薪酬方案:纯佣金制

薪酬构成	佣金计算方式	
基本薪酬为零	实际完成销售目标的百分比	佣金比率
目标佣金:6万元/年	0~100%	5‰
目标薪酬:6万元/年,上不封顶	100%以上	8‰

纯佣金制的优点和缺点如图7-6所示。

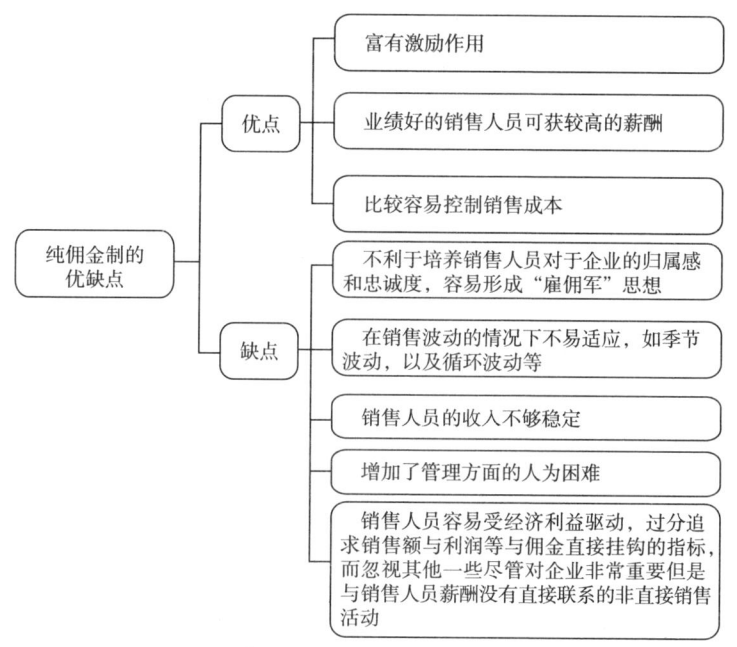

纯佣金制的优缺点
- 优点
  - 富有激励作用
  - 业绩好的销售人员可获较高的薪酬
  - 比较容易控制销售成本
- 缺点
  - 不利于培养销售人员对于企业的归属感和忠诚度,容易形成"雇佣军"思想
  - 在销售波动的情况下不易适应,如季节波动,以及循环波动等
  - 销售人员的收入不够稳定
  - 增加了管理方面的人为困难
  - 销售人员容易受经济利益驱动,过分追求销售额与利润等与佣金直接挂钩的指标,而忽视其他一些尽管对企业非常重要但是与销售人员薪酬没有直接联系的非直接销售活动

图7-6 纯佣金制的优缺点

佣金制的实施确实对企业销售产生了积极作用,也给销售人员带来了丰厚的回报。但是,其成功实施是有条件的,并不是放之四海而皆准的。

这种销售人员薪酬方案在那些产品标准化程度比较高但是市场广阔、购买者分散、很难界定销售范围、推销难度不大的行业中比较常见,如人寿保险、营养品、化妆品行业。但是,由于这种制度本身的缺点和不足,大多数企业经常在劳务型销售人员或者兼职销售人员中实行。

3. 基本薪酬+佣金制

纯粹的工资制缺乏弹性，对销售人员的激励作用较小；而佣金制虽然让销售人员有很高的收入，但是波动性太大，销售人员缺乏安全感。纯工资模式和佣金制模式的调和，则有助于弥补这两方面的不足。基本薪酬+佣金制下，销售人员每月领取一定数额的基本薪酬，然后再根据销售业绩领取佣金。其中佣金部分的计算又可以分为直接佣金和间接佣金两种不同形式。

直接佣金的计算公式是销售额的一定百分比。从表7-2中可以看出，销售人员的基本薪酬是3万元/年，并根据设定的各产品的目标销售量定目标佣金。按照产品销售情况提取不同比例的佣金。

表7-2　销售人员薪酬方案：基本薪酬+直接佣金制

薪酬构成	佣金计算方式			
	实际完成销售目标的百分比	佣金比率（‰）		
		产品A	产品B	产品C
基本薪酬：3万元/年 目标佣金：3万元/年 目标薪酬：6万元/年，上不封顶	0～100%	3	5	8
	100%以上	5	9	12

间接佣金的计算公式是首先将销售业绩转换为一定的点值（如每销售一个单位产品得到一个单位的点值），再根据点值来计算佣金的数量，如表7-3所示。

这种基本薪酬+佣金模式一方面为销售人员提供了最基本的薪酬收入，解决了纯佣金制下销售人员因收入不稳定可能出现的生活问题，以及产生的"雇佣军"思想；另一方面，吸收了佣金制的优点，保留了其激励作用。

表7-3　销售人员薪酬方案：基本薪酬+间接佣金制

薪酬构成	佣金计算方式	
	产品类型	单位产品的点值
	A	2
基本薪酬：4.2万元/年 目标佣金：2.4万元/年 目标薪酬：6.6万元/年，上不封顶	B	5
	C	8
	D	10
	E	6
	每个点值等于2元钱	

4. 基本薪酬 + 奖金制

这种薪酬制度与基本薪酬 + 佣金制有些类似，但是存在一定的区别，主要体现在：第一，佣金是直接由绩效表现决定的，而奖金和业绩之间的关系却是间接的。通常情况下，销售人员所达成的业绩只有超过某一目标销售额，才能获得一定数量的奖金。第二，奖金除了与销售业绩挂钩，还会和新客户开拓、货款回收速度、客户投诉状况、企业规章制度执行等要素联系。

这种薪酬制度下，奖金的计算可以按照实际完成销售目标的程度设定，可以根据季度绩效评价结果的等级来确定，也可以根据销售额指标和利润指标来确定。笔者仅以第一种情况来说明这种薪酬制度的设计，即每月奖金根据每个月的销售业绩浮动计发，这样销售人员每月得到的薪酬是基本薪酬加上每月的奖金额，如表7-4所示。当月完成销售目标的80%，则本月奖金为1000元（2000×50%）。如果每月都正好完成销售目标，则年度薪酬=12×（3500+2000×100%）=6.6（万元）。如果每月销售都达到销售目标的130%（或以上），则年度薪酬=12×（3500+2000×160%）=8.04（万元），也是这个薪酬方案的最高限度。

表7-4 销售人员薪酬方案：基本薪酬 + 奖金制

薪酬构成	奖金计算方式	
	实际完成销售目标的百分比（%）	每月目标奖金的百分比（%）
基本薪酬：4.2万元/年（月薪3500元） 目标奖金：2.4万元/年（每月2000元），每月根据销售业绩浮动计发放 目标薪酬：6.6万元/年，上限封顶，最高不超过8.04万元	70	0
	80	50
	90	75
	100	100
	110	120
	120	140
	130	160

5. 基本薪酬 + 佣金 + 奖金制

这种制度将奖金制和佣金制相结合，它兼具了这两种制度的特点。销售人员除了获得基本薪酬,还可以获得按照销售额的一定比例提成的佣金,并且在考核期后还可以根据销售额获得一定数额的奖金。表7-5是一个基本薪酬+佣金+奖金制的例子。

表7-5 销售人员薪酬方案:基本薪酬+佣金+奖金制

薪酬构成	季度利润奖金	
	完成销售额的毛利率 (%)	奖金比例 (相对于佣金的百分比,%)
基本薪酬:4.2万元/年 佣金:每月发放,佣金比率为销售额的6% 奖金:季度发放,相当于佣金的百分比 目标薪酬:6万元/年,上不封顶	15	0
	20	10
	25	25

显然,这种薪酬方式表明企业一方面鼓励销售人员达成更高的销售额,另一方面鼓励他们提高销售的毛利率。

第三节 专业技术人员的薪酬管理

一、专业技术人员的特点

专业技术工作通常是指利用既有的知识和经验来解决组织经营过程中所遇到的各种技术或管理问题,帮助企业实现经营目标的工作,其中的知识一般是指通过大学或者更高程度的正式学习才可以掌握的知识。因此,专业技术工作大多是以脑力劳动为主,需要特定员工在工作过程中充分发挥自己的积极性和主动性,利用已掌握的知识和工作经验作出决策或进行创新。专业技术人员是指企业中具有专门知识或有专业技术职称,并在相关岗位上从事产品研发、产品研究、技术改造与创新等专门人员。这部分员工的工作特点表现如图7-7所示。

(1)智力含量高并且知识和技术的更新快

专业技术人员工作属于脑力劳动,智力含量高。同时,他们还面临一个非常大的挑战是知识和技术更新快的问题。由于专业技术人员是凭借已经掌握的技术知识和经验来创新性地为组织解决问题，他们除了要完成日常的工作，还必须及时地学习新涌现出的理论和技术知识。因此，学习的机会对于专业技术人员是一种非常有吸引力的薪酬。

```
                    ┌─ 智力含量高并且知识和技术的更新快
                    │
  专业技术人员 ─────┤─ 工作专业化程度高或者创造性强，业绩不容易
   的特点           │   被衡量
                    │
                    ├─ 工作压力大
                    │
                    └─ 市场价格高
```

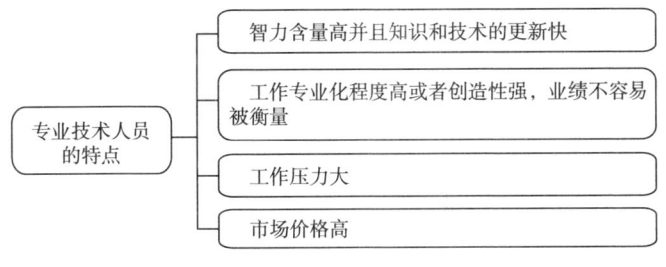

图 7-7　专业技术人员的特点

（2）工作专业化程度高或者创造性强，业绩不容易被衡量

他们的工作大多要动脑，一般在实验室或办公室，工作难度大，付出的辛苦多，并且难以监督，但其业绩往往要经过很长一段时间方可显示出来，而在此之前，他们常常被人误认为是企业的"闲人"。

由于专业化程度高或者创造性比较强，会使得在很多情况下，从事同一领域工作但是专业技术水平不同的人所从事的工作内容基本相同，但是他们在解决问题时所投入的时间和精力或者所起的作用却存在很大差异。因此，如果简单地根据他们所从事的工作确定他们的薪酬水平，可能很难反映出不同的技术人员对于企业所做贡献之间的差异。

（3）工作压力大

企业的研发任务下达后，时间是非常紧迫的，而研发结果是很难预料的。因此技术人员接到任务后，首先，必须尽全力投入到研发中，以实现最理想的结果，这是工作本身带来的压力。其次，对于技术人员还存在一种竞争性压力，这种压力来自研发小组之间和研发小组内成员之间，还有来自整个专业领域内的压力。最后，社会乃至家庭的期望也是技术人员压力之源。

（4）市场价格高

企业各类专业人员是市场上的稀缺资源，是市场中各类企业争夺的焦点，自然具有较高的市场价格。即使市场价格很高，但由于他们是企业创新

的骨干力量，他们构成或创造了企业的核心竞争力，因此他们给企业所带来的价值与企业付给他们的报酬之间仍然是不能相提并论的。

二、专业技术人员的事业成熟曲线及其薪酬决定

从本质上来讲，企业向专业技术人员支付的薪酬是对他们所接受的若干年专业技术训练以及所积累的专业技术经验的价值的一种认可，因此，专业技术人员的技术水平高低是决定其薪酬水平的一个重要因素。专业技术人员的技术水平取决于两方面因素：一是其接受过的正规教育和训练水平；二是工作年限和实际工作能力。在专业技术人员所接受的专业技术教育和训练水平一定的情况下，工作年限的长短是专业技术人员技术水平的一个重要决定因素，这一方面是因为很多专业技术知识需要在实践中不断深化，另一方面是因为专业技术人员会在工作过程中继续学习甚至创造新的知识。因此，在实践中，根据专业技术人员的事业成熟曲线（Maturity Curve）来确定其薪酬水平是一种比较常见的做法。如图7-8所示。

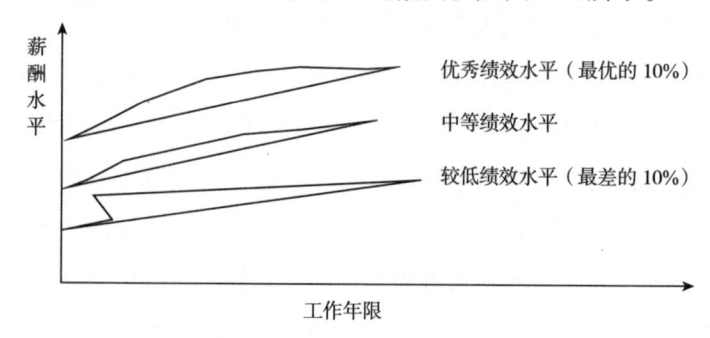

图7-8 专业技术人员的事业成熟曲线

事业成熟曲线从动态的角度说明了专业技术人员的技术水平随着工作时间而发生变化的情况以及它与专业技术人员的薪酬收入变化之间的关系。成熟曲线所依据的数据来源于对外部劳动力市场的薪酬调查，多数情况下是从专业技术型员工大学毕业这一时点开始收集的。由于某一特定劳动力市场所需要的知识和技术具有相同或相近的性质，专业技术人员的参照对象可以选定为在同一时间段毕业、进入相同或类似劳动力市场的那些同行。通常情况下，专业技术人员的事业成熟曲线起步很快，在大学毕业之后

5~7年上升速度是最快的,每年增幅为10%~15%;15~20年之后,随着员工知识的逐渐老化和创造力的减弱,事业成熟曲线开始变得平缓,增幅降到0~5%,之后便相对稳定在一定水平上。事业成熟曲线反映出,专业技术人员所积累的专业知识和技术在刚刚进入劳动力市场时非常有优势,再加上工作经验逐渐丰富,其工作能力提高很快,因而,这一阶段的薪酬增长速度也很快。但是随着原有专业知识和技术的老化,工作经验对于价值创造的作用呈现递减趋势,专业技术人员的工作能力提高速度逐渐减缓直至进入一个事业平台,此时,专业技术人员的薪酬稳定在一定水平上。除了工作年限以外,专业技术人员的实际工作绩效差异也会导致他们的事业成熟曲线不同。在其他条件相同的情况下,工作绩效较高者的成熟曲线位置更靠上一些,而绩效较差者的成熟曲线所处的位置则比绩效平均水平者的成熟曲线更低一些。

三、专业技术人员的双重职业发展通道

近年来,在专业技术人员的薪酬设计中提得比较多的一个问题是双重职业发展通道(Dual Career Path)。在以职位为基础的传统职能型组织中,决定员工薪酬的一个重要依据是职位在企业中的级别高低。因此,一大批专业技术人员发展到一定级别之后,就将精力转移到了谋取职位晋升方面。很多时候,虽然专业技术人员不愿意做管理工作,但是,由于只有做管理工作才能获得职位等级的晋升,许多优秀的专业技术人员最终都以放弃专业技术工作为代价获得了职位的晋升,当然还有相应的薪酬水平的提高。然而,专业技术人员的这种取向对于企业来说却未必有利,因为不懂管理也不喜欢做管理的优秀技术人员转变角色之后,实际上会给企业带来双重损失。

鉴于上述问题的存在,近年来,越来越多的企业开始实行专业技术人员的双重职业发展通道,如图7-9所示。所谓双重职业发展通道,是指在薪酬方面专业技术人员可以谋求两种不同的晋升路径:一种路径是走传统的道路,即从从事专业技术工作转变到从事管理工作;另一种路径是继续从事专业技术工作,无论走哪一条道路,专业技术人员同样具有增加薪酬

的空间。因此，当专业技术人员达到职业发展生涯一定阶段的时候，他们就会考虑到底是按照原有的轨迹继续发展下去，通过借助自身的专业技能为组织做出更大的贡献而获得更高收入，还是另辟蹊径，通过承担越来越多的管理职责来获得更高薪酬。这给专业技术类员工提供了一个更大的发展空间。

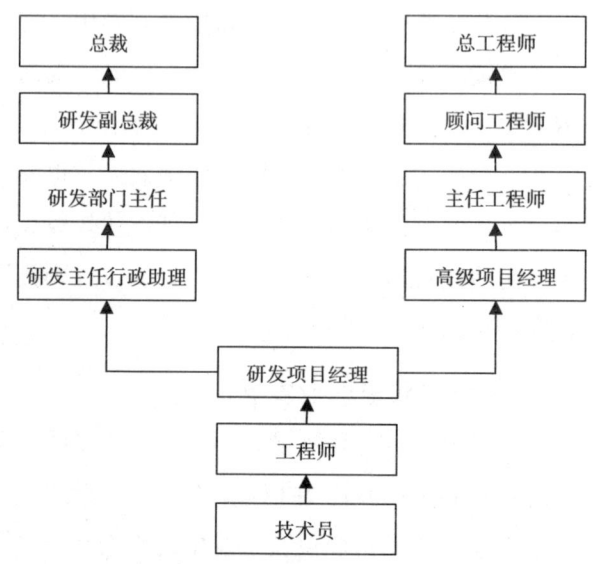

图 7-9 专业技术人员的双重职业发展通道

四、专业技术人员的薪酬水平

由于专业技术人员所掌握的知识与技能是人力资本投资的结果，这种投资与作为劳动力载体的劳动者在很多时候是无法分离的，很容易跟随劳动者本人转移到其他组织中。一方面，专业技术人员对技术的认同性高而对组织的认同性相对较低，流动的可能性比其他类型的员工要大一些；另一方面，专业技术人员的劳动力特点决定了他们很容易在不同组织之间流动而不会导致较大的生产率损失。在实践中，专业技术人员的劳动力市场价格非常清晰，而且受供求影响的波动非常明显。如果其他企业所支付的薪酬水平明显较高，在知识和技能开发方面也不差，则专业技术人员出现流动的可能性非常大。

在确定专业技术人员薪酬水平的时候，通过市场薪酬调查得到外部劳动力市场上的薪酬水平数据是非常关键的步骤。然而，专业技术人员的薪酬调查却不是一件很容易的事情。一方面，虽然获得关于某一特定类型的专业技术人员（例如工程师或者会计师）的薪酬数据看似不难，但这些数据的可用性有时候却不是很好，这是因为，虽然专业技术人员在企业中看似都在做同样的事情，但事实上他们的工作内容和工作能力相差很大。另一方面，与其他职位类型相比，专业技术类职位的工作内容在不同企业之间的差异会比较大，发生变动的可能性也比较大，因此，从其他企业获得的专业技术人员的薪酬数据往往不适合本企业。正因为如此，通常情况下，企业一般会以专业技术人员的事业成熟曲线和外部市场上的相应薪酬数据为依据，同时考虑员工个人的知识技能水平以及经验状况来确定他们的薪酬水平。当然，专业技术人员的具体职位也是一个参考因素。

对于雇用专业技术人员较多的企业，这些员工的绩效好坏对企业的经营状况以及竞争力的影响非常大。但是由于专业技术人员薪酬的市场敏感度比较高，为了挽留和有效激励组织中的这些核心力量，有实力的企业一般会选择成为特定劳动力市场上的薪酬领导者，至少会支付与竞争对手持平的薪酬。当企业薪酬的内部一致性与外部竞争性产生冲突的时候，对于技术人员的薪酬决策来说，外部竞争性的重要性远远超过内部一致性的重要性。

五、专业技术人员的薪酬结构

专业技术人员的薪酬结构如图7-10所示。

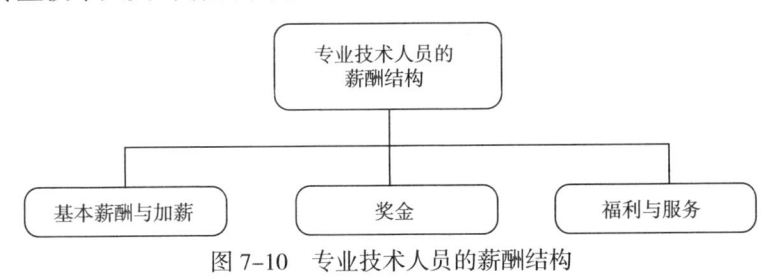

图7-10 专业技术人员的薪酬结构

1. 基本薪酬与加薪

如上所述，专业技术人员的基本薪酬往往取决于他们所掌握的专业知识与技术的广度与深度以及他们运用这些专业知识与技术的熟练程度，而不是他们所从事的具体工作岗位的重要性。这是因为，一方面，专业技术人员对企业的价值差异不是体现在所从事的具体工作上，相反，同类专业技术人员在同一个企业中所从事的工作是极为相似的，但是他们所创造的价值差异极大；另一方面，要对专业技术人员所从事的工作进行评价是一件非常困难的事情，比如在对科研人员、艺术工作者、专业工作者的工作岗位进行评价时，管理者需要接触相当多的专业词汇，需要与被评价职位的承担者进行大量深入细致的交流。尽管如此，管理人员仍然无法像专业技术人员那样熟练地驾驭专业词汇。因此，对专业技术人员所从事的具体工作岗位进行评价就变得非常困难，尤其是当专业技术人员在企业中所从事的具体工作要随着外部市场情况的变化而灵活调整的时候。

在基本薪酬一定的情况下，专业技术人员的加薪主要取决于他们的专业知识和技能的积累程度以及运用这些专业知识和技能的熟练水平的提高。因此，通过接受各种培训以及获得相应的学习机会提高自身的知识水平和能力，是专业技术人员获得加薪的一个主要途径。由于在知识水平一定的情况下，专业技术人员的工作经验是其生产率的一个很好的预测变量，因此，专业技术人员的薪酬随着工作年限的延长而上升的情况是很常见的。此外，专业技术人员的绩效评价结果对他们的加薪也有一定的影响。

2. 奖金

在专业技术人员的薪酬体系中，奖金的重要性不大，因为专业技术人员主要是靠知识和技能的存量及其运用来获得报酬，很多时候，他们的这种专业知识和技能本身有明确的市场价值。因此，专业技术人员通常可能获得较高的基本薪酬，即使有一定的奖金发放，奖金所占的比重也比较小。一种可能的例外是，对从事技术或产品研发的专业技术人员，以及研发出为企业带来较多利润的新产品的专业技术人员或专业技术人员团队，企业会给予一定的一次性奖励，或者让他们分享新产品上市后一段时间内所产生的利润。

3. 福利与服务

在福利和服务方面，专业技术人员对一些常规的福利往往不是很感兴

第七章 如何设定不同的薪酬方案（特殊人员的薪酬管理）

趣，但是他们非常看重继续接受教育和培训的机会，因此，在专业技术人员比较多的企业，企业除了尽力为专业技术人员的工作提供各种物质条件的便利之外，还要为员工提供一些在国内外进修深造的机会，为他们参加各种学术活动（如专业学术讨论会、科技发明认证会等）提供费用和时间上的便利。企业这样做，一方面是为了满足员工个人发展的需求，提高其对组织的忠诚度；另一方面是使他们有机会吸收新的科技知识，接触本学科的前沿，学习其他企业同类人员的科研方法，同时建立企业间的技术合作关系，从而为员工个人和企业的未来发展创造条件。

案例 7-1 技术人员工资低陆续离职怎么办？

G 公司技术经理程某，认为公司的工资低，而且没有发展前途，自己的技术水平不错，于是联系猎头公司准备跳槽。G 公司认为，程某跳槽之后，也不会对公司有太大影响，于是同意了程某的离职申请。程某熟悉行业的产品要求，技术能力过硬，很快被竞争对手录用。程某到了新公司，被任命为技术总监，工资待遇提高很多。程某离职后原公司的技术团队中申请离职的技术人员越来越多，引起了总经理的重视。公司人力资源部通过沟通了解，技术人员普遍反映岗位工资低，绩效奖金少，并且公司的开发任务重，没有项目奖金。此外，大家在工作中沟通少，配合度低，工作没有积极性。

请结合本案例分析，G 公司如何应对技术人员不满工资待遇陆续离职？

【解析】

针对以上案例，我们可以看出 G 公司在人力资源管理以及薪酬管理中出现了一些不应有的失误如下。

1. 漠视骨干的离开

对于一家高新技术企业来讲，技术经理无疑是公司的骨干员工。放任这样的人才离开公司，而且加盟了竞争对手，总经理还认为这对公司没有太大的影响，可想而知，这家企业对于人才根本谈不上重视。

2. 技术人员工资低，结构不合理

技术人员工资低，特别是低于市场或者竞争对手，这家企业是肯定留不住人的。"人往高处走，水往低处流"，这是非常浅显的道理，而且技术人员绩效奖金少，没有项目提成，这就谈不上对员工有任何的激励，再加上工作任务重，员工肯定怨声载道。

3. 工作氛围差，缺少发展通道

案例中提到了程某作为技术经理不仅觉得工资低，更重要的是没有发展前途，在G公司向上发展已没有空间，因此才会选择跳槽。而且技术团队之间的沟通少、工作氛围差、人心浮动，G公司的技术人员纷纷离职也就不足为怪了。

针对以上问题，G公司在人力资源管理和薪酬管理上可以做出以下改进：

1. 在思想上要树立对于人才的重视

G公司的高层领导应该好好检视一下自己，尽快统一思想，对人才特别是骨干人才的重视程度。

2. 完善技术人员的薪酬结构

技术人员的薪酬结构不能像普通员工那样处理，技术人员属于知识型员工，工作有其特殊性，工作压力大且成果难以测量，但是对于企业特别是高新技术企业其重要性不言而喻。因此，G公司要完善技术人员的薪酬结构。首先，要做好薪酬调查工作，技术人员的工资水平不能低于市场平均水平或者竞争对手的工作水平；其次，设立一定的绩效奖金，G公司为技术人员设立相应的绩效考核制度，根据技术人员工作项目完成的情况进行考核，然后发放绩效奖金；再次，为技术人员增设项目提成，可以按照项目销售额的一定比例进行提成，这样无疑会增强对于技术人员的长期激励；最后，可以为骨干技术人员提供员工持股计划，比如干股奖励或者期权奖励，这样可以把员工个人发展与企业的发展紧密联系在一起，同时也能降低骨干人才的离职意愿。

3. 为技术人员设置双重的职业发展通道

双重的职业发展通道包括管理通道和专业技术通道，这样可以给技术人才一个向上的发展空间和机会，让他们充分地展示自己的才能。

4. 增强了解和沟通，打造团队凝聚力

G公司HR应该想方设法多组织一些活动，来增强技术团队成员之间的了解，加强他们之间的沟通，进而打造整个团队的凝聚力。

案例7-2 科技公司技术人员薪酬如何调整？

某公司是初创期的高新技术企业，公司的工资倾斜于核心技术人员。尽管公司的成本管控的压力比较大，但是为了达到留住核心骨干技术员工的目的，每年2月都会进行核心员工的工资调整。技术人员的工资由基本工资、绩效工资、年终奖三部分组成。公司薪资调整的主要依据有两个方面：个人职位的调整（晋升/降职），技术人员到了管理岗位，薪资必然会提高；个人去年的绩效成绩等级，去年季度绩效考核成绩3个A以上，薪资必然会提高。公司每年度技术人员薪酬调整比例占全部技术人员的10%。很多技术人员发现，即使自己很努力，也很难升职和调薪，所以每年都有一部分技术骨干离职。

请结合本案例分析，公司技术人员调薪的问题，有什么改善的办法？

【解析】

本案例中，公司调薪主要依据如下。

技术人员岗位的变化，成为管理人员，公司会调薪，这说明公司没有建立技术人员的发展通道。

去年的季度绩效考核3个A以上，公司会调薪，这说明公司能调薪的比例也不大。最后导致很多技术人员发现，即使自己很努力，也很难升职和调薪，于是纷纷离职。

基于以上情况分析，公司应该从以下方面进行改进：

·设立不同的发展通道，确保大家都有提升空间和通道。技术人员在技术通道上发展也可以拿到和管理人员相同的工资。

·针对性设立研发技术类人员的项目奖金、产品奖金、创新奖、专利奖等专项奖金。保证公司有专项的技术奖金，鼓励员工创新，保持技术的领先性。

·由于公司是技术导向型企业，应加大调薪的人数比例和薪酬调整幅度，让更多人有调薪的机会和可能性。

案例 7-3 劳务派遣的技术岗位人员，如何实现同工同酬？

Y 公司是一家 IT 公司。2018 年初，人力资源部和研发部门做出 2019 年的预算和人员编制计划。考虑到公司 8 月要完成几个重点产品项目，研发部门和人力资源部开始人员招聘工作，其中，包括软件工程师 10 人，系统分析师 2 人，项目经理 6 人。由于时间紧，任务重，公司请劳务派遣公司协助完成项目经理的招聘。劳务派遣公司招募并派遣了 6 名项目经理。公司实行宽带型薪酬，公司根据面试人员的工作经验、工作经历、学历确定了不同的工资待遇。2019 年 10 月，部分项目经理人员提出同工同酬，要求公司重新核定工资，认为大家的工作一样，工资也应该一样。

请结合本案例分析，劳务派遣的技术岗位人员，如何实现同工同酬？

【解析】

劳务派遣是一种新的用工形式，也是企业紧急招聘或者非核心岗位补充的重要途径之一。劳务派遣人员与派遣公司签订劳动合同，劳务派遣公司负责派遣人员工资、福利的发放。劳务派遣人员与雇佣公司没有直接劳动关系。包括劳务派遣工在内，只要工作岗位、职级、内容相同，应做到"同工同酬"——不仅工资待遇相同，社保、福利等也应一视同仁。同工同酬的三个条件，如图 7-11 所示。

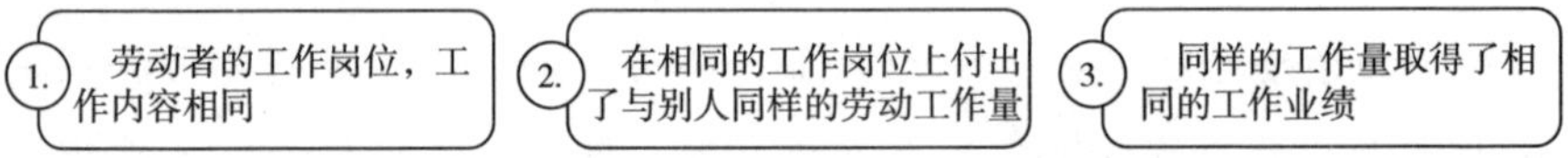

| 1. 劳动者的工作岗位，工作内容相同 | 2. 在相同的工作岗位上付出了与别人同样的劳动工作量 | 3. 同样的工作量取得了相同的工作业绩 |

图 7-11 同工同酬的三个条件

第四节 外派员工的薪酬管理

一、什么是外派员工

当特定的企业进行跨国经营时，一般都会选择向目标市场外派员工，由他们负责产品的销售、服务的提供、新市场的开拓以及与他国企业之间的合作。外派员工（Expatriate）通常是指那些因为短期任命而被派至国外工作的员工，他们的任期可能会持续 1～5 年，典型情况下是 2～3 年。针对这一特殊群体，不同的企业通常会制定不同的人力资源管理政策，以使他们努力地完成企业赋予的使命。

在不同的文化环境下，企业对外派员工的理解是不一样的。对于大多数欧洲和日本企业而言，由于国内市场份额在企业的总销售额中所占的比例甚小，企业将员工派驻到国外自然就被本土员工视为做职业生涯的一种常态，甚至会成为一种相当有趣的挑战以及获得晋升的必备条件。而对于产品的国内销售占较大份额的其他一些国家（例如美国、加拿大以及中国）的企业而言，国内市场才是最重要的市场，员工们会把离开本土工作理解成远离企业经营的主流，去为企业进行一种新的尝试，而尝试的结果是成功还是失败似乎并不那么重要。在这样的企业里，外派任务通常会交付给那些具有一定冒险精神、对目标国家比较了解（比如掌握目标国家的官方语言等）或者有一定外派经验的员工。

二、外派员工的构成

当企业决定走向世界的时候，它在人力资源管理方面所面临的最大挑战在于，挑选出那些适合派往国外的工作人员并对其进行有效的薪酬支付。事实上，这对于刚刚走向国际市场，但是力图发展成为一个国际性企业，并逐渐赢得和保持在世界市场上的竞争地位的企业来说，是十分重要的。

从外派员工的来源来看，外派员工由两部分人构成，如图 7-12 所示。例如，当一名德国人被某日本企业雇用并且被暂时派往美国工作时，他就是第三国外派员工。这里笔者主要对母国外派员工的有关特征及其薪酬管理进行阐述。

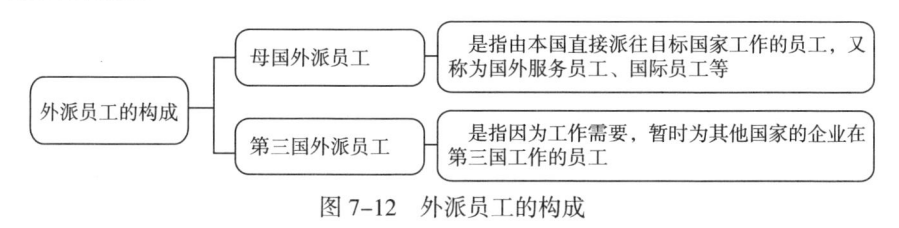

外派员工的构成	母国外派员工	是指由本国直接派往目标国家工作的员工，又称为国外服务员工、国际员工等
	第三国外派员工	是指因为工作需要，暂时为其他国家的企业在第三国工作的员工

图 7-12 外派员工的构成

从企业逐步实现国际化的阶段历程入手,我们可以发现企业外派员工的政策也会发生相应的变化。在企业涉足国际市场的最初阶段,往往只有一两名员工符合企业的外派要求,企业很难有足够的精力去顾及外派员工对陌生文化的适应能力、个人的语言流利程度等问题,因此,原本在国内绩效十分优异的员工在被外派到国外之后却无法胜任工作的现象很常见。此后,随着企业在外派员工方面的经验逐渐增加、竞争环境的日益变化、企业经营理念的日趋成熟,在外派员工的类型、企业外派员工的意图和理念、外派员工的绩效等方面都会发生一定的变化,具体情况如表7-6来表示。

表7-6 企业国际化的不同阶段以及员工外派政策

不同的阶段	外派员工的类型	外派员工的理念
起步阶段	皆为母国外派员工	完成工作任务
国际事业部阶段	大多数是母国外派员工,部分是第三国外派员工	即兴发挥
跨国经营的初始阶段	母国外派员工逐渐为第三国外派员工和东道国员工所取代	职业生涯设计和薪酬支付相结合
跨国经营的成熟阶段	更多地使用有利于成本节约的外派员工	在国内和国外都面临更大的职业风险
全球化公司	立足全球网罗人才,不关心国籍问题	良好的职业生涯设计和归国计划

三、外派员工薪酬的定价方式

在确定外派员工的薪酬时,不同的企业会选择不同的做法,以适应企业的特殊环境和特殊需求。如图7-13所示。

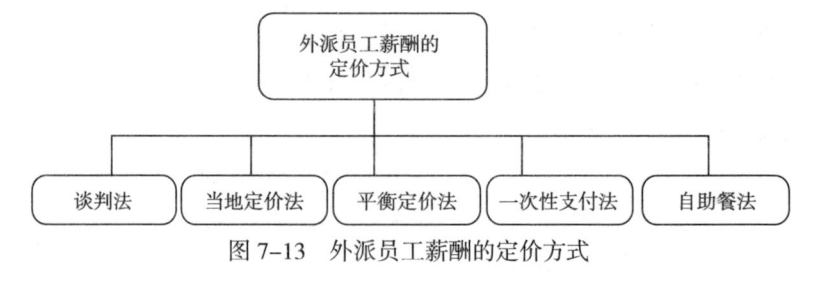

图7-13 外派员工薪酬的定价方式

1. 谈判法

对于涉及国际业务的企业而言,由于外派员工通常较少,多半会采取谈判的方式来与每一位员工单独交涉。在这种薪酬确定方式中，生活费用、居住成本、税率等问题往往不是双方考虑的重点，最终达成的结果在很大程度上取决于双方的谈判技巧以及员工执行特定任务的愿望。

采用谈判法确定外派人员的薪酬操作起来比较简单，管理成本相对其他方法较低，使用范围较为广泛。风险在于，如果公司与处在同样环境下的两名外派员工的谈判结果存在很大差距，而这种差距又被他们发现了，就会损害公司与员工之间的信任关系，挫伤员工的工作积极性和对组织的忠诚度。

2. 当地定价法

所谓当地定价法，是指向处于类似职位的外派员工支付与东道国员工相同数量的薪酬。这是一种以东道国为基准的薪酬计划。如果把员工从一个国家永久性地迁移到另一个国家去工作，或者让该员工在东道国度过余下的职业生涯，这种做法的优越之处十分明显。它不仅有利于保证员工对企业内部公平状况的认同感，而且有利于保持企业员工的稳定性。

当企业把员工由生活水平相对较低的国家派往生活水平较高的国家时，采取当地定价法的原因是不言而喻的。如果员工必须缴纳比国内更高的房租、水电费、交通成本、子女教育费用，企业必须给予员工足够的补贴，这样才能为外派员工提供基本的工作条件和生活条件。

3. 平衡定价法

与当地定价法相对应，平衡定价法的目的在于通过给员工支付一定数量的薪酬，确保员工在东道国享受到与母国相同或相近的生活水平，并使其薪酬水平、薪酬结构与母国同事具有一定的可比性。这是一种以母国为基准的薪酬计划。大多数跨国企业都采取这种方式来确定外派员工的薪酬。比如，一家美国公司在法国雇用的管理人员被派往俄罗斯工作时，公司会基于法国的薪资结构付酬。这名管理人员通常会得到包括生活成本补贴、安置补贴、住房补贴、教育补贴以及艰苦补贴等在内的各种补贴。企业一般还会向这位管理人员支付相对于他在母国工作时的税赋额外多出来的那一部分税款。

在这种方法下,员工的经济实力和购买力基本上没有损失,同时还可以确保员工在企业内部实现最大限度的流动。其不足之处在于操作起来比较麻烦,会给企业带来较高的管理成本。

4. 一次性支付法

当企业使用一次性支付法时,它会在员工的基本薪酬和各种奖金之外提供一笔额外的补贴。这笔钱通常都是一次性付清的,员工可以随心所欲地支配。无论是选择住小公寓,三餐吃鱼子酱,还是送子女去私立学校读书,员工都可以自由选择,而这种选择不会对其既有的薪酬造成任何影响。

与平衡定价法相比,一次性支付法的优越之处在于它可以最大限度地重现员工在母国时的薪酬环境,因此能够更好地满足外派员工对外派前后生活水平持平的要求。但是显而易见,对一次性支付的具体额度的计算是一个甚为棘手的问题。

5. 自助餐法

自助餐法,顾名思义,就是指企业向员工提供各种不同的薪酬组合供员工选择,即在薪酬总量一定的情况下,外派员工可以选择自己认为最理想的薪酬构成及相应的薪酬水平。因此,自助餐法与一次性支付法在很大程度上有共通之处,不过相比较而言,一次性支付法是一种更为开放的体系,它赋予员工更多的自主权,也就更容易实现有效的激励。

从本质上说,这些不同的做法之间并不是相互独立的,针对不同类型的外派员工采用不同的支付方式对于企业日常经营而言是很常见的。例如,在同一个企业中,企业会选择对那些经验尚显不足的员工采用当地定价法;对中等绩效水平的管理者按照平衡定价法提供报酬;而对高层管理人员则采用自助餐式的薪酬计划。几种外派人员薪酬定价方法之间的比较如表7-7所示。

表7-7 几种不同的外派员工薪酬确定方式

定价方式	适用对象	优势	劣势
谈判法	·在特殊情况下 ·外派员工较少的组织	·比较简单	·外派员工人数增加以后,操作难度会加大

续表

定价方式	适用对象	优势	劣势
当地定价法	·长期外派任务 ·初级外派员工	·管理简便 ·保持和当地员工之间的公平性	·外派员工的经济状况与当地员工之间本来就存在较大的差异 ·常常需要通过谈判加以补充
平衡定价法	·有经验的中高层外派管理员工	·保持与国内同事之间的平衡 ·便于员工在企业内部的流动和重新返回	·管理起来难度相对较大 ·会形成一种既得的享受资格 ·会侵蚀外派员工的经济收入
一次性支付法	·只执行短期任务（少于3年）并且会回国的外派员工	·比平衡定价法更有利于保持与国内同事之间的平衡 ·不会侵蚀外派员工的经济收入	·汇率的变动使其无法适用于所有的外派员工，只能适用于相当短期的外派任务
自助餐法	·高层外派管理人员 ·相对基本薪酬来说总体收入比较高的外派员工	·比其他做法的成本有效性更高	·很难适应需求各异的传统外派员工的需要

四、外派员工的薪酬构成

毋庸置疑，在薪酬管理乃至整个人力资源管理领域，外派员工的管理及其薪酬支付是一个难题。而在各种可能的约束条件下，外派员工对公平性的要求是外派员工薪酬管理的一个关键问题。具体来说，这种公平性包括外派员工与其国内同事之间的公平，外派员工与东道国同事之间的公平，以及母国外派员工与第三国外派员工之间的公平等。在实际薪酬管理过程中应考虑的问题如图7-14所示。

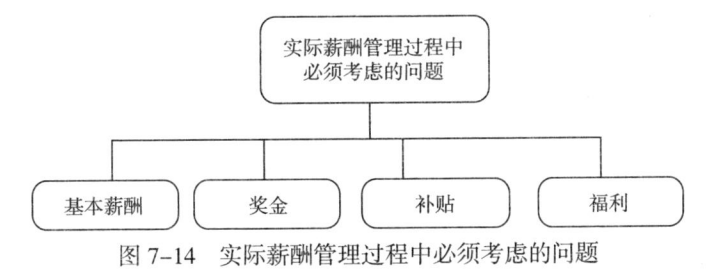

图7-14 实际薪酬管理过程中必须考虑的问题

1.基本薪酬

从大的方面说，外派员工的基本薪酬应该和在国内与其处于相似位置的同事是同一薪酬等级，这可以通过职位评价和薪酬等级评定来确定。当然，由于本国和东道国的工作环境不同，工作内容往往缺乏可比性，加上对外派员工的工作进行有效监管的难度很大，因此操作起来会遇到很多障碍。此外，在同一薪酬等级内部对国内员工和外派员工薪酬水平进行的日常调整，应该在同一个时间段里按照同样的幅度进行。如果组织无法就这一点作出承诺，外派员工很可能会担心自己在加薪时被遗忘，进而降低对组织的承诺水平。

2. 奖金

在对外派员工进行管理的时候，最重要的是使他们保持与在国内时一样的心态。考虑到外派工作往往与一些不利的条件联系在一起，比如工作上缺乏必要的监督和指导，要与陌生的文化打交道，要学会使用另一种语言，要改变既有的家庭生活方式等，在这样的环境下工作，员工必然要付出更大的努力，因此，根据员工的业绩表现向员工支付一定数量的奖金是十分必要的。当员工的工作结果比较容易衡量时，支付奖金的做法能够有效地解决监督不足的问题。

3. 补贴

国内与东道国的工作环境和生活环境之间存在很大差异，而企业向外派员工支付补贴的目的就在于对他们的生活成本进行补偿，使他们得以维持在国内的生活水平。在国内的生活成本比国外的生活成本低很多的情况下，补贴的作用更不言而喻。一般来说，企业为外派员工提供的基本补贴通常与税收、住房、教育成本、生活费用、利率差异等有一定的关系。

4. 福利

鉴于外派员工在企业中的特殊地位，企业在制定福利制度时需要对外派员工的福利作单独考虑。例如，东道国的医疗保险、房屋费用、交通成本可能都与国内存在不小的差距，这些必须在福利费用中体现出来。此外，外派员工的假期通常应该更长一些，以保证他们有机会回国与家人团聚。

随着企业经营全球化和国际化的程度逐步提高，上述考虑越来越没有必要，因为国家与国家之间、企业与企业之间的差异会逐步消失，母国和东道国之间的人员调整会变成一件非常平常的事情。事实上，在有些全球化公司中已经出现一些"没有母国的员工"，他们只对企业负责，基于自己的流动性及对组织的承诺获取相应的报酬。

> **温馨提示**
>
> **国际派遣管理最为复杂的原因**
>
> 在异地派遣管理工作中，国际派遣的管理方式最为复杂，主要原因在于以下几点。
>
> **各个国家税制管理不统一。**员工在另一个国家工作，产生的各种税务问题，既要符合所在国家的税务要求，又要考虑母国（派出国家）的税务要求。由于各个国家税制管理标准不统一，势必对员工的税后收入产生影响。
>
> **各个国家薪酬福利实践习惯不同。**虽然员工是在一个集团内部调动，但是会遇到不同国家的薪酬结构不同的情况。这就给薪酬管理人员平衡员工在派出国、派驻国之间的薪酬福利提出了挑战。
>
> **各个国家语言文化的差异。**对于语言文化的差异给员工造成的影响，有一个非常贴切的英文词汇 Culture Shock（文化冲击）。可以想象员工在另外的国家生活，势必会感受到文化、价值观、家庭生活等诸多不便。
>
> **各个国家在外国人用工的签证管理上各有不同。**有些国家对于这种国际派遣的用工形式审批非常严格。即便员工已经到了派驻国工作，也需要接受某种审核。
>
> **其他方面的困难。**如派驻国环境气候的问题、社会政治、宗教因素等。有些员工由于不了解派驻国的宗教信仰，无意中触犯了某些"约定俗成"的习惯，给自己和公司带来了很大麻烦。

【答疑解惑】

问1：对于复杂的国际员工派遣，公司如何进行有效的管理？

【解答】为了解决复杂的国际派遣问题，公司可以从战略层面、组织层

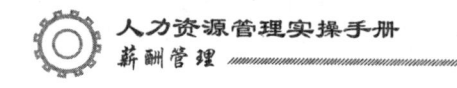

面和操作层面进行管理。

战略层面：国际派遣战略属于公司人力资源战略的一部分，应该和公司的业务发展战略保持一致。公司应该在全球制定统一的国际派遣战略。同时，考虑到各个国家或者地区情况的复杂性，公司应该制定统一的管理制度，确保员工在不同国家之间流动的时候能够获得比较公平的待遇。

组织层面：全球性外资企业一般会有统一的组织机构来管理国际派遣员工。这样的机构一般被称为国际外派管理中心，由总部统一管理，确保总部的政策能够在各个区域、各个国家得到统一管理。

操作层面：操作流程的标准化是整合性外派管理的重点。操作流程里涉及不同的角色，如员工、员工在派出国和派驻国的经理、员工在派出国和派驻国的主管 HR、国际外派管理中心人员。

问 2：开展国际外派工作时，公司是否必须建立一个国际外派管理中心？

【解答】对于国际外派工作的管理，各公司可根据自身规模以及运营状况采用不同的模式，并非一定要建立统一的国际外派中心。很多公司最初都是由派出国和派驻国的 HR、业务经理制定国际外派员工的薪酬福利政策。随着公司不断扩大规模，才逐步建立统一的国际外派管理部门。

参考文献

[1] 吴雪贤. 薪酬管理实务 [M]. 北京：中国人民大学出版社，2018.

[2] 孙宗虎. 人力资源管理职位工作手册 [M].4 版. 北京：人民邮电出版社，2022.

[3] 李祖滨 .345 薪酬：提升人效跑赢大势 [M]. 北京：电子工业出版社，2019.

[4] 李艳. 人力资源管理实操全书从入门到提升到精通 [M]. 北京：人民邮电出版社，2019.

[5] 彭剑锋. 人力资源管理概论 [M]. 3 版. 上海：复旦大学出版社，2018.

[6] 刘畅. 人力资源管理实用工具大全 [M]. 北京：中国铁道出版社，2020.